내가 원하는 곳에 나를 데려가라

내가 원하는 곳에 나를 데려가라

1판 1쇄 발행 2024년 1월 31일
1판 4쇄 발행 2024년 6월 12일

지은이 네빌 고다드
옮긴이 김은영
발행인 김정경
책임편집 김광현 **마케팅** 김진학 **디자인** 문성미

발행처 터닝페이지
등 록 제2022-000019호
주 소 04793 서울 성동구 성수일로10길 26 하우스디 세종타워 본동 B1층 101/102호
전 화 070-7834-2600
팩 스 0303-3444-1115
대표메일 turningpage@turningpage.co.kr
인스타그램 www.instagram.com/turningpage_books
페이스북 www.facebook.com/turningpage.book

ISBN 979-11-93650-03-5 (03190)

- 잘못된 책은 구입하신 서점에서 바꾸어 드립니다.
- 책값은 뒤표지에 있습니다.
- 터닝페이지는 여러분의 소중한 원고를 기다리고 있습니다. 원고가 있으신 분은 turningpage@turningpage.co.kr로
  간단한 개요와 취지, 연락처 등을 보내 주세요.

NEVILLE GODDARD

네빌 고다드, 부와 성공의 자기선언

내가 원하는 곳에 나를 데려가라

네빌 고다드 지음 | 김은영 옮김

SELF-ASSURANCE

터닝페이지

목차

1부

당신은
원하는 대로 된다

2부

의식과 잠재의식의
비밀을 알라

3부

상상력을
현실로 바꾸어라

———— **일러두기**

- 이 책은 네빌 고다드의 베스트셀러 《법칙과 약속The Law and the Promise》,《파종과 수확Seedtime-Harvest》, 《느낌이 열쇠다 Feeling is the secret》,《대자유Freedom for All》,《기도, 믿음의 기술Prayer The Art of Believing》 다섯 권을 합본한 것으로 본문 내용은 한국 독자의 눈높이에 맞춰 수정, 번역했습니다.

- 네빌 고다드가 전하고자 하는 '끌어당김'의 의미를 정확히 반영하기 위해 모호한 문장들을 중점적으로 윤문하되 저자의 어조와 표현은 느낌을 잘 전달하기 위해 되도록 그대로 살렸습니다.

- 책 내용에 맞는 장제목, 소제목을 새로 작성하여 가독성을 높였습니다.

NEVILLE
GODDARD
SELF-
ASSURANCE

1부

✳

당신은
원하는 대로
된다

1장

상상이 현실을 창조한다

인간은 곧 상상력이다. 하느님은 인간이고 우리 안에 존재하시며
우리는 그분 안에 존재한다. 인간의 불멸의 몸은 상상력이고,
이는 곧 하느님, 바로 그분이시다.

_ 윌리엄 블레이크William Blake

● 과학은 가설을 세우고, 이 가설을 실험을 통해 검증하고, 경험적 사실에 근거하여 이를 받아들이거나 거부함으로써 발전합니다. 상상이 현실을 창조한다는 주장 역시 이 같은 과학의 검증 과정이 필요합니다. 이 주장은 상상력이 실제로 현실을 변화시키는 모습을 통해 증명됩니다.

우리가 사는 세상은 상상력이 만들어 낸 세상입니다. 사실, 삶 자체가 상상의 활동입니다. 세인트앤드루스 대학교의 모리슨 교수는 이렇게 말했습니다. "블레이크에게 세상은 상상의 활동과 같은 신성한 활동에서 비롯된다. 그의 임무는 인간의 무한한 눈을 내면으로 돌려 사고의 세계, 무한한 영적 세계, 하느님의 품 안에서 무한히 확장하는 인간의 상상력에 눈뜨게 하는 것이다."

그 어떤 것도 스스로의 힘으로 모습을 나타내거나 존재하는 것

은 없습니다. 사건은 상대적으로 안정된 상상의 활동에 의해 만들어지며 상상의 활동이 없다면 사건도 존재하지 않습니다. 더글러스 포셋Douglas Fawcett은 "상상의 비밀은 신비주의자들이 해결하고자 하는 문제 가운데 가장 위대한 문제이다. 이 풀리지 않는 상상의 비밀을 찾는다면 최고의 힘, 최고의 지혜, 최고의 기쁨을 얻을 수 있다."라고 말했습니다.

인간이 상상의 비밀을 푼다면 "상상이 현실을 창조한다."는 비밀도 발견하게 될 것입니다. 따라서 자신이 무엇을 상상하고 있는지 아는 사람은 자신이 무엇을 창조하고 있는지 알게 되고, 인생이라는 연극이 물질적인 것이 아닌, 상상력에 의해 만들어진다는 사실을 더욱 깊이 깨닫게 됩니다. 모든 활동, 그 밑바탕에는 상상력이 있습니다. 깨어난 상상력은 목적을 가지고 움직입니다. 그것은 원하는 것을 창조하고 보존하며, 원하지 않는 것은 변형하거나 파괴합니다.

하느님의 상상과 인간의 상상은 별개의 것이 아닌 하나의 힘입니다. 겉으로 보기에는 서로 다른 두 개의 힘으로 보이지만, 이 둘은 힘의 강도만 다를 뿐 힘의 본질에는 차이가 없습니다. 상상의 힘이 강하게 작동하면 상상 속 행동이 즉각적으로 현실로 나타나고 상상의 힘이 약하게 작동하면 그 결과가 현실에 천천히 나타납니다. 하지만 상상의 강도가 강하든 약하든 상상력은 "눈에 보이지 않는 궁극적이고 본질적인 실체이며 그것으로부터 눈에 보이는 실체가 갑작스럽게 쏟아집니다."

이 세상 모든 것은 상상력의 다양한 정도에 따라 그 특성이 결정됩니다. 피히테는 "눈에 보이는 현실은 오로지 상상력을 통해서만 만들어진다."라고 말했습니다. 눈에 보이는 사물들은 우리의 인식과는 상관없는 것처럼 보입니다. 그래서 우리는 그것들이 상상력에서 비롯되었다는 사실을 잊어버리곤 합니다.

우리가 사는 세상은 상상력이 만들어낸 세상입니다. 그래서 우리는 의식적으로 혹은 무의식적으로 상상의 활동을 통해 현실을 창조하고 삶의 환경을 만듭니다. 우리는 이 보석 같은 선물인 상상력에 그다지 관심을 두지 않습니다. 선물은 그것을 의식적으로 가치 있게 여기고 사용하지 않으면 사실 없는 것이나 다름없습니다.

모든 사람은 현실을 창조하는 힘을 가지고 있습니다. 하지만 이 힘을 의식적으로 사용하지 않으면 그 힘은 마치 죽은 듯 잠들어 있게 됩니다. 인간은 창조의 중심부인 상상력 안에 살고 있지만, 그 안에서 무슨 일이 벌어지는지는 모릅니다.

미래는 기본적으로 인간의 상상 활동과 크게 다르지 않습니다. 따라서 언제든지 자신이 원하는 대로 상상할 수 있고, 상상을 사실로 받아들이고, 실제처럼 느끼는 사람은 운명의 지배자가 됩니다. 미래는 상상력의 활동이 창조적으로 진행되는 것입니다. 상상력은 시인, 예술가, 배우, 연설가뿐만 아니라 과학자, 발명가, 사업가, 건축가에게 있어서도 창조의 힘이 됩니다. 아름답지 않은 상상을 지나치게 하는 것은 분명 문제가 됩니다. 이와 마찬가지로 상상력을 지나치게 억제하는 것 역시 다양한 경험의 기회를 빼앗아 우리를 아무짝에도 쓸모없게 만듭니다. 매우 복잡한 문제가 발생했을 때 창의적인 해결책을 상상하는 것은 문제를 회피하는 것보다 훨씬 고귀합니다. 삶은 끊임없이 발생하는 문제를 끊임없이 해결해 나가는 과정입니다.

상상력은 사건을 창조합니다. 인간의 상상력으로 만들어진 세상에는 서로 대립하는 수없이 많은 신념들이 있습니다. 그래서 결코 완벽하게 안정적이거나 정적인 상태로 존재할 수 없습니다. 오늘 일어난 사건은 어제 정립된 질서를 반드시 깨뜨릴 것입니다. 또한 상상력이 풍부한 사람들은 기존의 평온했던 마음을 어김없이 뒤흔들어 놓습니다.

눈에 보이는 현실에 굴복하거나 바깥세상에 드러난 모습만으로 삶을 받아들이지 마십시오. 상상력이 현실보다 우위에 있음을 확고히 하고 세상 모든 것들을 상상력에 굴복시키십시오. 상상 속에서 당신의 이상을 확고히 하십시오. 이상이 실현되었다고 계속해서 상상하지 못하는 경우를 제외하고 그 무엇도 당신에게서 이상을 빼앗아 갈 수 없습니다. 오직 가치 있고 성공을 약속하는 상태만을 상상하십시오.

내면의 상상을 바꾸지 않고 외부 환경을 바꾸려 드는 것은 사물의 본성을 거스르는 일입니다. 먼저 내면의 상상을 바꾸지 않으면 외부의 환경은 달라지지 않습니다. 상상력의 변화가 수반되지 않는 모든 것은 그저 무의미한 표면적 노력에 지나지 않습니다. 소망이 실현되었다고 상상하면 당신은 그 상태와 하나가 됩니다. 그렇게 하나가 되면 상상 속 상태와 일치하는 행동을 하게 됩니다. 이는 상상이 변하면 행동 또한 변한다는 것을 보여줍니다.

하지만 마음이 한 상태에서 다른 상태로 일시적으로 바뀌는 변화는 진정한 변화가 아닙니다. 그런 일시적인 변화는 금세 다시 제자리로 돌아가기 때문입니다. 한 상태가 당신의 내면에 자리를 잡아 그 분위기가 계속 유지되고 습관적인 태도가 되면 그 상태가 당신의 성격이 되고 진정한 변화가 이루어집니다.

어떻게 이런 일이 가능할까요? 자신을 버리고 새로운 상태에 몰입해야 합니다. 그것이 바로 핵심입니다. 자신을 버리고 소망이 실현된 상태에 푹 빠져야 합니다. 그렇게 이전의 상태에서 벗어나 새로운 상태에 머무십시오. 당신이 사랑하지 않는 것에 자신을 맡기지 마십시오. 자신을 맡기려면 믿음과 사랑이 필요합니다. 이것이 바로 자기 헌신의 비밀입니다.

믿음은 믿기 어려운 것을 믿는 것입니다. 자신을 맡기는 행동이 현실을 만들어 낼 것이라는 믿음 안에서 소망이 이루어졌다는 느낌에 자신을 맡기십시오. 상상은 현실을 창조하기에 이 같은 행동은 반드시 현실로 모습을 드러낼 것입니다.

상상은 세상을 그대로 보존하기도 하고 변화를 만들어내기도 합니다. 상상이 단순히 기억과 소망의 이미지를 기반으로 만들어진다면 세상은 그대로 유지됩니다. 반면 당신이 원하는 세상의 모습을 감각적으로 느낄 수 있다면 세상은 새롭게 변할 것입니다. 상상 속으로 이미지들이 줄지어 들어올 때 가장 먼저 들어오는 것은 당연히 감각의 이미지들입니다.

하지만 감각이 받아들이는 인상 역시 하나의 이미지일 뿐입니다. 감각의 이미지는 기억의 이미지나 소망의 이미지와 본질적으로 다르지 않습니다. 그런데 현재의 감각이 받아들인 인상이 실제처럼 느껴지는 이유는 인간의 상상력이 감각이 받은 인상 안에서 작용하고 그것을 기반으로 생각하기 때문입니다. 그에 비해 기억의 이미지나 소망의 이미지는 인간의 상상력이 기억이나 소망 안에서 작용하거나 그것을 기반으로 생각하는 것이 아닙니다.

당신이 상상 속 이미지 안으로 들어간다면 창조적으로 변한다는 것이 어떤 것인지 알게 되고, 소망을 이루고, 행복해질 것입니다. 모든 이미지는 현실로 구현될 수 있습니다. 하지만 당신이 그 이미지 안으로 들어가서 그것이 실현되었다고 생각하지 않으면 그 이미지는 세상에 태어날 수 없습니다.

따라서 그저 시간이 지나면 소망이 이루어질 거라고 기대하는 것은 어리석은 일입니다. 원하는 결과를 얻으려면 상상력이 만든 상태 안에 머물러야 합니다. 원하는 상태에 머무르지 않는다면 당연히 원하는 결과를 얻을 수 없습니다. 어떤 하나의 이미지 안에 머무르면 다른 이미지 안에는 머무를 수 없습니다. 따라서 머무르지 않은 이미지 안에서 일어나는 결과는 경험할 수 없습니다.

상상력은 영적인 감각입니다. 소망이 이루어진 상태로 들어가서 소망이 실제로 이루어졌을 때 당신이 하게 될 행동을 마음속으로 함으로써 당신의 상상에 감각적인 생생함과 현실감을 부여하십시오. 이것이 바로 제가 말하는 영적인 감각입니다.

손에 장미 한 송이를 들고 있다고 상상해 보십시오. 그리고 그

향기를 맡아보세요. 장미의 향기가 느껴지나요? 장미가 없는데 어떻게 장미 향기가 느껴질까요? 당신은 상상 속 시각, 청각, 후각, 미각, 촉각, 다시 말해 영적인 감각을 통해 상상 속 이미지에 감각적 생생함을 부여할 수 있습니다.

영적인 감각을 이용해 상상 속 이미지에 감각적 생생함을 부여한다면 세상 모든 것들이 함께 나서서 당신이 소망을 이룰 수 있도록 도울 것입니다. 그리고 그 과정을 뒤돌아보면 모든 맥락들이 얼마나 절묘하게 당신의 소망으로 이어졌는지 알게 될 것입니다. 상상력은 소망을 이루기 위해 당신이 결코 생각해 낼 수 없는 온갖 방법을 동원합니다.

당신이 현재의 감각에서 벗어나 현재의 삶을 가능성 있는 미래의 꿈으로 변화시키고 싶다면 당신이 원하는 모습이 이미 되었다고 상상하고 그러한 상황에 놓였을 때 당신이 느끼게 될 기분을 느끼면 됩니다. 아이가 상상 속에서 자신의 마음대로 세상을 만들어 나가듯 당신도 순수한 상상의 나래를 펼쳐 당신의 세상을 창조하십시오.

당신의 꿈속으로 들어가 그 꿈이 현실이 되었을 때 당신이 실제로 하게 될 것들을 상상하십시오. 당신은 부자들이 꿈을 이루는 것이 아니라, 상상하는 사람이 꿈을 이룬다는 것을 알게 될 것입니다.

당신과 당신의 소망 사이에는 현실이라는 장애물 말고는 아무것도 없습니다. 그런데 그 현실은 바로 당신의 상상력이 만들어 낸 것입니다. 따라서 상상을 바꾸면 현실도 달라집니다. 인간과 인간의 과거는 하나의 연속적인 구조입니다. 이 구조에는 그동안 일어났던 모든 일들이 포함되어 있으며 지금도 여전히 마음의 경계선 밑에서 움직이고 있습니다. 인간은 과거를 이미 죽고 없는 지나간 일이며 바꿀 수 없다고 생각합니다. 하지만 과거는 과거 그 자체로 살아 있으며 현재의 일부를 이루고 있습니다.

과거에 저지른 실수는 사라지지 않습니다. 따라서 우리는 우리가 저지른 실수를 단순히 무시하거나 지나칠 수 없습니다. 과거에 발생한 모든 일들은 여전히 우리 곁에 존재합니다. 따라서 과거는 사라지지 않고 계속해서 우리 삶에 영향을 미칩니다. 따라서 아무리 먼 과거라 할지라도 기억 속으로 들어가서 잘못의 원인을 찾아 없애야 합니다. 상상 속에서 과거로 돌아가 잘못했던 그 장면을 처음부터 다시 올바르게 재연하는 것을 교정이라고 합니다. 이 교정 과정을 통해 인간은 과거를 떨쳐낼 수 있습니다.

삶을 변화시키려면 과거를 바꾸어야 합니다. 현재 당신이 겪고 있는 불행의 원인은 교정되지 않은 과거의 장면에 있습니다. 과거와 현재는 인간의 전체 구조를 이루며 그 안에 모든 내용물을 현재와 미래로 실어 나릅니다. 그래서 그 안에 담긴 내용물이 하나라도 바뀌면 현재와 미래도 바뀔 것입니다.

마음속에 기억할 가치가 있는 과거를 저장하고 고귀하게 살아가십시오. 하지만 과거의 경험을 수정하고 개선하고자 한다면 가장 먼저 할 일이 '교정'이라는 것을 명심하십시오. 과거가 현재에 재창조된다면 교정된 과거 역시 현재로 재창조될 것입니다. 이 주장이 사실이 아니라면 "너희의 죄가 주홍 같을지라도 눈과 같이 희어질 것이요(이사야서 1:18)."라는 성서의 주장은 거짓말이 될 것입니다. 그러나 이 주장은 거짓이 아닙니다.

앞으로 각각의 장에서 다루게 될 주제들은 독립된 내용이지만, 모두 "상상이 현실을 창조한다."라는 주제로 일관되게 이어집니다. 전체적인 내용이 하나의 통일된 생각의 실로 묶여 "상상이 현실을 창조한다."라는 주장을 뒷받침할 것입니다.

"상상이 현실을 창조한다." 이것은 누구나 쉽게 할 수 있는 주장입니다. 하지만 다른 사람의 경험을 빌어 이를 입증하기란 여간 어려운 일이 아닙니다. 따라서 이 책을 읽고 당신이 직접 당신의 삶 속에서 이 법칙을 건설적으로 사용하기를 바랍니다.

2장
멋진 집을 짓고 그 안에 살아라

나의 하느님,
제가 오늘 으리으리한 집을 짓는 사람은
그 안에서 살고자 하는 사람이라고 들었습니다.
인간이 창조한 모든 것들이 쇠퇴하고 있습니다.
어떤 집이 인간보다 더 훌륭했고, 훌륭할 수 있겠습니까?

_ 조지 허버트 George Herbert

● 위의 시가 인간의 고귀한 꿈에도 적용되기를
바라지만, 안타깝게도 인간은 끊임없이 집을 짓고도 그 안에 살지
않는 잘못을 저지르고 있습니다. "그 안에 살" 생각이 없다면 왜 "으
리으리한 집을 짓겠습니까?" 왜 꿈으로 집을 짓고 그 안에 살지 않습
니까? 이것은 소망이 현실이 되기를 꿈꾸며 침대에 깨어 누워있는
사람들의 비밀입니다. 그들은 꿈이 현실이 될 때까지 꿈 안에서 사
는 법을 알고 있습니다.

인간은 통제할 수 있는 깨어있는 꿈을 통해 미래를 미리 결정할
수 있습니다. 소망이 이루어진 느낌 안에서 살아가는 것, 그러한 상
상력의 활동은 사건들의 다리를 건너 '소망의 실현'이라는 곳에 이
르게 합니다.

우리가 소망 안에서 산다면, 다시 말해 소망을 생각하는 것이 아

니라 소망이 이루어진 상태에서 생각한다면 상상력이 가진 창조적 힘이 우리가 꿈꾸는 모험에 대답을 줄 것입니다. 소망이 이루어진 상태가 어느새 우리 삶에 파고들 것입니다.

인간은 상상력 그 자체입니다. 상상력이 바로 자신이기 때문에 인간은 상상 속에 존재해야 합니다. 무엇보다 상상력이 육체가 가지는 공간적 한계에 갇히지 말아야 한다는 것을 알아야 합니다.

인간은 육체를 움직여서 공간을 이동하지만, 상상력은 그런 제한을 받을 필요가 없습니다. 인식을 변화시켜 공간을 이동할 수 있기 때문입니다. 시선이 머무는 곳에 실제로 보이는 것이 무엇이든 간에 우리는 이전에 한 번도 본 적 없는 것을 볼 수 있습니다.

만약 당신이 삶에 대해 가지고 있는 관념을 방해하는 산이 있다면 당신은 언제든지 그 산을 제거할 수 있습니다. 이렇듯 인간은 상상의 주체자로서 모든 과정에 개입해 주변 환경과 주변 사람들, 그리고 자신의 소망이 이루어진 상태로 바꿀 수 있습니다.

다음 이야기에 등장하는 의사와 그의 아내는 오랫동안 '으리으리한 집'을 꿈꿔왔습니다. 하지만 상상 속에서 으리으리한 집에 살고 나서야 비로소 꿈을 이룰 수 있었습니다. 그들의 이야기입니다.

"15년 전, 저와 아내는 땅을 구매해 2층짜리 건물을 짓고 사무실과 주거지를 마련했습니다. 그리고 재정적인 상황이 허락될 때 아파트를 지어야겠다고 생각하고 넓은 공터를 남겨 두었습니다. 하지만 대출을 갚느라 그들은 바라던 아파트를 지을 여력이 없었습니다. 사실 돈이 있긴 했지만, 수중에 있는 돈은 사업 자금이었기 때문에 아파트를 짓는 데 그 자금을 사용하면 사업이 힘들어질 수 있어서 사용하지 않기로 했습니다.

하지만 상상력을 이용하여 바라는 것을 가질 수 있고 '돈이 없더라도' 소망을 이룰 수 있다는 선생님의 강연이 떠올랐습니다. 우리 부부는 그것을 한 번 시험해 보기로 했습니다. 그래서 돈은 잊고 우리가 간절하게 바라는 새 아파트에 집중했습니다.

이 원칙을 염두에 두고 우리는 원하는 건물을 더 잘 구상하기 위해서 실제로 도면을 그려가며 마음속에서 원하는 건물을 지어 보았습니다. 그리고 결과물, 다시 말해 완공되어 사람이 들어가 사는 아파트를 중심으로 생각하는 것을 잊지 않았습니다. 우리는 상상 속에서 아파트 이곳저곳을 다니며 세입자에게 세를 내주었고, 방마다 세세히 둘러보았습니다. 그리고 우리의 친구가 우리를 축하해주었고 우리는 그 축하를 받고 기뻐했습니다. 우리는 상상 속 장면에 한 친구를 데려왔습니다. 편의상 그 친구를 X라고 부르겠습니다. 그 친구는 자신은 우리 부부의 사고방식과 맞지 않는다며 한동안 연락을 끊고 지냈습니다. 우리는 상상 속 그 친구에게 아파트를 구경시켜주고 어떤지 물었습니다. 그 친구가 또렷한 목소리로 말했습니다. '친구, 정말 멋진걸!'

그러던 어느 날 아내와 아파트에 대해 이런저런 이야기를 나누는 중에 아내가 우리 동네에 있는 몇몇 아파트를 지은 건설업자 이야기를 꺼냈습니다. 우리가 그에 대해 아는 거라곤 건설 중인 건물 앞에 세워 둔 표지판에 적힌 이름뿐이었습니다. 하지만 우리는 이미 결과물인 새로 지은 아파트에 살고 있다고 상상하고 있었기 때문에 건설업자를 찾을 이유가 없다고 생각했고, 그래서 그 즉시 건설업자에 대해서는 생각하지 않기로 했습니다. 이 같은 상상을 몇 주에 걸쳐 매일매일 이어가자 우리 부부는 소망과 하나가 되었고, 아파트에 살고 있다고 느꼈습니다.

하루는 웬 낯선 사람이 우리 사무실을 찾아와 인사를 했습니다. 몇 주 전 아내가 이야기했던 그 건설업자였습니다. 그가 변명하듯 말했습니다. '제가 왜 왔는지 저도 잘 모르겠습니다. 원래는 제가 사람을 찾아가기보다 사람들이 저를 찾아오거든요.' 그는 종종 우리 사무실 앞을 지나가는데 지나갈 때마다 빈 부지에 왜 아파트를 세우지 않는지 궁금했다고 말했습니다. 우리 역시 모퉁이 땅에 아파트를 짓고 싶지만, 얼마나 들어갈진 몰라도 아파트를 지을 만한 경제적 여력이 전혀 없다고 말했습니다.

우리의 부정적인 반응에도 그는 당황하는 기색이 없었습니다. 오히려 무슨 의무감이라도 느꼈는지 우리가 부탁한 것도 아닌데 아파트를 짓는 데 필요한 것들을 따져 보기 시작했습니다. 그 남자가 다녀간 후 우리 부부는 그 일을 까맣게 잊었습니다. 그런데 놀랍게도 며칠 뒤 그 건설업자가 전화를 걸어와서는 자신이 아파트 건설 계획을 세워봤는데 총 3만 달러 정도가 들것 같다고 말했습니다. 우리는 고맙다는 말만 정중하게 했을 뿐 아무것도 하지 않았습니다. 우리 부부는 이미 건물이 완성되었다는 '상상 속에서 소망이 이루어진 결과'에 살고 있었기에 어떠한 외부 도움 없이도 우리의 상상력이 건물을 완벽하게 만들어 줄 거라는 것을 알고 있었습니다. 그래서 다음날 건축업자가 다시 전화를 해서 우리가 원하는 조건에 딱 들어맞는 아파트 설계도가 자신의 파일에 있으며 거기에서 조금만 수정하면 될 거라고 말했을 때도 놀라지 않았습니다. 그는 자신이 가지고 있는 설계도를 이용하면 설계비가 들어가지 않으니 돈이 절약될 거라고 말했습니다. 우리는 다시 한번 감사 인사를 전했을 뿐 또다시 아무것도 하지 않았습니다.

보통은 고객이 번번이 부정적으로 반응하면 상황이 더 이상 진전될 수 없다고 생각할 것입니다. 그런데 이틀 후 그 건축업자는 다시 전화를 걸어와 아파트 건설에 필요한 자금의 대부분을 대출해주겠다는 대출회사를 찾았다고 했습니다. 정말 놀라운 소식이었습니다. 하지만 우리는 여전히 아무것도 하지 않았습니다.

우리는 이미 상상 속에서 한 푼의 돈도 들이지 않고 아파트를 완공해서 세를 놓았기 때문입니다.

이 이야기의 나머지 부분은 마치 《이상한 나라의 앨리스》의 후속편처럼 전개됩니다. 다음 날 건축업자가 선물 같은 소식을 들고 우리를 찾아와 말했습니다. '두 분에게는 어찌 됐건 새 건물이 생길 것입니다. 제가 대출금을 대겠습니다. 두 분이 동의하시면 제 변호사가 서류를 작성할 것입니다. 제 돈은 아파트가 완공된 후 임대료 수익으로 갚으시면 됩니다.' 그제야 우리는 행동을 시작했습니다. 서류에 서명을 하자마자 곧바로 건물이 세워지기 시작했습니다.

건물이 완공되기 전에 세대마다 임대 계약을 거의 마쳤고, 완공

되는 날에는 단 한 집만 빼고 모두 계약이 끝났습니다. 지난 몇 개월에 걸쳐 일어난 놀라운 일에 흥분한 나머지 우리의 상상 속에 한 가지 결점처럼 보이는 이것을 알아차리지 못했습니다. 하지만 상상의 힘을 통해 이 모든 것을 이루었다는 것을 알고 있었기에 우리는 즉시 또 다른 장면을 상상했습니다. 그리고 이번에는 사람들에게 집을 보여주며 사람들이 '이 집으로 할게요.'라고 말하는 것을 상상하는 대신 그 비어있던 집에 세입자가 들어왔고 우리가 직접 세입자들을 방문한다고 상상했습니다. 그리고 그들이 우리에게 방을 보여주며 마음에 든다고 말하는 모습을 상상했습니다. 그리고 3일 뒤 비어있던 그 집이 나갔습니다.

우리가 처음 상상 속에서 그린 드라마는 한 가지를 제외하곤 아주 세세하게 현실로 구현되었습니다. 그리고 한 달 후, 놀랍게도 친구인 X가 정말 오랜만에 우리를 방문했고 새로 지은 아파트 건물이 보고 싶다고 말했습니다. 그로써 마지막 한 가지가 실현된 것입니다. 우리는 기쁜 마음으로 X에게 아파트 이곳저곳을 보여주었습니다. 구경을 마치자 X는 우리가 오래전에 상상 속에서 들었던 말을 한 글자 한 글자 또박또박 말했습니다. '친구, 정말 멋진걸.'"

"15년간 꿈꿔오던 일이 현실로 이루어졌습니다. 만약 우리가 상상의 비밀과 소망이 이루어진 상태에서 사는 법을 진즉에 알았더라면 15년까지 기다리지 않고도 꿈을 이룰 수 있었을 것입니다. 하지만 지금 우리는 소망을 이루었습니다. 오랫동안 꿈꿔온 우리의 제일 큰 바람이 현실이 되었습니다. 더군다나 우리는 소망을 이루는 데

단 한 푼의 돈도 들이지 않았습니다."

꿈이라는 매개체를 통해, 다시 말해 통제된 깨어있는 꿈을 통해 의사와 그의 아내는 그들이 원하는 현실을 창조했습니다. 그들은 상상 속 집에서 사는 법을 배웠고 이제는 현실 속 집에서 살고 있습니다. 그들이 꿈을 이루도록 해준 도움의 손길이 외부에서 온 것처럼 보이지만, 본질적으로 이 모든 과정은 의사와 그의 아내의 상상력에 의해 결정되었습니다. 부부의 상상력이 등장인물들을 그들의 꿈속 드라마로 끌어들였습니다. 부부가 쓴 상상 속 드라마가 그들의 출연을 필요로 했기 때문입니다. 부부의 상상 속 이야기가 그것을 요구했습니다.

모든 것들은 신성한 법칙에 따라 서로의 존재 속에서 하나로 섞인다.

───── 퍼시 비시 셸리 Percy Bysshe Shelley

다음의 이야기는 한 여성이 '멋진 집'에서 잠들고 '그 안에서 거주하는' 상상을 통해 어떻게 자신의 집을 마련할 수 있었는지 보여줍니다.

"몇 달 전, 제 남편은 집을 내놓기로 했습니다. 수없이 의논한 결과 우리 부부뿐만 아니라 제 어머니와 이모, 열 마리의 고양이, 세 마리의 개, 한 마리의 앵무새가 살 수 있는 큰 집이 필요하다는 결론을 내렸습니다. 믿으실지 모르겠지만, 이사를 먼저 제안한 것은 남편이었습니다. 남편은 제 어머니와 이모를 좋아했고, 어차피 제가 대부분의 시간을 친정에서 보내고 있으니 같이 살면서 세금을 줄이는 것이 어떻겠냐고 했습니다. 저는 남편의 제안에 흔쾌히 동의했습니다. 하지만 무엇보다 가족 구성원의 사생활 보장이 중요했기 때문에 새로 이사하게 될 집은 크기나 위치, 구조가 매우 특별해야 한다고 생각했습니다.

그래서 그때까지만 해도 저는 현재 살고 있는 집을 팔아야 할지 말아야 할지 쉽사리 결정을 내리지 못했습니다. 하지만 남편에게 아무 말도 하지 않았습니다. 왜냐하면 상상에 대한 제 과거 경험으로 봤을 때 현재 살고 있는 집에서 '잠드는' 상상을 멈출 때까지는 집이 팔리지 않을 거란 걸 알고 있었기 때문입니다. 두 달 동안 네다섯 명의 부동산 중개인이 집을 보러왔지만 집은 팔리지 않았습니다. 결국 남편은 집을 파는 것을 포기했고 중개인들도 마찬가지였습니다. 그 시점에서 저는 이제 변화를 원한다고 스스로를 설득했고, 그 후로 사흘간 마음속으로 살고 싶은 집을 상상하고 그 집에서 잠이 들었습니다. 5일째 되던 날, 남편은 친구 집을 방문했고 그곳에서 '우연히' 언덕 위에 위치한 집을 찾는다는 사람을 만났습니다. 그 사람은 바로 우리 집을 보러왔고 한 번 쓱 둘러보더니 집을 사겠다고 말했습니다. 부동산 중개인은 우리를 탐탁지 않아 했지만, 저는 개의치 않았습니다. 오히려 중개수수료를 절약할 수 있어서 기뻤습니다. 그러곤 열흘 안에 집을 비웠고 새집을 구하는 동안 어머니 집에서 지냈습니다.

우리는 선셋가 지역을 벗어나고 싶지 않았기에 그 지역 중개인들에게 우리의 요구 조건을 전달했습니다. 그러자 만나는 중개인마다 황당해했습니다. 영국풍의 오래된 집에, 두 개의 분리된 거실, 분리된 주거 공간, 서재가 있어야 하며 경사가 높지 않은 평평한 언덕 위에 위치해야 하고, 큰 개를 키울 수 있는 울타리가 있어야 하며, 거기다가 선셋가 지역을 벗어나면 안 된다는 조건을 내걸자 중개인들은 그런 집은 찾을 수 없다고 말했습니다. 게다가 우리가 가진 돈의 액수를 이야기하니 그들은 더욱 낙담한 표정을 지어 보였습니다.

한술 더 떠 원하는 게 더 있다고 말했습니다. 우리는 집 전체가 목제 패널로 되어 있어야 하고 커다란 벽난로가 있어야 하며, 주변 전망이 좋아야 하고 주변에 사람이 살지 않았으면 좋겠다고 말했습니다. 그러자 중개인 여자가 웃음을 터트리더니 그런 집은 있지도 않지만 설령 있다고 하더라도 우리가 가진 돈의 다섯 배는 내야 할 거라고 말했습니다. 하지만 전 그런 집이 있다는 걸 알고 있었습니다. 왜냐하면 상상 속에서 그런 집에서 잠들었고 만약 저 자신이 곧 저의 상상이라면 저는 그 집에서 잠을 자고 있었기 때문입니다.

2주가 지나갈 때쯤 우리는 다섯 군데 부동산을 찾아가 그들을 지치게 했습니다. 여섯 번째 부동산을 찾았을 때 우리의 말을 잠자코 듣고 있던 중개인 하나가 옆에 있던 중개인에게 '저 사람들에게 킹스로드에 있는 집을 보여주는 건 어때?'라고 말했고 그 말은 들은 중개인은 어이없다는 표정을 지었습니다. 그러자 또 다른 중개인이 불쾌하게 웃으며 말했습니다. '그 집은 매매목록에 있지도 않아. 더군다나 집주인 할머니가 그 집 땅에 들어가기만 해도 내쫓아버릴걸.

그 할머니는 8천 평에 달하는 땅을 소유하고 있지만 절대 그 땅을 내놓을 리가 없어.'

저는 중개인들이 주고받는 대화만으로는 그 집이 어떤지 알 수가 없었습니다. 하지만 저는 킹스로드 지역을 특히 좋아했기 때문에 지역 이름을 듣고 관심이 생겼습니다. 그래서 밑져야 본전이라는 생각으로 집을 한번 보고 싶다고 말했습니다. 우리는 차를 몰고 그곳으로 갔습니다. 사유지 도로로 들어서자 삼나무와 벽돌로 지어진 커다란 이층집이 보였습니다. 그 집은 영국풍 건물에 높이 솟은 나무들로 둘러싸여 있었고 낮은 언덕 위에 홀로 서 있었으며 창문이 많이 있어 도시를 내려다볼 수도 있었습니다. 정문을 향해 걸어가는데 묘하게 설렜습니다. 그때 아름다운 한 여성이 어서 오라며 우리를 반갑게 맞아 주었습니다.

집에 들어서는 순간, 지금껏 본 적 없는 아름다운 실내에 숨이 멎는 듯했습니다. 벽은 단단한 삼나무 목재로 되어 있었고 벽돌로 만든 커다란 벽난로가 높이 8미터가 넘는 아치형 천장까지 이어져 거대한 삼나무 기둥과 맞닿아 있었습니다.

방은 디킨스의 소설 속에서 튀어나온 듯했고 거실을 내려다보고 있는 위층 주방의 발코니에서는 크리스마스 캐럴이 흘러나올 것 같았습니다. 대성당에나 있을 법한 창문을 통해 하늘과 산, 그리고 저 멀리 도시의 풍경이 보였고 아름답고 오래된 삼나무 벽이 햇빛을 받아 반짝거렸습니다. 아래층에는 서재가 딸린 넓은 주거 공간이 있었고 분리된 출입구와 분리된 테라스가 있었습니다. 두 개의 계단을 따라 올라가면 긴 복도가 나오고 각각 침실과 욕실이 따로 있었습니다. 그리고 복도 끝에는 또 다른 거실이 있고 거실을 나가면 나무와 삼나무 울타리로 둘러싸인 두 번째 테라스가 나왔습니다.

경치가 아름다운 8천 평 땅 위에 지어진 집을 보며 중개인들이 왜 '집주인이 집을 팔려고 하지 않아'라고 말했는지 이해할 수 있었습니다. 또 다른 부지에는 소유자가 같은 커다란 수영장과 수영장에 딸린 집이 있었고 별채는 본채와 완전히 분리되어 있었습니다. 한 블록 정도 떨어진 곳에 수영장이 딸린, 공시지가가 높은 8천 평 부지를 살 생각도 없었지만, 살 수도 없어 보였습니다.

집을 떠나기 전 저는 화려한 거실을 지나 한 번 더 계단을 따라 올라가 주방에 있는 발코니로 갔습니다. 그곳에서 아래층을 내려다 보니 아주 흡족한 얼굴로 손에 담배를 들고 벽난로 옆에 서 있는 남편이 보였습니다. 저는 발코니 난간을 잡고 잠시 남편을 바라보았습니다.

우리가 부동산 사무실로 돌아왔을 때 세 명의 중개인이 이제 막 문을 닫으려고 했습니다. 그런데 남편이 그들을 붙잡고 말했습니다. '그 부인에게 말이라도 꺼내 보는 게 어때요? 혹시 모르잖아요. 다는 아니더라도 일부라도 팔 생각이 있을 수도 있지 않을까요? 물어본다고 손해 보는 것도 아닌데.' 그러자 한 중개인은 아무 말 없이 사무실을 나갔고 다른 한 중개인은 '허황된 생각이에요. 잊어버려요.' 라고 말했습니다. 남편은 쉽게 화를 내는 사람이 아닙니다. 그런데 그때는 세상에 이렇게 고집 센 사람이 또 있을까 싶은 생각이 들었습니다. 남편은 화가 났는지 의자에 털썩 주저앉으며 주먹으로 책상을 탕하고 내려치고는 '그런 거 물어보는 일이 당신들 할 일 아닙니까?'라고 소리쳤습니다. 그러자 중개인들은 알았다며 집주인에게 물어보겠다고 했습니다.

우리는 집으로 돌아왔습니다. 그날 밤 저는 상상 속에서 그 집 주방 발코니에 서서 벽난로 옆에 서 있는 남편을 내려다보았습니다. 그러자 남편이 저를 올려다보더니 '여보, 새집이 마음에 들어?'라고 물었고 저는 '응, 마음에 들어'라고 대답했습니다. 저는 아름다운 방과 그 안에 있는 남편을 반복해서 상상하고, 손으로 발코니 난간을 잡고 있다는 느낌을 느끼며 잠이 들었습니다.

다음 날, 어머니 집에서 저녁을 먹고 있는데 전화벨이 울렸습니다. 부동산 중개인은 자신도 이 일이 믿기지 않는다며 집주인이 땅을 정확히 반으로 나누어 우리가 제안한 가격에 집과 그 집이 있는 8천 평 부지를 우리에게 팔겠다고 했다고 전했습니다."

꿈을 꾸는 사람들은 종종 깨어서도 꿈이 이루어지는 꿈을 꾼다네.

———— 윌리엄 셰익스피어 William Shakespeare, 《로미오와 줄리엣》

우리는 상상의 길과 감각의 길 중 하나를 선택해야 합니다. 그 선택에 타협이나 중립은 없습니다. "나를 따르지 않는 자는 내게 맞서는 것이다(마태복음 12:30, 누가복음 11:23)."

우리는 자신을 감각이 아닌 상상력과 동일시할 때 마침내 현실의 본질을 발견하게 됩니다. 다시 말해, 세상은 단순히 감각을 통해 경험하는 것이 아니라 내면의 상상력을 통해 경험해야 합니다.

자칭 '현실주의자'들은 단순히 소망이 이미 이루어졌다고 상상하는 것만으로는 결코 소망을 이룰 수 없다고 반박합니다. 하지만 그렇지 않습니다. 우리는 소망이 이미 이루어졌다고 상상하는 것으로 소망을 이룰 수 있습니다.

이 책에 소개된 이야기들이 이를 증명합니다. 만약 당신이 소망이 이루어졌다는 느낌 안에서 살 준비가 되어 있고, 그래서 상상 속에서 그랬던 것처럼 확신을 가지고 행동한다면 상상이 가진 힘이 당신의 놀라운 상상에 응답할 것입니다. 그래서 당신이 알아채지 못하는 사이 소망이 현실로 나타나게 될 것입니다.

자신의 상상력을 깨워 기적을 만들어내는 사람에게 매일매일 일어나는 일보다 더 놀라운 일은 없습니다. 당신이 어떤 상상을 하고 있는지 관찰하십시오. 그리고 당신이 알고 있는 최고의 것보다 더 나은 것을 상상해서 우리가 함께 살아갈 더 나은 세상을 창조하십시오.

소망이 아직 이루어지지 않았더라도 소망이 이루어진 것처럼 사십시오. 그러면 기다리는 시간을 단축할 수 있습니다. 세상은 기계적으로 움직이는 것이 아닙니다. 세상은 상상력이 만들어 냅니다. 역사의 흐름은 눈먼 운명에 의해 결정되는 것이 아니라 상상의 활동으로 결정됩니다.

3장

의도적으로 당신의 미래를 바꾸어라

오, 그대의 강력한 상상력으로 거대한 수레바퀴를 뒤로 돌려라.
트로이가 불타기 전으로.

_ 존 콜링스 스콰이어 John Collings Squire, 〈새들〉

인생이란 모든 시대를 통틀어 끊임없이 나타나는 복잡한 문제들을 끊임없이 해결하는 과정일 뿐이라네.

———— 허버트 조지 웰스 H. G. Wells

인간은 결코 완벽하게 안정적이거나 고정된 상태에 도달할 수 없습니다. 객관적인 결과물은 언제나 개개인이 애초에 계획했던 것과 다른 결과를 드러냅니다. 결국 이것이 우리 안에 새로운 갈등을 만들어내고 우리는 새로운 해결책을 찾아 어쩔 수 없이 한 단계 더 나은 창조의 길을 떠날 수밖에 없습니다.

그분의 손길은 무한하며 모든 끝 저 너머에까지 이르신다.

———— 조지 메러디스 George Meredith

오늘의 사건은 언제나 어제의 확립된 질서를 뒤흔들어 놓습니다. 창조적으로 활발하게 움직이는 상상력은 늘 마음의 평화를 깨뜨립니다.

당신은 아마 다른 사람을 실제보다 더 나은 모습으로 상상하고, 당신이 바라는 대로 편지를 다시 쓰고, 사고의 장면이나 면접을 보던 장면처럼 어떤 장면을 당신이 원하는 대로 바꾸어 상상하는 것만으로 바꿀 수 없어 보이는 것들을 어떻게 바꿀 수 있다는 건지 의문이 들 것입니다. 하지만 "상상이 현실을 창조하다."는 사실을 기억하십시오. 상상이 현실을 만들 수 있다면 현실을 부수어 버릴 수도 있습니다. 상상력은 일반적으로 과거의 기억에서 이미지를 가져와 삶을 만들어 나가는 일을 하지만, 이미 존재하는 것을 새롭게 바꾸는 일도 합니다.

누가복음 16장에 등장하는 불의한 청지기의 비유에서 이 질문에 대한 답을 찾을 수 있습니다. 우리는 상상력을 '반칙적으로' 이용해서, 즉 이미 일어난 사실을 마음속에서 바꿔버림으로써 현실을 바꿀 수 있습니다. 말하자면 우리가 경험한 것들을 의도적으로 바꾸어 상상함으로써 세상을 바꿀 수 있습니다. 이 모든 일들이 상상 속에서 가능합니다. 사실 이것은 거짓된 행위이지만 비난받지 않으며 복음서에서도 인정되는 행위입니다. 이처럼 현실을 바꾸는 행위를 통해 인간은 불행의 원인을 없애고 친구를 얻을 수 있습니다. 성서 속 불의한 청지기 역시 자신의 주인으로부터 신뢰받을 만하다고 큰 칭찬을 받습니다. 이 이야기는 교정이 갖는 힘을 입증합니다.

상상이 현실을 창조할 수 있기 때문에 상상이 가진 창조의 힘을 극단적인 장면으로 가져가서 상상이 아니라면 용서받을 수 없는 장면까지도 바꿀 수 있습니다. 우리는 상상 그 자체인 우리의 존재와 우리의 상상력이 만들어낸 상태를 구분하는 법을 배웠습니다.

불의한 청지기는 다른 사람의 어려움을 보고 그 사람을 자신의 시선에서 생각합니다. 원하는 것이 있기 때문에 그는 자신의 꿈속으로 들어가 '원하는 것이 이루어진 후에' 자신이 무엇을 보게 될지, 다른 것들은 어떻게 보일지, 사람들이 어떻게 행동할지 상상합니다. 그런 다음 그 상태에서 자신이 바라는 것이 이미 이루어졌다고 느끼며 잠이 들었을 것입니다.

하느님의 자녀인 우리가 자신과 다른 사람들을 구하기 위해 마음속에서 현실을 위조하는 불의한 청지기가 되었으면 좋겠습니다. 왜냐하면 상상 속에서 만들어진 변화는 결국 성취의 모습으로 현실에 모습을 드러내기 때문입니다.

우리의 미래는 상상력이 어떤 창조적인 행진을 하느냐에 따라 결정됩니다. 따라서 당신이 최고라고 알고 있는 것 그 이상의 것을 상상하십시오. 과거를 바꾼다는 것은 삶을 새로운 내용으로 재구성하는 것입니다. 우리는 과거의 장면을 우리가 세운 이상에 맞도록 교정해가면서 하루하루를 다시 살아야 합니다. 가령, 당신이 오늘 실망스러운 소식이 담긴 편지를 받았다고 해 봅시다. 그렇다면 편지의 내용을 바꿔보십시오. 마음속에서 당신이 듣고 싶은 내용이 담기도록 편지를 다시 쓰십시오. 그런 다음 상상 속에서 다시 쓴 그 편지를 반복해서 읽으십시오. 그러면 당신이 듣고 싶었던 소식이 실제처럼 느껴질 것입니다. 상상 속 행동이 실제처럼 느껴질 때 상상은 현실이 됩니다.

이것이 바로 교정의 본질이며 교정은 과거의 경험을 바꾸어 현실을 변화시킵니다. 다음 이야기에 나오는 남자는 교정을 이용해 현실을 바꾸었습니다.

"7월 말쯤 저는 부동산 중개인에게 편지를 써서 가지고 있는 땅이 재정적으로 부담이 되어 팔고 싶다고 했습니다. 그러자 중개인은 여러 가지 이유를 들며 우리 지역의 부동산이 침체기에 접어들어서 적어도 내년 초까지는 기다려야 한다며 부정적인 답변을 보내왔습니다.

저는 이 편지를 화요일에 받았습니다. 그래서 저는 상상 속에서 중개인이 제 땅을 사고 싶어 한다는 내용으로 편지를 다시 썼습니다. 그런 다음 다시 쓴 편지를 반복해서 읽고 또 읽었습니다. 그리고 선생님의 책《파종과 수확》에 나오는 우리 내면의 네 명의 전능한 존재인, 제작자, 작가, 감독, 배우를 이용해 상상 속에서 드라마를 써 내려갔습니다.

상상 속에서 저는 제작자가 되어 '이익을 남기며 땅이 팔린다.'라는 주제를 정했습니다. 그런 다음 작가가 되어 땅이 팔리는 장면을 간단하게 썼습니다. 그 장면에서 저는 부동산 사무실에 서서 중개인에게 손을 내밀며 '감사합니다.'라고 말하고 중개인은 '땅이 팔려서 정말 기쁩니다.'라고 말했습니다. 다음엔 감독이 되어 그 장면이 생생하게 현실처럼 느껴지고 재정적 부담이 해결되었을 때 느끼게 될 안도감을 느낄 때까지 배우인 나 자신을 끊임없이 연습시켰습니다.

사흘 뒤, 제가 처음 편지를 보냈던 부동산 중개인이 제게 전화를 걸어와 제가 제시한 금액으로 땅을 사겠다는 사람이 나타났다고 말했습니다. 다음날, 저는 중개 사무실에 들러 계약서에 서명을 하고 손을 내밀며 '감사합니다.'라고 말했습니다. 그러자 중개인은 '땅이 팔려서 정말 기쁩니다.'라고 대답했습니다.

상상 속에서 제가 원하는 장면을 구상하고 연출해서 공연한 지 5일 만에 상상 속 장면이 실제가 되어 제가 상상 속에서 들었던 단어 하나하나 그대로 현실에 재현되었습니다. 저는 안도와 기쁨의 감정을 느꼈습니다. 그 감정은 단순히 땅이 팔렸기 때문이라기보다는 제가 상상한 드라마가 현실에서 그대로 재연되었기 때문이었습니다."

단지 목표 달성이 전부라면 그것은 의미 없는 일일 것입니다. 이 남자는 의식적으로 현실을 창조할 수 있는 내면의 힘을 발견했습니다. 상상력을 이용해 자신이 처한 현실을 재구성한다면 당신은 현실에 수동적으로 반응하던 모습에서 벗어나 적극적으로 미래를 창조할 수 있습니다. 이러한 과정을 통해 당신은 반복되는 삶의 수레바퀴를 멈춰 세우고 차근차근 새로운 미래를 만들어 갈 수 있습니다.

인간이 말씀의 완전한 의미를 현실로 창조하지 못한다면 그것은 자신의 상상이 그려낸 것에 대한 믿음이 부족하거나 소망이 이루어진 상태에서 생각하는 것이 아니라 단지 소망만을 생각하기 때문입니다.

인간은 감각에 매이기도 하지만 자유롭게 꿈을 꾸기도 하는 매우 특별한 종합체입니다. 그런 이유로 내면의 갈등이 평생 지속됩니다. 그리고 이 내면의 갈등은 개인에게만 머무르지 않고 사회로 표출됩니다.

인생이란 낭만적인 모험입니다. 복잡한 문제에 대한 새로운 해결책을 상상하며 창조적으로 살아가는 것은 욕망을 억제하고 죽이는 것보다 훨씬 고귀한 일입니다. 우리가 바라는 모든 것들은 상상을 통해 세상에 모습을 드러낼 수 있습니다.

그대는 깨어서도 꿈을 꾸고 싶지 않은가?

———— 존 번연 John Bunyan, 《천로역정》

매일 밤 잠들기 전 하루를 다시 써 보십시오. 문제가 해결된 장면을 또렷하게 상상하고 수정된 장면 안으로 들어가십시오. 문제가 해결된 상상 속 장면은 다른 사람들에게 커다란 영향을 미칠 수 있지만 그것은 당신이 신경 쓸 일이 아닙니다.

다른 사람들이 영향을 받고 깊은 감사를 느낀 이야기를 소개하겠습니다.

"지난 8월에 친구 소개로 제가 결혼하고 싶은 사람을 만났습니다. 그런 일이 종종 있다고 들었는데 제게도 그런 일이 일어났습니다. 그는 제가 생각하는 이상적인 남편의 조건을 모두 갖추고 있었습니다. 그런 마법 같은 일이 일어나고 이틀 뒤, 저는 일 때문에 다른 지역으로 이사를 해야만 했습니다. 더군다나 그 남자를 제게 소개해 준 친구마저 다른 도시로 이사를 갔습니다. 그 남자는 제 새 주소를 알 리가 없었습니다. 솔직히 그가 제 이름을 기억하는지도 알 수가 없었습니다.

그래서 지난번 강연을 듣고 나서 선생님께 이런 제 상황을 말씀 드렸습니다. 그 후로 여러 남자를 만나 봤지만 그 남자를 잊을 수가 없었습니다. 그날 선생님의 강연은 하루를 수정하는 것이었고 선생 님과 대화를 나눈 후 저는 매일매일 그날을 교정해보기로 결심했습 니다. 그날 밤 잠들기 전 저는 세 명의 친구들과 함께 사는 집 제 침 대에, 싱글이 아닌 유부녀가 되어 다른 침대에 누워있다고 느꼈습니 다. 상상 속에서 저는 제 왼손에 낀 결혼반지를 만지작거리며 반복 해서 말했습니다. '정말 놀라워. 내가 정말 J. E. 부인이 되다니!' 그 리고 그 상태에서 잠이 들었습니다.

저는 이 장면을 한 달 동안 매일 밤 반복했습니다. 10월 첫 주에 그가 저를 '찾아왔습니다'. 그리고 두 번째 데이트를 하던 날, 저는 제 꿈이 제대로 자리를 잡았다는 것을 알았습니다. 선생님은 소망이 현실이 될 때까지 소망이 이루어진 상태에서 살아야 한다고 말씀하 셨습니다. 그래서 그가 저에 대해 어떻게 생각하는지 모르는 상태에 서도 밤마다 제 꿈이 실현되었다는 느낌 안에서 살아갔습니다.

결과가 어떻게 되었냐고요? 11월에 그가 청혼을 했습니다. 우리 는 1월에 약혼을 하고 다음 해 5월에 결혼을 했습니다. 무엇보다 저는 지금 제가 꿈꾸던 것보다 행복하답니다. 남편 또한 행복해한다는 것을 알 수 있습니다."

이 여성은 상상력을 기억이 공급하는 이미지를 바탕으로 사용하는 대신 순수한 꿈을 통해 창의적으로 사용함으로써 자신의 소망을 현실로 만들었습니다. 그녀가 평소처럼 기억이 공급하는 이미지를 사용했다면 늘 무언가 결핍된 삶을 살아갔을 것입니다. 상상력은 환상의 꿈에서 그녀가 원하는 것을 창조했습니다. 우리는 온전히 상상이 만들어낸 상태 안에서 살아야 하며 이 일은 의식적으로 그리고 의도적으로 행해져야 합니다.

사랑에 빠진 자들과 미쳐있는 자들은 펄펄 끓는 뇌를 가지고 있소. 그렇게 만들어진 환상은 차가운 이성이 이해할 수 있는 것보다 더 많은 것을 이해할 수 있다네.

———— 셰익스피어, 《한여름 밤의 꿈》

우리가 교정의 시간을 충분히 가졌다면 결과에 대해서는 걱정할 필요가 없습니다. 우리는 가장 원하던 결과를 이룰 수 있을 것입니다.

세상이여, 그대는 진짜인가? 나는 진짜인가? 우리는 누구의 꿈속에 존재하는가?

———— 프랭크 켄돈 Frank Kendon, 〈시간의 조각〉

세상에 영원한 것은 없습니다. 과거도 현재도 '상상력'이 잡고 있기 때문에 계속 존재하는 것입니다. 우리는 원하지 않는 삶의 부분들을 새로 써서 근본적인 변화를 일으킬 수 있습니다. 제게 편지를 보내 이 같은 영향력에 관해 물은 사람이 있었습니다.

"제가 담보로 가지고 있던 부동산이 관리가 잘되지 않아 수금에 문제가 생겼습니다. 집과 땅이 방치되어 점점 엉망이 되고 있었습니다. 그곳에 살고 있던 사람들은 돈을 술집에 다 써버렸고 9살, 11살의 어린 두 딸도 돌보지 않았습니다. 하지만 저는 이런 눈에 보이는 것들을 잊은 채 그 상황을 새롭게 써나가기 시작했습니다. 저는 상상 속에서 아내와 함께 차를 타고 그 집을 지나가며 말했습니다. '마당이 정말 아름답지 않아? 집주인이 관리를 깔끔하게 잘했네. 사람들이 집에 대한 애정이 넘치는걸. 담보물 걱정은 할 필요도 없겠어.' 저는 그 집과 땅을 제가 보고 싶었던 대로 아주 멋진 곳으로 보았습니다. 그 같은 상상 덕분에 제 마음이 아주 흐뭇해졌습니다. 그 후로 담보물 생각이 날 때마다 저는 같은 상상을 계속 반복했습니다.

저는 한동안 이러한 교정 과정을 반복했습니다. 그런데 그 집에 살던 여자가 교통사고를 당해 병원에 입원하게 되었고 그사이 남편은 어디론가 사라졌습니다. 아이들은 이웃 사람들이 돌봐 주었습니다. 저는 필요한 일이 있으면 돕고 싶다고 말하기 위해 병원을 방문하고 싶었지만, 제 상상 속 장면에서 그녀와 그녀의 가족은 행복했고, 성공했고, 분명 만족스러워하고 있었기 때문에 찾아갈 수가 없었습니다. 결국 저는 매일매일 교정 과정만 반복했습니다.

그녀가 퇴원하고 얼마 지나지 않아 이번에는 그녀와 두 딸이 사라졌습니다. 그런데 그 담보물에 대한 밀린 돈이 들어왔고 몇 달 뒤 그녀가 새 남편과 함께 나타났습니다. 이 글을 쓰는 지금은 밀린 돈이 모두 지불된 상태입니다. 두 어린 소녀는 보살핌을 받으며 행복하게 지내고 있습니다. 더군다나 그들이 방 하나를 더 만들어 제 담보물도 추가되었습니다.

저는 위협이나 싫은 소리, 퇴거 조치도 하지 않았고, 어린아이들 걱정도 하지 않았습니다. 그런데도 문제가 해결되다니 놀라지 않을 수 없었습니다. 혹시 제 상상 속 무언가가 그녀를 병원에 보냈던 것일까요?"

우리가 원하는 결과를 명확하게 상상하고 그것에 의식을 집중시킬 때 상상력은 현재를 넘어 확장될 수 있습니다. 하지만 상상의 활동이 스스로 문제를 해결하도록 두어야 합니다. 상상력은 소망을 실현하기 위해 스스로 수단과 방법을 찾아내고 조절하는 능력이 놀라우리만치 뛰어납니다.

만약 우리가 원하는 결과를 분명하게 하기보다 원하는 결과가 어떤 영향을 미칠 것인가를 생각한다면 이러한 상상력은 의지의 노력이 되며 상상의 기술은 폭군으로 변질되어 우리를 지배하게 됩니다. 마음속 깊은 곳에 묻힌 과거는 우리의 표면적인 마음이 알아차릴 수 있는 것보다 훨씬 더 깊은 곳에 묻혀 있습니다. 다행히 다음에 소개될 한 여성은 상상력을 이용한 교정 과정을 통해 과거에 '일어난' 일을 '없었던' 것으로 만들 수 있다는 것을 기억했고, 이를 증명해 보였습니다.

"저는 39년을 허리 통증에 시달렸습니다. 통증은 심해졌다 나아졌다를 반복하며 사라지지 않았습니다. 결국 통증이 심해져 병원 치료를 지속적으로 받아야 하는 상황에 이르렀습니다. 임시방편으로 고관절치료를 받았지만, 고통은 쉽사리 사라지지 않았습니다. 어느 날 저녁, 교정에 관한 선생님의 강연을 듣고 거의 40년 동안 지속된 통증도 교정될 수 있는지 궁금해졌습니다. 저는 서너 살쯤 그네를 타고 아주 높이 올라갔다가 그네에서 뒤로 떨어지는 바람에 엉덩이를 심하게 다쳐 몹시 아팠던 적이 있습니다. 그 이후로 단 한 번도 통증에서 벗어났던 적이 없었습니다. 통증 치료에 많은 돈을 썼지만 아무런 소용이 없었습니다.

올해 8월에는 통증이 점점 심해졌습니다. 어느 날 밤 저는 선생님이 말씀하신 교정의 신비를 몸소 시험해 보기로 마음먹고 성인 시절 내내 제가 겪고 있는 통증으로 인한 괴로움의 원인이자 값비싼 치료의 원인이었던 '과거의' 그 사건을 교정해보기로 결심했습니다. 어린 시절 그네를 타던 그 장면 속에 있다고 느끼기까지 많은 날이 걸렸습니다. 하지만 마침내 저는 성공했습니다. 그날 밤, 저는 실제로 그네 위에 있다고 느꼈고 그네가 높이 올라갈 때마다 불어오는 바람의 감촉을 느낄 수 있었습니다.

그네가 속도를 늦추자 저는 그네에서 뛰어내려 두 발로 완전하게 착지했습니다. 상상 속에서 저는 엄마에게 뛰어가 제가 얼마나 잘 뛰어내렸는지 보라고 말했습니다. 저는 다시 그네에서 뛰어내려

두 발로 안전하게 착지를 했습니다. 저는 이 상상 속 행동을 계속해서 반복했고 그 상태에서 잠이 들었습니다.

이 같은 상상 속 행동을 하고 이틀 만에 등과 엉덩이와 허리 통증이 사그라들기 시작했고 두 달 만에 더 이상 고통이 느껴지지 않았습니다. 39년이 넘도록 저를 괴롭혔고 치료비도 만만치 않게 들었던 통증이 사라진 것입니다."

우리는 교정이라는 가지치기 가위 덕분에 최고의 열매를 얻을 수 있습니다. 우리와 우리의 과거는 하나의 연속된 구조입니다. 과거는 사라지지 않고 이 구조 속에 남아 감각이 닿지 않는 곳에서 여전히 활동하며 우리의 현재와 미래에 영향을 미칩니다.

전체 구조에는 모든 것이 담겨있는데 그 내용물에 변화가 생기면 현재와 미래에도 변화가 생깁니다. 무언가를 수정하거나 고치고 싶을 때 가장 먼저 해야 할 행동은 '다시 쓰기'입니다. 만약 과거의 일이 현재에 영향을 미친다면 수정된 과거 역시 현재에 영향을 미칠 것입니다. 따라서 다시 쓴 과거가 현재 그녀의 삶 한가운데에 모습을 드러낸 것입니다. 그녀에게 행운을 가져다준 것은 운명이 아니라 그녀 스스로 다시 쓴 과거입니다.

결과와 성취를 통해 진정한 상상력의 가치를 시험해 보십시오. 상상력을 이용해 현실의 문제를 수정하고 개선해 나가는 과정을 통해 상상이 현실을 창조한다는 믿음은 점점 단단해질 것입니다.

"당신은 내 주인에게 얼마를 빚졌는가?" "기름 일백 말을 빚졌습니다." "당신의 채무증서를 가져와 빨리 앉아 50말이라고 적으시오!"

(누가복음 16:5,6) 이 의롭지 못한 관리인의 이야기는 현실을 마음속에서 바꾸라고, 이미 존재하는 것을 바꾸라고 말합니다. 이처럼 상상속에서 현실을 위조하는 방법을 통해 우리는 "친구를 얻습니다(누가복음 16:9)." 매일매일 하루가 저물 때 현실에 일어난 일을 수정해 기억할 가치가 있는 것으로 만드십시오. 그러면 다음 날 삶의 패턴이 수정되고 그대로 나아가 마침내 성취의 최정상에 우뚝 서게 될 것입니다.

마음속에서 소망이 이루어진 장면을 만들고 그 장면 안으로 들어가 상상한 장면이 현실로 느껴질 때까지 머무는 것이 얼마나 가치 있는 일인지 알게 될 것입니다. 인간은 상상력으로 만들어진 세상에서 깨어나야 합니다. 이것이 상상력의 비밀입니다.

인간은 일상에 일어나는 사건들이 반복된다는 것, 다시 말해 일상의 사건들이 그 상태를 유지한다는 것을 알고 있습니다. 또한 기억이 제공하는 이미지를 통해 세상을 만들어 갑니다. 이러한 일상의 반복성은 안정감을 줍니다. 반면 우리가 원하는 모습을 일깨워 그 모습이 되게 할뿐더러 삶의 모습과 환경을 근본적으로 변화시키는 힘을 가진 우리 내면의 존재는 불안감과 미래에 대한 끔찍한 두려움을 불러일으킵니다.

자, 이제 "잠에서 깨어날 때입니다(로마서 13:11)." 그리고 잠자는 당신이 만들어 낸 원치 않는 창조물에 작별을 고하십시오. 매일매일을 새로 써나가십시오.

그대의 강력한 상상력으로 거대한 수레바퀴를 뒤로 돌려라. 트로이가
불타기 전으로.

— 존 콜링스 스콰이어, 〈새들〉

4장

허구는 없다

현실과 상상의 경계는 결국 유지될 수 없다.
모든 존재하는 것들은 상상의 산물이며 이는 합리적인 생각이다.

_ 존. S. 매켄지 John S. MacKenzie

● 허구는 존재하지 않습니다. 상상의 활동이 눈에 보이는 결과를 만들어 낸다면 우리가 사는 이 세상은 본질적으로 상상의 산물입니다. 이를 증명하고 싶다면 자신의 상상 속 활동을 관찰하고 그 활동이 그에 상응하는 결과물을 바깥세상에 만들어내는지 그 여부를 살펴보기만 하면 됩니다. 만약 상상이 현실 세계를 만들어낸다면 허구는 존재하지 않는다는 결론에 이르게 됩니다. 오늘 당신이 상상 속에서 쓴 드라마는, 다시 말해 허구는 내일 현실이 됩니다.

우리가 인과관계를 더 폭넓은 관점으로 바라본다면, 다시 말해 밖으로 드러난 물질적 결과물의 원인이 물질적 상태가 아닌 내면의 상태라는 것을 이해한다면 세상을 창조하는 창조자로서 책임감을 가지고 최고의 것만을 상상하게 될 것입니다. 마음이라는 무대에서 상연되는 이야기가 눈에 보이는 현실을 만들어 냅니다.

우리는 볼 수 있고 만질 수 있는 물체를 현실이라고 믿으며 이러한 물리적인 세상 안에서 삶이라는 드라마가 시작된 것이고, 살면서 순간순간 발생하는 어떠한 일이나 사건들은 이전에 발생한 사건들 때문에 일어난 것이라고 믿습니다. 그러나 원인은 외부 세상에 존재하지 않습니다. 삶의 드라마는 인간의 상상력에서 비롯됩니다. 무언가가 되고자 하는 행동의 원인은 인간의 상상력 안에서 발생하는 것이지 외부에 있지 않습니다.

다음 이야기는 마음의 상태가 현실의 원인이며 마음의 상태가 무엇을 담고 있느냐에 따라 현실이 창조된다는 것을 보여줍니다. 월터 로드의《타이탄호의 비극》에는 '상상이 현실을 창조한다.'는 서문이 등장합니다. 이 서문이 저의 주장에 힘을 실어줄 것입니다.

1898년, 생활고로 힘들어하던 작가 모건 로버트슨은 그 어디에도 없는 멋지고 거대한 여객선에 관한 소설을 썼습니다. 그 배는 돈 많고 여유로운 사람들을 싣고 가다 4월의 어느 추운 밤 빙하에 충돌해 침몰했습니다. 배의 침몰은 모든 것의 허무함을 보여주었습니다. 그래서 처음에 M. F. 맨스필드 출판사가 이 책을 출간했을 때 사람들은 이 소설의 제목을 '허무'라고 불렀습니다.

그로부터 14년 뒤, 영국의 선박 회사인 화이트 스타 라인은 로버트슨의 소설에 등장하는 배와 아주 흡사한 여객선을 만들었습니다. 비교를 해 보자면 그 배의 배수량은 6만 6천 톤이었고 로버트슨 소설에 등장하는 배의 배수량은 7만 톤이었습니다.

실제 배는 길이가 269미터였고 소설 속 배는 244미터였습니다. 두 배 모두 대략 3천 명을 태울 수 있었지만 구명보트는 턱없이 모자랐습니다. 하지만 두 배 모두 '가라앉지 않는 배'로 불렸기 때문에 구명보트는 큰 문제가 되지 않는 듯했습니다.

1912년 4월 19일, 그 배는 사우샘프턴에서 뉴욕으로 향하는 첫 항해 길에 올랐습니다. 그 배에는 가치를 따질 수 없는 페르시아의 시인 오마르 하이얌의 시집 《루바이야트》의 복사본이 실려 있었고 자산이 2억 5천만 달러에 달하는 승객들이 타고 있었습니다. 그러나 그 배는 차디찬 4월의 어느 날 밤, 빙산에 부딪혀 가라앉고 말았습니다. 로버트슨의 소설 속 배의 이름은 타이탄이었고 화이트 스타라인이 만든 배의 이름은 타이타닉이었습니다.

만약 모건 로버트슨이 상상이 현실을 창조한다는 것을, 다시 말해 오늘의 허구가 내일의 사실이 된다는 것을 알았다면 소설을 이렇게 '허무'라고 불리도록 썼을까요? 쇼펜하우어는 이렇게 말했습니다. "비극적인 재앙의 순간을 맞았을 때 인생은 깨어나야 할 나쁜 꿈이라는 확신이 그 어느 때보다 분명해진다." 잠들어 있는 인간의 상상력은 나쁜 꿈을 꾸게 합니다.

우리가 상상하는 것들이 현실에서 바로 나타나지 않을 수도 있습니다. 눈으로 보지 못했다고 해서 그것이 전부가 아닙니다. 이 비극적 사건의 원인은 다른 시공간에 있습니다. 로버트슨의 상상은 실제 사건 장면과는 아주 멀리 떨어져 있었으며 모두의 눈에 보이지 않았습니다. 이것은 마치 과학자가 조정실에 들어가 시공간을 초월해 유도미사일을 조준하는 것과 같습니다.

누군가가 그림을 그리고, 극본을 쓰고, 책을 쓴다.

그가 지구 세상 반대편에 잠들어 있는 사이

다른 누군가가 그것을 본다.

다른 누군가가 페이지를 넘기지 않으면

그는 죽은 것이나 다름없다.

그가 지구 반대편에서 일어나는 일을 어찌 알겠는가?

그의 생각이 어떤 생각을 불러일으키는지,

그의 삶이 어떤 삶을 만들어 내는지,

누군가는 트집을 잡고 누군가는 칭찬을 한다.

그에 대해 어떤 평가를 하는지

그가 어찌 알겠는가?

그렇다면 누가 가장 살아있다고 할 수 있는가?

잠든 그인가,

아니면 지구 반대편에서 사람들의 주의를 끌고,

그들을 잠들지 못하게 하며 활발히 활동하는 그의 영혼,

다시 말해 그의 작품인가?

어느 것이 '그'인가?

잠들어 있는 '그'인가

아니면 자신을 느낄 수도 볼 수도 없는 '그'인가?

———— 사무엘 버틀러 Samuel Butler

상상력이 풍부한 작가들은 자신이 바라보는 세상을 전달하는 것이 아니라 세상을 특정 상태로 보고 있는 그들의 태도를 전달합니다. 캐서린 맨스필드는 죽음을 앞두고 그녀의 친구인 오레지에게 이렇게 말했습니다.

"우리 삶에는 삶에 대한 태도만큼이나 다양한 모습들이 있어. 태도가 변하면 그 모습들도 변해. 태도를 바꾸면 삶을 다르게 볼 수 있을 뿐만 아니라 삶 자체도 달라질 거야. 태도가 변했기 때문에 삶의 모습도 변하는 거야. 새로운 삶의 방식을 인식하는 것, 그것이 내가 말하는 삶에 대한 창조적 태도야."

블레이크는 이렇게 말했습니다. "예언자를 현대적 의미로 재해석한다면 예언자는 존재하지 않는다. 요나는 현대적 의미에서 예언자가 아니다. 왜냐하면 니네베(고대 아시리아의 수도—옮긴이)에 대한 예언이 맞지 않았기 때문이다. 정직한 사람은 모두 예언자다. 그는 사적인 문제나 공적인 문제에 대해 자신의 의견을 말한다. 그가 계속 그렇게 말한다면 결과 또한 그렇게 될 것이다. 그는 어떤 일이 일어날 것이니 너희가 원하는 대로 하라고 말하지 않는다. 예언자는 미래를 정하는 독단적인 독재자가 아니라 미래를 보는 사람이다." 예언자의 역할은 미래에 일어날 피할 수 없는 일을 말해주는 것이 아니라 지속적인 상상 활동을 통해 어떤 미래를 만들어낼 수 있는지 말해주는 것입니다.

미래는 인간의 상상 활동, 창조적인 발전 과정에서의 활동, "침대에 누워있을 때 당신의 머리에 떠오른 꿈과 환영(다니엘서 2:28)" 속에 보여지는 활동에 의해 결정됩니다. "모든 주님의 백성들이 예언자가 되기를 원하노라(민수기 12:29)."라는 말의 진정한 의미는 자신의 이상을 달성한 뒤에도 더 높은 목표, 더 큰 꿈, 더 높은 정상을 향해 나아갔던 댄스 학원 강사의 모습에서 찾아볼 수 있습니다. 그의 이야기를 읽고 나면 왜 그가 자신이 원하는 미래를 미리 결정할 수 있다고 확신했는지, 왜 그가 다른 사람들이 그저 허구에 불과할 수도 있었던 자신의 상상력에 실체를 부여한다고 확신했는지, 그리고 왜 그가 상상력 바깥에는 어떤 것도 존재하지 않고 존재할 수 없다는 것을 확신하게 되었는지 이해하게 될 것입니다. 상상력을 지지하지 않으면 그 어떤 것도 존재를 이어갈 수 없습니다.

> …마음은 물질을 창조하고, 마음은 자신만의 행성을 만들어 더 밝은 존재들로 채우고, 마음은 물리적 존재보다 더 오래오래 살 수 있는 형체에 생명을 불어넣을 수 있으니…
>
> ──── 로드 바이런Lord G. Byron

"19살 때 저는 댄스 강사로서 어느 정도 성공을 거두었고, 그 상태가 거의 5년 동안 이어졌습니다. 그 무렵 저는 한 젊은 여성을 만났고 그녀의 추천으로 선생님의 강연을 듣게 되었습니다. 그때 '상상이 현실을 창조한다'는 말을 듣고 사실 어이가 없었습니다. 그래서 저는 그 말이 거짓이라는 것을 보여주기로 마음먹었습니다. 저는 선생님의 책 《세상 밖으로》를 사서 여러 번 읽었습니다. 그런데도 여전히 그 말을 믿지 못해 다소 야심 찬 목표를 세웠습니다. 저는 그때 '아서 머레이' 댄스 학원에서 일하고 있었고 체인점을 내고 대표가 되는 것이 목표였습니다.

체인점 운영권을 따내는 것이 쉽지 않은 데다 저에겐 그럴만한 돈도 없었었습니다. 하지만 저는 매일 밤 상상 속에서 제 학원을 운영하고 있다고 느끼며 잠이 들었습니다. 3주 후, 네바다주의 리노에 살고 있는 친구로부터 전화가 왔습니다. 그는 리노에서 머레이 댄스 스튜디오를 운영하고 있는데 혼자서는 감당하기가 힘들다고 말하며 저에게 동업을 제안했고 저는 그 이야기를 듣자마자 너무 기뻐 돈을 빌려 리노로 달려갔습니다. 그리고 선생님과 선생님이 했던 말은 깡그리 잊어버렸습니다.

친구와 저는 열심히 일했고 그 결과 큰 성공을 거두었습니다. 하지만 1년이 지나자 저는 더 큰 성취를 원했습니다. 저는 스튜디오를 하나 더 운영하기 위해 여러 방법과 수단을 모색하기 시작했습니다. 하지만 모두 허사로 돌아갔습니다.

어느 날 밤, 자려고 누웠는데 잠이 오지 않아 책을 읽기로 마음먹고 책장을 훑어보다가 두껍지 않은 선생님의 책 《세상 밖으로》를 발견했습니다. 1년 전만 해도, 저는 스튜디오 운영 같은 것은 꿈도 꾸지 못했었습니다. '내 댄스 스튜디오를 갖다니!' 마음속에서 전율이 일었습니다. 저는 그날 밤 그 책을 다시 읽었습니다. 그리고 상상 속에서 제 보스가 나와 우리가 리노에서 한 일을 칭찬하며 만약 스튜디오를 확장할 생각이 있다면 자신이 준비해 둔 스튜디오를 한 곳

더 운영해 보는 게 어떻겠냐고 제안했습니다. 저는 이 상상 속 장면을 하루도 빠짐없이 매일매일 반복했습니다. 그로부터 3주 후, 상상이 현실에서 그대로 이루어졌습니다. 제 친구는 베이커스필드에 새 스튜디오를 열었고 저는 리노 스튜디오를 단독으로 운영하게 되었습니다. 이제 저는 선생님이 주신 가르침의 진리를 확신하게 되었고 절대 잊지 않을 것입니다.

저는 상상력이 가진 이러한 놀라운 진리를 제 직원들과 나누고 싶었습니다. 그래서 그들에게 상상력으로 놀라운 일들을 이룰 수 있다고 이야기했습니다. 많은 사람에게 전달하지는 못했지만, 저의 이러한 노력으로 놀라운 일이 일어났습니다. 한 젊은 강사가 제가 한 이야기를 믿기는 하지만, 그것은 상상력 때문이 아니라 시간이 지나면 으레 일어날 일이었다고 말했습니다. 그러면서 제 주장이 어이없는 소리라며 그런 일이 일어나는 것을 실제로 목격한다면 믿겠노라고 말했습니다. 저는 그의 도전을 받아들였고 제 주장을 입증하기 위해 놀라운 테스트 하나를 생각해냈습니다.

리노 스튜디오는 도시 자체의 인구수가 적다 보니 전체 머레이 체인점 가운데서도 주목을 받지 못했습니다. 우리보다 학원생이 더 많은 머레이 체인점이 전국에 300개가 넘었습니다. 따라서 리노점은 눈에 띄지 않았습니다. 제 계획은 이랬습니다. 저는 그에게 앞으로 3달 뒤에 열릴 전국 댄스 대회에서 리노 스튜디오가 화제의 중심에 서게 될 거라고 말했습니다. 그러자 그는 냉랭한 어조로 그런 일은 불가능하다고 말했습니다.

그날 밤, 저는 잠자리에 들어 엄청나게 많은 관중 앞에 서 있는 모습을 상상했습니다. 저는 관중들 앞에서 '창조적인 상상'에 관해서 이야기하고 있었고, 큰 관중들 앞에서 긴장감을 느꼈습니다. 박수 갈채 소리가 들렸습니다. 제가 무대에서 내려오자 머레이 씨가 다가오더니 제게 악수를 청했고 우리는 악수를 나누었습니다. 저는 매일 밤 이 드라마를 재연했습니다. 드라마가 현실처럼 느껴지기 시작했고 제 상상이 현실에서 다시 펼쳐질 거라는 걸 알았습니다.

제 상상 속 드라마는 정확히 그대로 현실에서 재연되었습니다. 그 대회에서 저의 작은 리노 스튜디오는 화제의 중심이 되었습니다. 저는 상상했던 대로 무대 위에 올라가게 되었습니다. 하지만 이런 믿기 힘든 일이 일어난 후에도 제게 도전장을 던진 그 젊은 강사는 여전히 제 말을 믿지 않았습니다. 그는 모든 일이 너무도 자연스럽게 일어난 걸 보며 어차피 시간이 지나면 일어날 일이었던 것이 틀림없다고 했습니다.

하지만 저는 그런 그의 태도가 신경 쓰이지 않았습니다. 왜냐하면 그의 도전이 저에게는 상상이 현실을 창조한다는 것을 다시 한 번 증명할 수 있는 기회를 제공했기 때문입니다. 그때부터 저는 '세계에서 가장 큰 아서 머레이 댄스 학원'을 소유하겠다는 야망을 갖게 되었습니다. 매일 밤 상상 속에서 대도시의 체인점 인수 제안을 받아들이는 제 목소리를 들었습니다. 그리고 3주 후, 머레이 씨가 제게 전화를 걸어 150만 명이 사는 도시의 스튜디오를 맡아보는 게 어떠냐고 제안했습니다. 지금 제 목표는 제가 운영하는 댄스 스튜디오를 전체 체인점 중에서 가장 큰 스튜디오로 만드는 것입니다. 물론 그것은 제 상상을 통해 이루어질 것입니다."

더글라스 포셋은 상상에 대해 이렇게 말했습니다. "상상력은 빠르게 변하기 때문에 잡기가 어렵다. 그것은 매 순간 변화한다. 그래서 마법 같은 변화를 보여준다." 우리는 물리적 실체를 넘어 그것의 원인인 상상력을 보아야 합니다. 위 이야기에 나오는 댄스 강사는 1년 동안 자신의 변화된 모습에만 온통 관심을 쏟았습니다. 하지만 다행스럽게도 1년 전 자신이 스튜디오를 갖는 것이 말도 안 되는 소리라고 생각했던 것을 떠올리고 다시 책을 집어 들었습니다.

상상 속 행동이 현실로 구현되기 위해서는 어느 정도의 시간이 필요합니다. 하지만 상상 속 행동은 그것이 공개적으로 나타나든, 은밀하게 간직되든, 시간이 지나면 결국 그 모습을 현실로 드러낼 것입니다. 궁금하다면 직접 시험해 보십시오. 그러면 당신은 상상력이 바로 예언자이며 '허구는 없다.'라는 것을 알게 될 것입니다.

> **사람들의 마음속에 아주 작은 변화를 일으킨 것이 포도즙을 짜던 여자가 아니라고 어찌 확신하겠는가? 수많은 국가를 전쟁으로 내몬 그 열정이 어느 한 목동의 마음에서 시작되어 잠시 목동의 눈을 반짝이게 만든 후 퍼져나간 것이 아니라고 어찌 확신하겠는가?**
>
> ——— 윌리엄 버틀러 예이츠 William Butler Yeats

허구는 존재하지 않습니다. 상상은 우리의 삶 안에서 실현됩니다. "이제 내가 너희에게 그 일이 일어나기 전에 말하는 것은 그것이 일어날 때 너희가 믿게 하려는 것이다(요한복음 14:29)."

그리스인들은 "신들이 사람의 형상으로 우리에게 내려왔다(사도행전 14:11)."라고 말했습니다. 그들이 옳았습니다. 하지만 그들은 잠에 빠져 상상력이 가진 엄청난 힘을 깨닫지 못했습니다.

신들의 꿈은 현실이며 신들은 기나긴 불멸의 꿈속에서 고요히 기쁨을 느낀다.

—— 존 키츠 John Keats

어느 여류 작가는 "오늘의 상상이 내일의 현실이 된다."는 것을 잘 알고 있었습니다. 그녀는 한 편지에 이렇게 썼습니다. "어느 봄날, 나는 짧은 소설 한 편을 완성한 뒤 그 소설을 팔고 잊어버렸습니다. 그리고 몇 달이 지난 후 나는 내 소설 속 '이야기'와 실제 내 삶에 일어난 '이야기'를 떨리는 마음으로 비교하게 되었습니다. 내가 쓴 소설의 줄거리를 읽고 내 개인적인 경험을 비교해 보기 바랍니다."

"소설의 여주인공은 버몬트로 휴가를 떠났습니다. 정확히 말하면 버몬트주의 작은 도시인 스토라는 곳으로 갔습니다. 그곳에 도착하자마자 그녀는 친구의 무례한 행동 때문에 지금처럼 다른 사람의 이기적인 요구를 참아가며 평생을 살아가야 할지 아니면 그 같은 패턴을 깨고 그곳을 떠나야 할지 선택의 기로에 놓였습니다. 결국 그녀는 그동안 이어온 패턴을 깨고 뉴욕으로 돌아갑니다. 그 후 여러 사건들이 일어나고 청혼도 받습니다. 그리고 그녀는 청혼을 기쁜 마음으로 받아들입니다.

　이제 제 이야기로 돌아와서…이런저런 작은 일들이 일어난 후에야 저는 제가 쓴 소설이 생각났고 소설 속 이야기와 제 삶에 일어난 일이 의미심장하게 이어져 있다는 것을 알아차리게 되었습니다. 다음은 제가 겪은 일입니다. 어느 날, 저는 친구로부터 버몬트에 있는 자신의 별장에서 여름휴가를 보내자는 초대를 받았습니다. 저는 좋다고 했고 그녀의 별장이 스토라는 도시에 있다는 것을 알고도 특별히 놀라지 않았습니다. 제가 그곳에 도착했을 때 그 친구는 매우 예민한 상태였고 저는 그곳에서 힘든 여름을 보내야 할지 아니면 친구를 두고 그곳을 '떠나야 할지' 결정해야 했습니다. 그동안의 저는 의무나 우정에 반하는 행동을 할 만큼 용기가 없었습니다. 하지만 이번에는 달랐습니다. 저는 우정이고 뭐고 없이 뉴욕으로 돌아왔습니다. 그리고 며칠 후 저는 청혼을 받았습니다. 하지만 거절했습니다. 이점은 소설과 다른 점입니다. 네빌 선생님, 저는 이제 허구란 존재하지 않는다는 것을 알게 되었습니다."

푸르른 이 지구는 잊더라도 신들은 영원히 기억하리니… 그들의 위대한 기억력 덕분에 그들이 알려지는 것이니.

—— 조지 메러디스, 〈비극적인 삶의 노래와 시〉

　우리는 씨를 뿌리고는 꽃피는 시기를 잊고 지내다가 열매를 수

확합니다. 상상의 수확물도 마찬가지입니다. 인생에 있어 사건들이 항상 씨를 뿌린 곳에서 일어나는 것은 아닙니다. 그래서 우리는 수확을 하면서도 그것이 우리가 뿌린 씨에서 나왔다는 것을 인식하지 못하곤 합니다. 우리에게 일어나는 사건들은 숨겨진 상상 활동의 결과물입니다. 인간은 원하는 것은 무엇이든 상상할 수 있습니다. 아무리 운명론자와 우리를 현혹하는 예언자들이 운명에 대해 떠들어댄다고 해도 깨어있는 사람들은 모두 자신이 자유롭다는 것을 알고 있습니다. 그들은 자신들이 현실을 창조한다는 것을 압니다. 이러한 주장을 뒷받침해 줄 만한 성서의 구절이 있냐고요? 당연히 있습니다. "그가 우리에게 해석해준 대로 그것이 이루어졌다(창세기 41:13)."

　　예이츠는 "허구가 존재하지 않는다."는 사실을 알고 있었음이 틀림없습니다. 왜냐하면 그가 상상력을 의식적으로 경험하고 다음과 같이 썼기 때문입니다. "사건들을 써 내려간 모든 사람들이 꿈을 꾸지 않았다면 우리는 역사를 다시 써야만 한다. 왜냐하면 사람들, 특히 상상력이 풍부한 사람들이 계속해서 마법과 매력, 환영들을 세상에 내보내고, 사람들, 특히 자기중심적이지 않은 평온한 사람들은 상상력이 풍부한 사람들의 영향 아래에 놓이게 되기 때문이다. 나는 종종 우리의 가장 정교한 생각. 정교한 목적, 정확한 감정이 우리의 것이 아니라 어느 날 갑자기 나타난 것 같다는, 말하자면 지옥이나 천국에서 떨어진 것 같다는 생각이 든다. 허구는 존재하지 않는다." 당신이 최고라고 알고 있는 것보다 더 좋은 것을 상상하십시오.

5장
상상력을 활용하라

당신이 보는 모든 것들은 비록 밖으로 드러나 있으나 안에 있는 것이다.
유한한 이 세계는 그저 상상력의 그림자일 뿐이다.
 _ 블레이크

● 그 어떤 것도 그 자체의 힘으로 모습을 드러내거나 존재를 지속할 수 없습니다. 사건이 발생하는 이유는 비교적 안정적인 상상의 활동이 사건을 창조했기 때문입니다. 또한 상상의 활동이 그 사건을 지지하기 때문에 사건이 존재하는 것입니다. 다음에 소개되는 이야기를 통해 소망이 이루어졌다고 상상하는 것이 삶의 환경을 어떻게 의식적으로 창조할 수 있는지 명백하게 이해하게 될 것입니다.

어떤 사람이 상상력을 성공적으로 활용했다는 이야기를 듣고 나면 그 이야기를 들은 사람 역시 자극을 받아 도전하게 됩니다. 다음이 그러한 경우입니다.

어느 날 저녁, 강연 중에 한 신사가 자리에서 일어나더니 질문은 아니지만 하고 싶은 말이 있다고 했습니다. 그는 제2차 세계대전이 끝난 후 군대를 제대하고 주급 25달러를 받는 직장에 취직했습니다. 10년 후, 그는 월급으로 600달러를 받게 되었습니다. 당시 그는 내 책《깨어난 상상력》을 구입해 〈교정을 위한 가지치기〉 장을 읽었습니다.

그는 책에 제시된 대로 매일매일 '교정'을 실행했고 그 결과 2년 후에는 미국 대통령 월급에 맞먹는 돈을 벌게 되었습니다. 그 이야기를 듣고 있던 사람 중에 재정적 어려움을 겪고 있는 사람이 있었습니다. 그는 자신도 그 신사와 같은 책을 읽었지만, 문득 자신은 재정적 문제를 해결하기 위해 상상력을 사용한 적이 없다는 것을 알았습니다.

그는 자신이 칼리엔테 경마장에서 '5-10승식' 경주에서 승리마를 맞추는 모습을 상상했습니다. 그는 자신의 이야기를 이렇게 전했습니다. "이것은 5번째 경주부터 10번째 경주까지 어느 말이 승리할지 맞히는 게임이에요. 저는 상상 속에서 여섯 장의 티켓을 뽑았고 제가 여섯 마리의 승리마를 뽑았다는 기분을 느꼈습니다. 저는 상상 속에서 실제로 승리를 거두었다는 느낌을 느끼며 온몸에 '소름'이 돋을 때까지 이 장면을 반복하고 또 반복했습니다. 그리고 계산원이 제게 엄청난 현금을 건넸고 제가 그 돈을 셔츠 안쪽에 집어넣는 모습을 '보았습니다'.

이것이 저의 상상 속 드라마입니다. 저는 3주 동안 매일 밤 이 장면을 반복해서 상상하다가 잠이 들었습니다. 3주 후, 저는 실제로 칼리엔테 경마장에 갔습니다. 그리고 그날, 제 상상 속 드라마는 아주 세세한 부분까지 현실로 재연되었습니다. 단 하나 다른 점이 있다면 계산원이 현금 대신 8만 4천 달러짜리 수표를 주었다는 것뿐입니다."

제가 이 이야기를 들려주자 강연이 끝난 후 한 남자가 제게 다가오더니 자신도 똑같이 따라하면 똑같은 일이 일어날 수 있는지 물었습니다. 저는 상상 속 장면은 스스로 결정해야 한다고 말했습니다. 그리고 그가 어떤 장면을 선택하든 그 장면이 자연스러워야 하며 모든 느낌을 동원해서 소망이 이루어진 상태에 집중해야 한다고 말했습니다. 그리고 어떻게 하면 목표한 결과를 이룰 수 있을까 그 방법을 찾으려 애쓰지 말고 소망이 이루어진 느낌 안에서 살아가야 한다고 말했습니다.

한 달 후, 그 남자는 제게 행운을 얻은 남자가 갔던 칼리만테 경마장에서 가서 그와 똑같이 5-10승식 경주에서 승리마를 맞추고 받았다며 만 6천 달러짜리 수표를 보여주었습니다. 흥미롭게도 그 남자는 행운을 얻은 남자를 그대로 따라했습니다. 하지만 거기서 끝이 아니었습니다. 그는 첫 번째 승리로 받은 돈으로 급한 것부터 해결했습니다. 하지만 가족이 안정적으로 살아가려면 더 많은 돈이 필요했습니다. 무엇보다 그는 자신에게 일어난 일이 우연이 아니었다는 것을 증명하고 싶었습니다. 이러한 행운이 연속적으로 일어난다면 '백분율 법칙'이 아니라 상상이 실제로 기적 같은 현실을 만들어내고 있다는 것을 증명해 줄 거라고 생각했습니다. 그래서 그 남자는 과감하게 자신의 상상력을 다시 한 번 시험에 보기로 했습니다.

"저는 상당한 금액이 든 계좌를 원했습니다. 이것은 제 은행 계좌에 잔액이 많은 것을 '보는 것'을 의미했습니다. 그래서 상상 속에서 두 곳의 은행에 들어가는 장면을 연출했습니다. 각각의 은행에 들어갈 때마다 은행 지점장이 저를 향해 감사의 미소를 짓는 장면을 '보았고' 은행 직원이 제게 건네는 진심 어린 감사의 인사를 '들었습니다.' 저는 거래 내역서를 요청했고 한 은행에는 '만 달러', 다른 은행에는 '만 오천 달러'의 잔액이 있는 것을 '보았습니다'.

제 상상은 거기서 끝나지 않았습니다. 저는 은행 계좌의 잔액을 보고 난 후 바로 경마장으로 관심을 돌렸습니다. 그리고 10번의 경주가 진행되는 동안 200달러로 시작한 돈이 11,533달러가 되는 장면을 상상했습니다.

저는 경마로 번 돈을 책상 위에 놓고 열두 뭉치로 나누었습니다. 상상 속에서 돈을 세어 먼저 천 달러 뭉치 11개를 만들고 나머지 533달러로 12번째 뭉치를 만들었습니다. 상상 속에서 제게는 은행에 있는 돈을 포함해 36,533달러가 있었습니다.

저는 근 한 달간 이 모든 장면을 아침, 오후, 그리고 잠자리에 들 때마다 상상의 무대에 올렸습니다. 그리고 3월 2일에 칼리엔터 경마장에 다시 갔습니다. 저는 마권을 사서 예상 승리마를 작성했습니다. 그런데 왜 그랬는지 모르겠지만 6장을 작성한 후 나머지 6장도 똑같이 표시했습니다. 그런데 10번째 티켓을 작성하고 실수로 그만 나머지 두 장의 티켓을 두 번이나 그대로 작성하고 말았습니다. 승리마가 결정되고 저는 승리마를 맞춘 티켓을 두 장 가지고 있어서 티켓당 16,423달러 50센트를 받았습니다. 또한 패자부활전에서 6개의 티켓이 맞아 각각 656달러 80센트를 받았습니다. 그래서 무려 36,788달러를 받았습니다. 한 달 전 제가 상상 속에서 보았던 금액은 36,533달러였습니다. 무엇보다 제가 신기했던 점 두 가지는 우연히 승리마를 맞춘 티켓을 한 번 더 작성했다는 것이고 또 하나는 아홉 번째 경주에서 그간 승리를 거둔 적이 있는 말을 훈련사가 빼겠다고 했을 때 경기 운영자가 그 요청을 받아들이지 않았다는 점입니다."

결과를 만들어내기 위해 실타래들이 참으로 신비롭게 엮이지 않았나요? 결과는 상상을 틀림없이 증명해 냅니다. 만약 당신이 상상한 결과를 얻지 못했다면 그것은 당신이 결과를 제대로 상상하지 않았기 때문입니다. 이야기 속 남자는 결과를 충실하게 상상했고 모든 것들이 그가 결과물을 수확할 수 있도록 도왔습니다. 승리마를 맞춘 티켓을 한 번 더 작성한 것, 경기 운영자가 훈련사의 요청을 거부한 것은 모든 것들이 목표를 향해 나아갈 수 있도록 상상 속 드라마가 만들어 낸 것입니다.

벨포트 박스는 이렇게 말했습니다. "우연은 현실의 변화, 다시 말해 사건들이 시간에 따라 연속적으로 흐르는 과정에서 발생하는 요소이며 이는 어떠한 법칙이나 인과관계로 단순화시켜 설명할 수 없다."

지혜롭게 살고자 한다면 상상이 우리 삶에 어떤 영향을 미치는지 알아야 합니다. 아니, 적어도 상상이 향하고 있는 목표가 무엇인지 알아야 합니다. 그리고 그것이 우리가 소망하는 것인지 확인해야 합니다. 상상력을 지혜롭게 사용하고자 한다면 그것을 가치 있고 긍정적인 활동으로 만드십시오.

인간이 물질적인 세상을 살아가는 것처럼 보이지만 사실 인간은 상상의 세상 속에 살고 있습니다. 당신의 삶을 만드는 것이 눈에 보이는 물질적인 세상이 아니라 상상력의 활동이라는 것을 알게 되었을 때 눈에 보이는 물질적인 세상은 더 이상 현실이 아니고 상상력의 세상은 더 이상 꿈이 아니게 됩니다.

그 길은 계속 구불구불 오르막길인가?
그렇다네, 그 길 끝까지 오르막이라네.
오늘의 여정은 하루가 꼬박 걸리는가?
아침부터 저녁까지 걸린다네, 친구여.

───── 크리스티나 조지아나 로세티 Christina Georgina Rossetti, 〈오르막〉

6장
상상은 현실이 된다

우리는 환영으로 나타나는 꿈, 혹은 상상의 본질에 대해 아는 바가 거의 없다. 영원히 존재하는 형상의 표면적 성질이나 영속성은 성장하고 번식하는 자연의 것보다 더 오래가지 못하는 것으로 여겨진다. 상추가 죽듯 떡갈나무도 죽는다. 하지만 그것이 가진 본질이나 개성은 죽지 않으며 씨앗으로 새롭게 태어난다. 상상 속 형상 또한 깊은 생각의 씨앗에 의해 우리에게 다시 돌아온다.

_ 블레이크

• 상상 속 형상이 실체이며 물리적 형상은 그저 그림자에 지나지 않습니다. 우리가 마음속 형상을 믿는다면 현실을 창조할 권리를 가지고 있는 상상력이 그 형상을 밖으로 구현해 낼 것입니다.

'실체'라고 하면 그것의 물질적인 본질을 생각합니다. 하지만 상상하는 사람들은 물질적인 것들을 그림자, 혹은 '비실체'라고 부릅니다. 상상은 영적인 감각입니다. 소망이 이루어졌다고 느끼고 그 감정 안으로 들어가십시오. 영적인 감각을 통해, 다시 말해 상상 속에서 느껴지는 시각, 청각, 후각, 미각, 촉각을 통해 당신은 마음속 형상에 감각적인 생생함을 부여할 수 있습니다. 그러면 그 형상이 외부 세계에, 다시 말해 그림자 세계에 모습을 드러내게 될 것입니다.

다음은 자신의 환영에 충실했던 한 남성의 이야기입니다. 그는 진정한 상상가였으며 그가 상상 속에서 들었던 것을 기억했습니다. 그리고 제게 이렇게 편지를 보내왔습니다.

"저는 누구보다 오페라를 좋아합니다. 그 사실을 아는 한 친구가 크리스마스 선물로 키르스텐 플라그슈타트가 부른 〈트리스탄과 이졸데〉 전집 음반을 구해주려고 했습니다. 친구는 수십 개의 음반 가게를 돌아다녔지만, 하나같이 'RCA 레코드사는 더 이상 그 음반을 재발매하지 않습니다. 복사본이라도 구하시려면 내년 6월까지 기다리셔야 합니다.'라고 대답을 들었습니다.

12월 27일, 저는 제가 그토록 원하던 음반을 구해 선생님이 말씀하신 법칙을 증명해야겠다고 마음먹었습니다. 저는 거실에 누워 마음속으로 제가 자주 가는 음반 가게에 들어가 얼굴과 목소리를 알고 있는 점원에게 '〈트리스탄과 이졸데〉 전집 음반이 있나요?'라고 물었고 그가 '네, 있어요'라고 대답하는 것을 상상했습니다.

그리고 그 장면이 실제처럼 느껴질 때까지 반복하고 또 반복해서 상상했습니다. 그날 오후 늦게, 저는 마음속 장면을 실제로 실행하기 위해 음반 가게로 향했습니다. 하지만 느낌상 음반을 구해 가게를 나갈 수 있을 것 같지 않았습니다. 저는 이미 지난 9월에 친구가 갔던 똑같은 가게에서 똑같은 점원에게 똑같은 말을 들은 적이 있었습니다.

저는 그날 아침 상상 속에서 보았던 점원에게 다가가 물었습니다. '〈트리스탄과 이졸데〉 음반이 있나요?' 그러자 그가 '아니요. 없어요.'라고 대답했습니다. 그 말을 듣고 저는 '이건 상상 속에서 내가 들었던 말이 아니잖아!'라고 중얼거렸습니다.

가게를 나서려는데 진열대 상단 선반 위에 놓인 〈트리스탄과 이졸데〉 음반 광고가 눈에 띄었습니다. 그래서 점원에게 말했습니다. '상품이 없으면 광고도 하지 말아야 하는 것 아닌가요?' 그러자 점원은 '아, 그러네요.'라고 대답했습니다. 그러곤 선반에 놓인 광고판을 내리려고 하자 그 뒤에 〈트리스탄과 이졸데〉 음반이 있는 거 아니겠습니까? 그것도 자그마치 다섯 장이나! 그 장면은 제가 상상했던 대로 똑같이 진행되지는 않았지만, 결과만큼은 제가 상상한 그대로였습니다. 선생님께 어떻게 감사의 인사를 드려야 할지 모르겠습니다."

이 남성의 편지를 읽었다면 "가정이 틀렸다고 할지라도 그것을 계속 고수하면 사실로 굳어질 것이다."라는 앤서니 이든의 주장에 동의해야 합니다. 이 남성의 상상은 음반 가게의 감각적 분위기와 합쳐져서 상상의 장면을 더욱 풍부하게 만들었고 그 장면을 '그의 것'으로, 말하자면 그가 인지한 대로 만들었습니다.

우리의 미래는 창조의 활동을 진행하고 있는 상상력에 의해 형성됩니다. 이 남성은 자신의 상상력을 의식적으로 사용하여 그가 원하는 삶을 실현해냈고, 그로 인해 그의 상상은 그저 삶을 비추는 것이 아닌, 삶에 영향을 미치게 되었습니다. 그는 상상 속 드라마가 현실이고, 물리적인 행동은 그저 그림자에 지나지 않는다고 확신했습니다. 그래서 점원이 '아니요. 없어요.'라고 말했을 때 마음속으로 '이건 상상 속에서 내가 들었던 말이 아니잖아!'라고 말했던 것입니다. 그는 상상 속에서 들었던 말을 기억해 냈을 뿐만 아니라 여전히 그 말을 기억하고 있었던 것입니다.

소망이 이루어졌다고 상상하는 것은 당신이 이미 찾은 것을 구하는 것이고, 받은 것을 요청하는 것이고, 열린 문을 두드리는 것입니다. 그는 보고 싶었던 것을 보고 듣고 싶었던 것을 들었습니다. 그리고 '아니요, 없어요.'라는 답변을 들었을 때 그것을 받아들이려 하지 않았습니다.

상상력을 사용하는 사람들은 깨어있는 동안 꿈을 꿉니다. 그는 보이는 것에 굴복하는 종이 아닙니다. 그는 자신의 주의와 집중의 방향을 스스로 지시할 수 있는 주인입니다. 상상력을 일관적으로 사용할 때 우리는 시간과 공간 속에서 일어나는 사건에 대한 인식을 변화시킬 수 있습니다. 하지만 안타깝게도 사람들 대부분은….

끊임없이 바뀌네요.

시선이 머무를 만한 가치를 가진 것을 발견하지 못해,

기쁨이라곤 없는 쓸쓸한 눈처럼

────── 퍼시 비시 셸리, 〈달에게〉

다음의 이야기에 나오는 여성 역시 상상 속에서 실제로 듣고 싶었던 것을 들었고, 그에 따라 외부 세상이 구현된다는 것을 알고 있었습니다.

"얼마 전, 우리는 더 큰 집으로 이사하기 위해 살고 있던 집을 내놓았고 이사 갈 집에 계약금을 걸어놓은 상태였습니다. 집을 내놓자

몇몇 사람들이 사겠다고 했지만, 우리가 원하는 집을 계약하기 전까지는 거래를 할 수 없다고 설명해야 했습니다. 그때 한 중개인이 전화를 걸어 자신의 고객이 우리 집을 보고 싶어 한다며 집을 보여 줄 수 없냐고 물었습니다. 그러면서 그 고객이 우리 집의 위치를 무척 마음에 들어 해서 우리가 제시한 금액보다 더 많은 금액을 줄 의향도 있다고 했습니다. 우리는 그 중개인과 고객에게 우리의 상황을 설명했습니다. 그러자 둘 다 우리의 계약이 성사될 때까지 기꺼이 기다리겠다고 했습니다.

하지만 중개인은 일단 계약서에 서명 먼저 해 두는 게 어떠냐고 했습니다. 그러면서 그 계약서는 아무런 구속력이 없으며 다만 우리가 이사 갈 집을 계약하고 나면 그때 자신들에게 가장 먼저 기회를 주겠다는 약속일뿐이라고 했습니다. 우리는 그 말을 믿고 계약서에 서명을 했습니다. 그런데 나중에 알고 보니 캘리포니아 부동산 법에서는 우리가 서명한 문서가 구속력을 가지고 있었습니다. 며칠 뒤 우리가 이사하고 싶었던 집에 대한 계약이 무산되었고 그 사실을 중개업자에게 알리자 그는 '그렇군요. 없었던 일로 하죠.'라고 대답했습니다. 그래 놓고 2주 뒤에 그 부동산 중개인은 우리를 상대로 1,500달러의 부동산 수수료를 지급하라고 소송을 제기했습니다. 재판 날짜가 정해졌고 우리는 배심원 재판을 요청했습니다. 우리 측 변호사는 최선을 다하겠다고 했지만, 이 경우 법이 아주 엄격하게 적용되기 때문에 승산이 거의 없다고 말했습니다.

재판 날, 남편이 병원에 입원하는 바람에 함께 재판에 출두할 수 없게 되었습니다. 결국 저는 증인 하나 없이 혼자 법정에 나갔습니다. 하지만 중개인은 3명의 변호사와 여러 명의 증인을 데리고 왔습니다. 그러자 우리 측 변호사는 제게 이길 확률이 조금도 없다고 말했습니다.

저는 상상력에 의존했습니다. 먼저 변호사, 증인, 그리고 원고 편으로 기울어진 것 같은 판사의 말을 완전히 무시한 채, 제가 듣고 싶은 말만 생각했습니다. 저는 상상 속에서 배심원단 대표가 '우리는 피고가 무죄라고 판단합니다.'라고 말하는 것에만 주의를 기울이고 집중했습니다. 저는 그 말이 실제처럼 들릴 때까지 상상 속에서 듣고 또 들었습니다. 법정에서 들리는 모든 말에 마음의 귀를 닫고 오직 '우리는 피고가 무죄라고 판단합니다.'라는 말에만 집중했습니다. 재판은 휴정에 들어가고 배심원들의 논의는 12시부터 오후 4시 30분까지 이어졌습니다. 저는 그 시간 동안 법정에 앉아 상상 속에서 '우리는 피고가 무죄라고 판단합니다.'라는 말을 반복해서 듣고 또 들었습니다. 배심원들이 법정으로 들어오고 판사는 배심원장에게 자리에서 일어나 판결을 선언하라고 했습니다. 그러자 배심원장이 일어나서 '우리는 피고가 무죄라고 판단합니다.'라고 말했습니다."

만약 꿈을 판다면 당신은 어떤 꿈을 사시겠습니까?

—— 토머스 러벌 베도스Thomas Lovell Beddoes, 〈꿈을 팝니다〉

당신이라면 소망이 이루어진 꿈을 사지 않을까요? 당신의 꿈은 가격을 매길 수 없으며 돈을 낼 필요도 없습니다. 이야기 속 여성은 자신의 상상 속에 배심원 대표를 단단히 고정시키고 자신이 듣고 싶은 말만 들었습니다. 그 결과 그녀는 배심원단의 만장일치를 얻어냈습니다. 존재하는 모든 것들의 실체인 상상을 통해 그녀는 소망을 현실로 만들었습니다.

"시인은 깊은 사색을 통해 시를 창조한다."라는 헤벨의 말은 상상력을 이용하는 사람들에게도 적용됩니다. 상상력을 이용하는 사람들은 내면의 시각과 청각을 이용해 현실을 창조하는 방법을 알고 있습니다.

현실에 순응하는 것보다 치명적인 것은 없습니다. 우리는 정해진 현실에 얽매여서는 안 됩니다. 마음속 형상을 바꾸십시오. 그러면 눈에 보이는 형상도 바뀔 것입니다.

다음에 소개할 이야기 속 여성은 상상 속에서 그녀가 원하는 환영을 만들어 내기 위해 보는 기술과 느끼는 기술을 활용했습니다.

"1년 전, 저는 가정부에게 집을 맡기고 아이들을 데리고 유럽으로 여행을 떠났습니다. 그리고 몇 달 후, 집으로 돌아와 보니 가정부는 보이지 않았고 집안의 가구는 온데간데없이 사라지고 없었습니다. 아파트 관리인에게 물어보니 가정부가 '제가 부탁했다.'고 말하며 가구를 옮겼다고 했습니다. 그 순간 제가 할 수 있는 일이 없었습니다. 그래서 저는 아이들을 데리고 호텔로 갔습니다. 물론 경찰서에 신고도 했고 사설탐정을 고용하기도 했습니다. 그들은 뉴욕에 있는 이삿짐센터와 물품 보관 창고를 모조리 조사했지만 모두 헛수고였습니다. 가구와 가정부는 흔적도 없이 사라져 버렸습니다.

외부의 도움이란 도움을 다 동원해 봤지만, 소용이 없었습니다. 결국 저는 지치고 말았습니다. 그때 선생님의 가르침이 생각났고 이 문제에 상상력을 이용해 보기로 했습니다. 호텔 방에 앉아 눈을 감은 채 아파트에 있는 제 모습을 상상했습니다. 저는 제가 제일 좋아하는 의자에 앉아 있었고 제 주변에는 가구들이 있었습니다. 거실을 가로질러 피아노가 보이고 그 위에는 아이들의 사진이 놓여있었습니다. 저는 거실 전체가 아주 생생하게 느껴질 때까지 피아노를 계속 응시했습니다. 아이들의 사진이 실제처럼 보였고 의자 덮개가 실제처럼 느껴졌습니다.

다음 날, 은행에 갔다가 나오면서 무심코 호텔 방향이 아닌 아무것도 없는 텅 빈 아파트 쪽으로 발걸음을 돌렸습니다. 길모퉁이에 도착했을 때 아차 싶어 돌아서려는 순간, 어딘가 아주 익숙한 발이 눈에 띄었습니다. 그것은 제 가정부의 발이었습니다. 제가 그녀에게 달려가 팔을 낚아채자 그녀가 화들짝 놀랐습니다. 저는 가구만 돌려주면 된다고 그녀를 안심시켰습니다. 우리는 택시를 타고 그녀의 친구들 집으로 갔고 그곳에 제 가구들이 있었습니다. 뉴욕의 경찰들과 사설 탐정들이 몇 주 동안 찾지 못한 것을 제 상상력이 단 하루 만에 찾아냈습니다."

이 여성은 경찰에 신고하기 전에도 상상력이 가진 비밀을 알고 있었습니다. 하지만 눈에 보이는 현실에 집중한 나머지 상상력을 잊고 있었던 것입니다. 하지만 물리적인 힘으로 찾지 못한 것을 상상력으로 손쉽게 찾아낸 것입니다. 무언가를 잃어버렸다는 느낌을 포함해 그 어떤 것도 상상력이 뒷받침되지 않는다면 존재할 수 없습니다.

가구들이 모두 제자리에 있는 자신의 거실, 자신의 의자에 앉아 있는 것을 상상함으로써 자신이 가구를 잃어버렸다는 느낌을 거두어들이고, 상상의 활동을 바꾸어 잃어버렸던 가구를 되찾아 제 자리로 돌려놓을 수 있었습니다.

소망하는 대로 상상할 때 소망의 꿈속에서 새로운 경험을 할 수 있으며 가장 창조적인 힘이 발휘됩니다. 다음의 이야기에 나오는 여성은 상상 속에서 자신의 소망을 펼치기 위해 시각, 청각, 촉각, 후각, 그리고 미각까지 오감을 총동원했습니다.

"저는 어릴 때부터 먼 곳으로 여행을 떠나고 싶었습니다. 특히 서인도제도가 제 상상력에 불을 지폈습니다. 저는 실제로 그곳에 있다고 느끼며 한껏 행복감에 취하곤 했습니다. 꿈은 놀랍게도 돈이 들지 않습니다. 성인이 된 후에 그 꿈을 실현하기에는 돈도 시간도 부족했기에 저는 계속 꿈을 꾸었습니다. 그러다가 작년에 수술 때문에 병원에 입원하게 되었습니다. 예전에 선생님의 강연을 들은 적이 있었기에 입원해 있는 동안 시간이 많으니 제가 제일 좋아하는 상상을 더 열심히 해보기로 마음먹었습니다. 저는 먼저 알코아 선박 회사에 편지를 보내 무료 여행 팸플릿을 보내달라고 요청했습니다. 그러곤 팸플릿을 받아 몇 시간이고 꼼꼼히 살펴 가며 제가 가장 타고 싶은 배와 선실, 가보고 싶은 7개의 항구를 골랐습니다. 저는 눈을 감고 상상 속에서 계단을 올라 배에 탑승했고 거대한 여객선이 드넓은 대양을 가르며 나아가자 물결의 일렁임을 느꼈습니다. 배가 푸른 바다 위를 가르며 내닫자 파도가 배에 부딪혀 부서지는 소리가 들렸고, 열대의 태양이 뿜어내는 뜨거운 열기가 얼굴에 느껴졌으며, 공기 중에 바다의 소금 냄새와 맛이 느껴졌습니다.

병원에 꼼짝없이 갇혀 지낸 일주일 동안, 저는 마치 진짜로 배에 탑승한 것 같은 자유롭고 행복한 경험을 했습니다. 퇴원하기 하루 전날, 저는 알록달록한 그 팸플릿을 어딘가에 넣어놓고는 잊어버렸습니다. 두 달 후, 광고회사로부터 경품에 당첨되었다는 연락을 받았습니다. 몇 달 전 동네 마트에서 진행한 이벤트에 응모해놓고는 까맣게 잊어버렸던 것입니다. 그런데 그 이벤트에서 제가 1등을 차지했고, 그보다 더 놀라운 것은 1등 상품이 알코아 선박 회사가 제공하는 카리브해 크루즈 여행이라는 것이었습니다. 하지만 거기서 끝이 아니었습니다. 저는 병원에 누워있는 동안 상상 속에서 머물렀던 그 객실에 묵게 되었고, 놀랍게도 제가 팸플릿에서 선택했던 그 배를 타고 제가 가보고 싶었던 7개의 도시를 하나도 놓치지 않고 모두 방문하게 되었습니다."

여행은 부자의 특권이 아니다. 여행은 상상력이 풍부한 사람이 가질 수 있는 특권이다.

—— 스티븐 베리엔 스탠튼 Stephen Berrien Stanton, 《삶의 본질》

7장
감정은 모든 일의 원인이다

요즘은 운명이 감정을 결정하기보다 감정이 사람의 운명을 결정하는 시대다.
_ 윈스턴 처칠Winston Churchill

• 사람들은 자신의 감정을 어떠한 일의 결과로만 여길 뿐, 감정이 원인일 수도 있다고 생각하지 못합니다. 감정은 상상력의 활동입니다. 감정이 없다면 어떠한 창조도 일어날 수 없습니다. 우리는 목표를 달성해서 행복하다고 말합니다. 그렇지만 그 과정이 반대 방향으로도 작동한다는 것을 알지 못합니다. 말하자면 소망이 이루어졌다는 행복한 기분을 사실로 받아들이면 목표를 달성할 수 있다는 것을 깨닫지 못합니다.

감정은 현실의 결과이기도 하지만 그러한 현실을 만들어 낸 원인이기도 합니다. 《감정의 심리학》이라는 책에서 리벗 교수는 이렇게 말합니다. "단지 생각 자체만으로는 아무런 행동이나 결과를 만들어 낼 수 없다. 하지만 생각이 느껴지고, 그 생각에 긍정적인 결과물이 동반될 때, 그리고 움직임의 요소, 다시 말해 동기를 부여하는 요소들이 일깨워질 때 생각이 행동으로 옮겨지는 법이다."

다음에 소개할 이야기 속 여성은 자신의 소망이 이루어졌다는 감정을 매우 성공적으로 느꼈습니다. 그녀는 그런 자신의 감정이 그날 밤을 지배하도록 만들어 달콤한 꿈속에 푹 빠졌습니다.

"우리는 대부분 동화를 좋아합니다. 그러면서도 동화 속에 나오는 믿을 수 없는 부와 행운은 어린아이들을 즐겁게 하기 위한 것이라고만 생각합니다. 하지만 정말 그럴까요? 저는 상상력을 통해 저에게 일어난 아주 놀라운 일을 소개하려고 합니다. 더군다나 그때 저는 나이가 어린 편도 아니었습니다. 우리는 우화나 마법을 믿지 않는 시대를 살고 있습니다. 하지만 저는 선생님이 말씀하신 '상상이 현실을 창조한다.'와 '느낌이 상상의 비밀이다.'라는 가르침을 사용해서 한바탕 상상의 나래를 펼쳤고 그 결과 원하는 모든 것을 얻었습니다.

이런 기적이 일어나기 전까지만 해도 저는 직장을 잃었고 심지어 의지할 가족마저 없었습니다. 저는 하나부터 열까지 모든 것이 필요했습니다. 괜찮은 일자리를 찾으려면 차가 필요했는데 당시 제 차는 너무 낡아 주저앉기 일보 직전이었습니다. 집세도 밀려있고 직장을 구하러 다니기에 적합한 변변한 옷가지 하나 없었습니다. 더군다나 요즘 같은 세상에 55살이나 먹은 여자가 직장을 구한다는 것은 그리 쉬운 일이 아니었습니다. 통장 잔액은 바닥났고 도움을 청할 만한 친구도 하나 없었습니다.

그런 상황에서도 저는 거의 일 년을 선생님의 강연에 참석했습니다. 저의 절박한 상황이 상상력을 시험해 보게 만들었습니다. 사실, 전 잃을 게 아무것도 없었습니다. 저는 먼저 필요한 것을 가지고 있다고 상상하기 시작했습니다. 하지만 필요한 것들이 너무도 많아 목록을 열거하고 나서는 지쳐버렸습니다. 그러곤 걱정이 몰려와 잠을 잘 이루지 못했습니다. 그날 밤도 강연에 참석했는데 선생님은 한 예술가의 경험을 이야기하며 그가 특정 '느낌'이나 '놀라워'라는 말을 사용했다고 말했습니다.

그 말을 듣고 저도 그렇게 해보기 시작했습니다. 필요한 것들을 일일이 생각하고 상상하는 대신에 저에게 어떤 놀라운 일이, 내일도, 다음 주도 아닌 바로 지금 일어나고 있다는 '느낌'을 느끼려고 노력했습니다.

저는 잠자리에 누워 '놀라워. 기적 같은 일이 내게 일어나고 있어!'라고 반복해서 말하고 또 말했습니다. 그리고 그런 상태에서 느낄 수 있는 기분을 느끼며 잠이 들었습니다.

저는 그런 상상과 느낌을 두 달 동안 매일 밤 반복했습니다. 10월 초의 어느 날, 저는 몇 달을 보지 못했던 친구를 만나게 되었습니다. 그 친구는 뉴욕 여행을 앞두고 있었습니다. 저는 여러 해 전 뉴욕에 살았던 적이 있었기에 그 친구와 뉴욕에 관해 짧게 이야기를 나누고 헤어졌습니다. 그러곤 그 일을 까맣게 잊어버렸습니다. 그런데 그로부터 한 달 후 그 친구가 저를 찾아와 제 이름으로 된 2천 5백 달러짜리 수표를 건네는 것이 아니겠습니까? 그렇게 큰돈에 제 이름이 적혀있다니 놀라지 않을 수 없었습니다. 충격이 가시고 친구가 들려준 이야기는 마치 꿈만 같았습니다. 그 수표는 저와 25년 이상이나 만난 적도, 소식을 주고받은 적도 없는 친구가 보낸 것이었습니다. 그 친구는 그동안 굉장한 부자가 되었습니다. 제게 수표를 전달해 준 친구는 지난달 뉴욕을 여행하던 중에 우연히 그 부자가 된 친구를 만나게 되었습니다. 두 사람이 이야기를 나누던 중에 제 이야기가 나왔고 무슨 연유에서인지 부자가 된 친구는 재산의 일부를 저에게 나누어주기로 결심했다고 합니다(그 친구는 아직도 아무런 연락이 없고, 저 또한 따로 연락하지 않았습니다).

그 후로 2년 동안 매달 친구의 변호사로부터 일상생활에 필요한 것들을 사기에 충분할 뿐만 아니라 자동차, 옷, 넓은 아파트처럼 여유로운 삶을 누리고도 남을만한 돈을 받았습니다. 무엇보다 더 이상 입에 풀칠할 걱정을 하지 않아도 된다는 것이 제일 좋았습니다.

그리고 지난달 저는 한 통의 편지와 서명이 필요한 법적 증서를 받았는데 그 증서에는 제 남은 삶 동안 지금과 같은 액수를 매달 보내주겠다고 적혀있었습니다."

어리석은 자가 자신의 어리석은 행동을 끈질기게 고집한다면 그는 지혜로워질 것이다.

—— 블레이크

윈스턴 처칠은 우리에게 구하고자 하는 것을 이미 소유하고 있다는 가정 아래 행동하라고 말합니다. 이 말은 셰익스피어의 햄릿에 나오는 우리가 그것을 가지고 있지 않더라도 마치 '가지고 있는 것처럼 행동하라.'는 말과 일맥상통합니다. 이것이 바로 '기적'의 비밀 아닐까요?

성서에서 중풍에 걸린 남자에게 "침상에서 일어나 걸으라(마태복음 9:1-8, 마가복음 2:1-13, 누가복음 5:18-25, 요한복음 5:1-17)."고 하는 것은 정신적으로 마치 다 나은 것처럼 행동하라는 말입니다. 상상 속에서 실제로 회복되었을 때와 똑같이 행동한다면 그는 회복된 것입니다.

"제 이야기를 들으면 누군가는 '어차피 일어났을 일이야'라고 말할지도 모릅니다. 하지만 주의 깊게 읽어본다면 분명 놀랄 것입니다. 이 이야기는 1년 전 샌프란시스코에 있는 딸을 만나러 갔을 때 있었던 일입니다.

늘 밝고 긍정적인 모습과 달리 딸아이는 무척이나 우울한 상태에 있었습니다. 저는 아이가 왜 그리 괴로워하는지 알지 못했습니다. 하지만 이유는 묻지 않았고 아이가 말해줄 때까지 기다렸습니다. 알고 보니 딸아이는 금전적으로 아주 곤란한 상황이었고 당장 3천 달러가 필요했습니다. 저는 형편이 어려운 편은 아니었지만, 그렇다고 수중에 그렇게 큰돈을 가지고 있지도 않았습니다. 더군다나 제가 아는 한 딸아이는 제 돈을 받지 않았을 것입니다. 제가 돈을 빌려주겠다고 했지만, 아이는 싫다고 했습니다. 그 대신 제 방법, 다시 말해 상상력을 이용해 볼 테니 도와달라고 했습니다. 저는 종종 선생님의 가르침을 아이에게 이야기하곤 했는데 그런 제 말이 아이에게 큰 영향을 준 것 같았습니다.

저는 아이가 저에게 협조한다는 조건으로 아이의 부탁을 흔쾌히 받아들였습니다. 우리는 사방에서 돈이 아이에게로 굴러들어오는 장면을 정하고 그 장면을 보는 연습을 했습니다. 그리고 사방에서 돈이 아이에게 쏟아져 마침내 아이가 돈의 '바다' 한가운데 서 있다고 느꼈습니다. 딸아이와 저는 관련된 모든 사람들이 기쁨을 느낀다고 상상했습니다. 우리는 방법에 대한 생각은 하지 않고, 오로지 행복한 느낌만 상상했습니다.

딸아이는 마치 불이 붙은 듯 아주 열정적으로 상상의 활동에 참여했습니다. 저는 그래서 며칠 뒤에 일어난 일은 모두 아이가 만들어 낸 일이라고 생각합니다. 당장 돈 문제가 해결될 기미는 없었지만 아이는 원래의 긍정적이고 자신감 넘치는 모습으로 돌아갔고 저는 아이를 두고 로스앤젤레스로 돌아왔습니다.

집에 도착해서 저의 어머니께(저의 어머니는 91세의 활력이 넘치시고 멋진 분입니다.) 전화를 걸었습니다. 그랬더니 당장 집으로 오라고 했습니다. 저는 하루 정도 쉬고 싶었지만 지금 당장 오라는 말에 어머니 집으로 갔더니 어머니가 제 딸에게 주는 돈이라며 3천 달러를 건네주었습니다. 제가 미처 묻기도 전에 손주들을 위해 준비해 둔 것이라며 세 장의 수표를 더 건넸고 모두 합해 1천 5백 달러였습니다. 어머니는 하루 전날, 자신이 가진 돈을 살아 있는 동안 사랑하는 사람들에게 나누어주고 그들이 돈을 받고 기뻐하는 모습을 보고 싶었다고 말했습니다.

이 일이 어차피 일어날 일이었을까요? 아니요. 저는 이런 식은 아니었을 거라고 생각합니다. 불과 며칠 전만 해도 딸아이는 돈 문제로 절박한 상황에 있었지만 이내 본래의 모습을 되찾았습니다. 이는 모두 아이의 상상력이 가져온 놀라운 변화이며 받는 사람뿐만 아니라 주는 사람에게도 큰 기쁨을 가져다주었습니다.

추신. 제가 깜박 잊고 말하지 않은 것이 있는데 어머니가 주신 수표에는 제 것도 있었답니다. 무려 3천 달러나 되었답니다.”

상상의 중심을 변화시키면 기회가 열립니다. 그리고 그 기회는 측정할 수 없을 만큼 무궁무진합니다. 상상력에 한계는 없습니다. 인생의 드라마는 우리의 물리적 행동이 아닌 느낌과 감정으로 만들어 내는 상상의 활동입니다. 감정은 모든 것을 감정이 확신하는 대로 자신 있게 이끕니다. 그래서 감정이 삶의 환경을 만들어 내고 삶에서 일어나는 사건들을 주도하고 있다고 할 수 있습니다.

소망이 이루어진 것처럼 느끼는 것은 높은 파도와 같아 우리를 감각의 제약에서 번쩍 들어 올려 줍니다. 우리가 감정을 인식하고 상상의 비밀을 깨닫는다면 감정이 확언하는 모든 것을 이룰 수 있을 것입니다.

다음은 한 어머니가 장난스러워 보일 수 있는 기분을 계속 유지해서 예상 밖의 놀라운 결과를 만들어 낸 이야기입니다.

“선생님도 누군가가 사마귀를 사주면 사마귀가 없어진다는 미신을 들어보셨을 것입니다. 저는 이 이야기를 어릴 때부터 들어 알고 있었지만, 선생님의 강의를 듣기 전까지는 그 오래된 이야기 속에 숨겨진 진실을 알지 못했습니다. 저에게는 10살 된 아이가 있는데 다리에 보기 흉한 커다란 사마귀가 여러 개 있어 오랫동안 고생을 하고 있었습니다. 어느 날 문득 좋은 생각이 떠올랐고 아이에게 써봐야겠다고 생각했습니다. 아이들은 대개 엄마를 철석같이 믿기 때문에 제가 사마귀를 없애고 싶은지 묻자 아이는 한 치의 망설임 없이 그렇다고 대답했습니다. 하지만 아이는 병원에는 가고 싶지 않다고 말했습니다. 저는 아이에게 엄마와 재미있는 게임을 하자고 말하곤 사마귀 한 개당 돈을 주겠다고 했습니다. 그러자 아이는 좋아했습니다. 하지만 그렇게 해서 어떻게 사마귀가 없어지냐고 물었습니다. 우리는 적당한 가격에 합의를 보았습니다. 그리고 제가 이렇게 말했습니다. '이제 엄마가 사마귀 한 개 당 너에게 돈을 줄 거야. 그러면 그 사마귀는 더 이상 네 것이 아니란다. 다른 사람 것을 가지고 있으면 안 되겠지? 그러니까 너는 사마귀를 더 이상 가지고 있을 수 없어. 그래서 사마귀는 사라질 거야. 하루가 걸릴 수도 있고 이틀이 걸릴 수도 있어. 어쩌면 한 달이 걸릴지도 몰라. 하지만 명심해. 엄마가 네 사마귀를 샀으니까 사마귀들은 이제 엄마 거야.'

제 이야기를 듣고는 아들은 신나 했습니다. 그래서 어떻게 되었냐고요? 제 이야기가 마치 먼지 쌓인 낡은 마법 책에서 읽은 이야기처럼 들릴 것입니다. 하지만 거짓말이 아닙니다. 열흘도 채 지나지 않아 사마귀가 옅어지기 시작했습니다. 그리고 한 달이 끝나갈 무렵, 아들 몸에 있던 사마귀가 전부 사라졌습니다.

여기서 끝이 아닙니다. 그 뒤로 저는 여러 사람으로부터 사마귀를 샀습니다. 그들은 저의 제안이 재미있다면서 사마귀 하나에 5센트, 7센트, 혹은 10센트를 받고 팔았습니다. 그리고 다들 사마귀가 사라졌습니다. 하지만 사마귀를 사라지게 한 것은 오직 상상력이라고 말했을 때 그 말을 믿은 사람은 오직 어린 아들 하나뿐이었습니다."

우리가 어떤 감정을 상상하면 그 감정의 결과가 우리에게 일어납니다. 자신이 어떤 감정 상태에 있다고 상상하지 못한다면 그 감정에 따른 결과도 얻을 수 없습니다. 아일랜드의 위대한 신비주의자인 조지 윌리엄 러셀은(필명은 A. E.임―옮긴이)은 《상상의 촛불》에서 이렇게 썼습니다. "나는 지금까지 환경에 관심이 없었고 환경은 변하지 않을 거라고 생각했다. 그런데 그런 환경이 내 감정에 따라 빠르게 반응하거나 변화하는 것을 인지하게 되었다. 나는 내 안에서 새롭게 일어나는 감정들을 통해 찾아보는 수고를 들이지 않고도 내가 어떤 사람을 만나게 될지 예측할 수 있었고 실제로 그들을 만났다. 심지어 생명이 없는 물체들도 감정의 영향을 받는다."

하지만 인간은 새로운 감정이 자신 안에서 일어나기를 기다릴 필요가 없습니다. 의지만 있다면 인간은 행복한 감정을 얼마든지 만들어 낼 수 있습니다.

8장

소망을 품는 것은 여행의 시작이다

거울을 바라보는 사람은
눈이 거울 위에 머무른다.
하지만 그가 원한다면
거울 너머에 있는 천국을 볼 수 있다.

_ 조지 허버트, 〈묘약〉

● 물체가 인식되려면 먼저 어떤 방식으로든 물체에 대한 정보가 우리 뇌에 도달해야 합니다. 하지만 그렇다고 해서 우리가 환경과 불가분의 관계에 있는 것은 아닙니다. 인간의 의식은 보통 감각이 주는 정보에 의존하고 그것에 국한되어 있지만, 인간은 감각에만 의존하는 것을 넘어 어떤 것이든 상상할 수 있으며 완전히 상상에 몰입되면 '눈이 머무는 것', 다시 말해 감각이 인지하는 것보다 더 생생하고 더 실체처럼 느낄 수 있습니다.

만약 이것이 사실이 아니라면 인간은 그저 기계처럼 살아가며 자신의 삶에 어떠한 영향도 미치지 못할 것입니다. 인간의 본질은 상상력입니다. 따라서 뇌에 종속된 존재가 아닌, 뇌를 지배하고 통제하는 주체입니다. 인간은 겉으로 보여지는 모습에 만족할 필요가 없습니다. 인간은 감각적 인식의 수준을 넘어 관념적인 인식을 할 수 있습니다.

　기계처럼 반응하는 감각의 영역을 넘어 상상의 영역으로 건너갈 수 있는 능력은 인간이 할 수 있는 가장 위대한 발견입니다. 인간은 상상력을 이용해 내면의 변화를 만들고 이를 통해 밖으로 보여지는 사건에 개입해 그 경로를 원하는 방향으로 바꿀 수 있습니다. 이는 인간이 상상의 주체임을 드러냅니다.

　상상 활동의 선봉에 서 있는 주의력은 '눈이 머무는 곳', 다시 말해 감각이 이끄는 대로 외부적인 것에 머물 수도 있고 자신의 의지에 따라 내면에 머물며 소망이 성취된 상태를 이끌 수도 있습니다.

　감각적인 인식에서 관념적인 인식으로 넘어가려면, 다시 말해 보이는 상태에서 마땅히 그렇게 되어야 하는 상태로 넘어가려면 상상 속에서 그 장면 안으로 들어가 우리가 실제로 그러한 상태에 있고 그러한 상태를 경험하게 된다면 보고 듣고 하게 될 것들을 가능한 한 실제처럼 생생하게 상상해야 합니다.

　다음은 '거울을 넘어' 자신을 옭아맨 쇠사슬을 끊어버린 한 여성의 이야기입니다.

　"2년 전, 저는 심각한 혈전 증상으로 생긴 동맥경화와 관절염으로 병원에 입원하게 되었습니다. 뇌신경이 손상되었고 갑상선은 비대해졌습니다. 병의 원인에 대해 의사마다 의견이 분분했고 온갖 치료를 시도해보았지만 아무런 효과가 없었습니다. 움직인다는 것은 꿈도 꿀 수 없었고 꼼짝없이 침대에 누워있어야 했습니다. 제 몸은 엉덩이부터 발가락까지 상자 속에 갇혀 철사로 꽁꽁 묶인 것만 같았습니다. 저는 엉덩이까지 오는 꽉 쬐는 압박 스타킹을 신지 않으면 발을 바닥에 디딜 수조차 없었습니다.

저는 선생님의 가르침을 알고 있었기에 제가 들었던 것을 적용해 보려고 정말 열심히 노력했습니다. 하지만 상태가 점점 악화되어 더 이상 강연을 들을 수가 없게 되었고 저의 절망감은 더욱 깊어만 갔습니다. 그러던 어느 날, 한 친구가 제게 아름다운 바닷가의 모습이 담긴 엽서 한 장을 보내왔습니다.

엽서에 담긴 바닷가가 너무 아름다워 저는 보고 또 보았습니다. 그러다 문득 지난 여름 부모님과 함께 갔던 해변이 떠올랐습니다. 그러자 엽서에 있던 사진이 살아 움직이는 것 같았고, 제 마음은 온통 해변을 자유롭게 뛰어다니는 저의 모습으로 가득 찼습니다. 맨발에 닿는 차갑고 딱딱한 모래, 발가락 사이로 파고드는 차가운 바닷물, 해안가에 부딪혀 부서지는 파도 소리. 비록 몸은 침대에 누워 있었지만, 상상만으로도 너무 행복해서 이 멋진 장면을 일주일 동안 매일 매일 생각했습니다.

어느 날 아침, 저는 소파에 앉기 위해 침대에서 일어나려고 했습니다. 그러자 극심한 통증이 몰려와 온몸이 그대로 굳어버렸고 앉을 수도, 누울 수도 없었습니다. 끔찍한 통증이 1분이 넘도록 이어졌습니다. 하지만 통증이 가라앉자 제 몸이 자유로워졌습니다. 마치 다리를 옭아매고 있던 철사들이 모두 잘려져 나간 듯했습니다. 좀 전까지도 속박되어 있던 몸이 어느 순간 자유로워졌습니다. 자유는 서서히 찾아오지 않았습니다. 아주 갑작스레 찾아왔습니다."

"우리는 믿음으로 걷지, 눈에 보이는 것으로 걷지 아니한다(고린도후서 5:7)." 보이는 것으로 걸을 때 우리는 눈에 보이는 물체를 통해 길을 압니다. 하지만 믿음으로 걸을 때 우리는 상상 속에서 보이는 장면과 행동들로 삶을 창조해 갑니다.

인간은 상상의 눈이나 감각을 통해 사물을 인지합니다. 하지만 사물을 인지할 때 인간이 가지는 마음의 태도는 두 가지로 나뉠 수 있습니다. 하나는 상상력을 이용하여 소망하는 것을 창조하려는 태도이고, 다른 하나는 외부 세계를 '보이는 그대로' 받아들이려는 태도입니다.

인간 내면에는 생명의 원리와 죽음의 원리가 있습니다. 하나는 넘치는 상상력으로 상상의 구조물을 만들어 내는 것이고 다른 하나는 냉정한 현실의 기반 위에 상상의 구조물을 쌓아 올리는 것입니다.

전자는 창조를 하지만, 후자는 현 상태를 그대로 유지합니다. 인간은 믿음의 길이나 혹은 눈에 보이는 길을 택해야 합니다. 인간이 풍부한 상상력으로 상상의 구조물을 만들어 내면 그만큼 생명력을 얻습니다. 따라서 보이는 그대로를 비추는 감각의 거울을 넘어설 수 있는 능력을 개발하는 것이 삶을 풍요롭게 만드는 길입니다.

보이는 그대로를 비추는 감각의 거울에 '시선을 고정해' 상상력을 제한한다면 삶은 발전하지 못합니다. 허울만 그럴듯한 현실은 '상상의 눈'을 가려 '인간을 자유롭게 하는 진리(요한복음 8:32)'를 보지 못하게 합니다.

'상상의 눈'은 가려지지만 않는다면 보이는 것이 아니라 마땅히 있어야 할 것을 봅니다. 눈에 보이는 장면이 아무리 익숙하다고 할지라도 상상의 눈은 한 번도 본 적 없는 것을 볼 수 있습니다.

감각이 보여주는 외부 세계에 지나치게 집착하면 일상의 삶이 완전히 속박당하고 우리의 시선은 현실을 그대로 비추는 거울을 벗어나지 못합니다. 이러한 집착에서 우리를 자유롭게 해줄 수 있는 것은 '상상의 눈'뿐입니다.

우리는 소망을 생각하는 것에서 소망이 이루어진 상태에서 생각하기로 옮겨 갈 수 있습니다. 중요한 것은 소망이 이루어진 상태에서 생각하기, 다시 말해 소망이 이루어진 상태를 경험하는 것입니다. 그러한 경험은 주체와 객체를 하나로 만들기 때문입니다. 소망을 생각하는 것은 주체와 객체가 분리되어 있습니다. 다시 말해 생각하는 나와 내가 생각하는 대상이 따로 존재합니다.

자신을 내려놓는 것. 그것이 해답입니다. 우리는 소망이 이루어진 상태에 우리 자신을 맡기고 그 상태에 푹 빠져야 합니다. 그렇게 하면 현재 상태는 더 이상 존재하지 않으며 소망이 이루어진 상태에 머물며 살아가게 됩니다. 상상 속에서 소망이 이루어진 상태를 확고하게 만들면 그 상태가 현실로 모습을 드러냅니다.

믿음에 사랑이 더해지면 자신을 맡길 수 있습니다. 우리는 사랑하지도 않는 것에 자신을 맡길 수는 없습니다. "그대가 무언가를 사랑하지 않는다면 그대는 결코 그 어떤 것도 만들지 내지 못할 것이다." 하느님은 존재하는 모든 것을 사랑합니다. 하느님은 자신이 창조한 그 어떤 것도 경멸하지 않습니다. 미워하는 마음이 있었다면 그 어떤 것도 창조하지 않았을 것입니다(지혜서 11:24 인용).

소망하는 상태에 생명을 불어넣으려면 그것과 하나가 되어야 합니다. "나는 살아있다. 하지만 내가 사는 것이 아니라 하느님께서 내 안에 사는 것이다. 내가 지금 육신을 빌어 사는 이 삶은 나를 사랑하시어 내게 자신을 내어주신 하느님을 향한 믿음으로 사는 것이다. 내가 그리스도와 함께 십자가에 못 박혔으나 나는 살아 있다. 그러나 나는 사는 것이 아니요 오직 내 안에 그리스도께서 사시는 것이다. 이제 내가 육신을 입어 사는 것은 나를 사랑하사 나를 위하여 자신을 버리신 하느님의 아들을 믿는 믿음 안에서 사는 것이다(갈라디아서 2:20)."

하느님은 사랑으로 인간을 창조하시고 인간의 모습으로 세상에 왔습니다. 자신을 내어놓는 이러한 행동으로 창조물이 창조자가 되게 했습니다. 우리는 "하느님의 사랑하는 자녀로서 하느님을 본받아야(에베소서 5:1)" 합니다. 우리를 사랑하사 자신을 내어놓으신 하느님처럼 우리 역시 우리가 사랑하는 것에 자신을 내어놓아야 합니다.

소망하는 상태를 경험하기 위해서는 우리 자신이 그 상태가 되어야 합니다. 상상의 초점은 의식적으로 옮길 수 있습니다. 지금은 상상의 활동이 활발하지 못해 그저 소망에 지나지 않더라도 더 깊게 집중하고 생각하면 상상의 초점이 내면으로 깊게 들어가 우리 자신을 소망하는 상태와 하나가 되게 합니다. 상상의 초점을 옮길 수 있다니, 이 얼마나 놀라운 일입니까? 이 모든 활동은 전적으로 심리적입니다.

상상의 초점은 물리적인 위치를 바꾸는 것이 아니라, 인식의 위치를 바꾸는 것입니다. 감각적 한계는 주관적으로 형성되는 것입니다. 감각에만 주의를 기울이면 상상의 눈은 진실에서 멀어지게 됩니다. 감각의 한계에서 벗어나지 못하면 우리는 앞으로 나아갈 수가 없습니다.

다음에 소개할 이야기의 주인공은 감각의 한계를 놓아주고 즉각적이고 기적과도 같은 결과를 얻었습니다.

"'황금 열쇠'를 알려주셔서 감사합니다. 선생님이 말씀해 주신 '황금 열쇠' 덕분에 제 오빠가 병원에서 나올 수 있었고 고통에서 벗어날 수 있었습니다. 어쩌면 열쇠가 죽음에서 벗어나게 해 주었는지도 모르겠습니다. 오빠는 네 번째 수술을 앞두고 있었고 회복 가능성이 매우 낮은 상태였습니다. 저는 오빠가 몹시 걱정되어 제가 상상력에 관해 배운 것을 시도해보았습니다. 저는 먼저 오빠가 진정으로 원하는 것이 무엇일지 고민했습니다. '오빠라면 자신의 몸으로 계속 살기를 원할까? 아니면 자신의 몸에서 자유로워지기를 원할까?' 이 질문이 제 마음속에서 계속 맴돌았습니다. 불현듯 오빠가 병원에 입원하기 전에 주방 리모델링을 고민했었고 오빠라면 리모델링을 하고 싶어 할 것 같다는 생각이 들었습니다. 저는 제 질문에 대한 답을 찾았고 그것에 대해 상상하기 시작했습니다.

저는 상상 속에서 오빠가 주방을 리모델링을 하느라 바쁘게 움직이는 모습을 보려고 했습니다. 그런데 갑자기 제가 예전에 여러 번 사용했던 주방 의자를 잡고 있는 모습이 보였습니다. 그런데 어느 순간 제가 오빠의 침대 옆에 서 있는 것이 아니겠습니까? 병원은 물리적으로나 정신적으로 절대 가고 싶지 않은 곳이었는데 제가 거기에 있었습니다. 오빠가 손을 내밀어 제 손을 꽉 잡고는 '조, 네가 올 줄 알았어.'라고 말했습니다. 제가 잡은 오빠의 손은 아주 건강하고 확신에 차 있었습니다. 저는 오빠에게 '오빠, 이제 다 나았어.'라고 말했습니다. 제 목소리는 기쁨에 넘쳤습니다. 오빠는 대답하지 않았지만 저는 '이 순간을 기억해.'라는 목소리를 아주 또렷이 들었습니다. 눈을 떠보니 저의 집이었습니다.

오빠가 병원에 입원한 다음 날 밤에 있었던 일이었습니다. 그런데 다음날 올케 언니가 전화를 걸어 이렇게 말했습니다. '믿을 수 없는 일이 일어났어요. 오빠가 수술을 받지 않아도 된대요. 의사 선생님도 이유를 알 수가 없대요. 상태가 좋아져서 내일 퇴원해도 된다지 뭐예요.' 그리고 월요일에 오빠는 회사에 출근했고 건강을 회복했습니다."

삶을 만드는 것은 현실이 아니라 무한한 상상입니다. 그녀는 오빠를 찾는 데에는 오로지 '상상의 눈'이 필요했을 뿐 나침반도, 어떠한 도구도 필요치 않았습니다. 감각 세상에서는 보이는 것만 봅니다. 하지만 상상의 세계에서는 보고 싶은 것을 볼 수 있습니다. 우리는 보고 싶은 것을 보면서 그것을 감각 세계에서도 볼 수 있도록 창조합니다.

우리는 외부 세상을 별다른 생각 없이 봅니다. 따라서 보고 싶은 것을 보려면 자발적이고 의식적인 노력이 필요합니다. 우리의 미래는 창조적인 행진을 하는 상상력이 만듭니다. 우리는 대개 견고하고 합리적인 세상에 살고 있다고 믿지만, 겉으로 보기에 단단한 이 세상은 사실 처음부터 끝까지 상상력이 만들어 낸 것입니다.

다음 이야기는 한 개인이 상상의 초점을 다소 멀리 떨어진 지역으로 옮길 수 있다는 것을 보여줍니다. 다시 말해 물리적인 이동 없이도 시간과 공간을 넘어 멀리 있는 사람에게 모습을 보일 수 있음을 증명합니다.

"저는 샌프란시스코의 거실에 앉아 영국 런던에 있는 딸의 거실에 있다고 상상했습니다. 저는 속속들이 알고 있는 딸의 거실에 완전히 둘러싸여 있었고 갑자기 실제로 그곳에 있다는 느낌이 들었습니다. 딸은 저를 등진 채 벽난로 옆에 서 있었습니다. 잠시 후 딸이 고개를 돌려 저를 쳐다보았고 우리는 눈이 마주쳤습니다. 딸은 놀랐는지 잔뜩 겁에 질린 얼굴을 하고 있었습니다. 저 역시 기분이 좋지 않았지만 금세 샌프란시스코의 제 거실로 돌아와 있었습니다.

5일 후 딸에게서 편지가 왔는데 그 편지는 제가 런던에 있는 딸의 집으로 상상 속 여행을 떠났던 날 쓰인 것이었습니다. 편지에서 딸은 그날 자신의 거실에 서 있는 저를 봤다고 말하며 정말 실제 같았다고 했습니다. 그러곤 너무 무서웠다고 고백하며 저에게 말을 건네려는 순간 제가 사라져버렸다고 했습니다. 딸이 편지에서 저를 봤다고 말한 시간은 제가 상상 속에서 딸을 방문한 시간과 정확히 일치했습니다. 딸이 사위에게 이 일을 이야기하자 사위는 '장모님이 돌아가셨거나 몹시 위중한 것 같다.'며 저에게 빨리 편지를 쓰라고 했답니다. 하지만 저는 아프지도, 죽지도 않았습니다. 오히려 이 놀라운 경험 때문에 매우 활기차고 흥분된 상태였지요."

우리는 우리가 존재하는 곳에서만 행동할 수 있다. 그러나 진심으로 묻노니, 우리는 어디에 있는가?

—— 토마스 칼라일Thomas Carlyle

인간은 상상력 자체입니다. 따라서 인간은 자신이 상상하는 바로 그곳에 존재해야 합니다. 상상력이 바로 자신이기 때문입니다. 상상력은 그것이 인식하고 있는 상태에서 활동하고 그 상태를 기반으로 움직입니다. 우리가 의식의 변화를 진지하게 받아들인다면 믿음을 뛰어넘는 가능성이 열릴 것입니다.

감각은 강제적이고 부정적인 방식으로 결혼을 치르듯 인간을 묶어두려 합니다. 하지만 상상력을 이용한다면 부정적인 결혼에서 벗어날 수 있습니다. 우리는 감각이 주는 정보에 의존할 필요가 없습니다. 의식의 초점을 바꾸십시오. 그리고 무슨 일이 일어나는지 보십시오. 내면의 변화가 조금이라도 일어난다면 세상을 보는 관점도 조금씩 달라질 것입니다. 보통은 의식이 달라지려면 신체 기관의 움직임이 수반되어야 하지만 의식을 그런 제약에 가둘 필요는 없습니다.

우리가 무엇을 의식하느냐에 따라 의식의 초점도 움직일 수 있습니다. 인간은 상상력의 구현입니다. 그리고 그 상상력에는 한계가 없습니다. 진정한 자아, 다시 말해 상상력이 신체라는 공간적 영역에

국한되어 있지 않다는 것을 깨닫는 것, 그것이 핵심입니다.

앞서 소개한 이야기는 우리가 누군가를 만났을 때 그 사람의 진정한 자아가 그의 몸이 실제로 존재하는 공간에 있지 않아도 된다는 것을 보여줄 뿐만 아니라, 우리의 감각적 인식이 일반적으로 말하는 물리적인 방법 없이도 작동할 수 있으며 그렇게 만들어진 감각 정보 또한 일반적인 인식 과정을 통해 얻는 정보와 같은 종류라는 것을 보여줍니다.

이야기에서 어머니는 자신이 딸이 사는 곳에 실제로 있는 것처럼 아주 또렷하게 상상을 했습니다. 그녀의 또렷한 상상이 전체 과정을 촉발한 것입니다. 어머니가 정말 그곳에 있다면, 그리고 딸이 그곳에 있다면, 딸은 어머니를 인지할 수 있어야 합니다.

우리는 이 같은 경험을 기계적이거나 물리적인 관점이 아닌, 상상이라는 관점에서 이해하기를 바랄 뿐입니다. 어머니는 딸이 있는 '다른 곳'을 현재 자신이 있는 '여기'로 상상했습니다. 런던은 '그곳'에 사는 딸에게 '여기'였고 샌프란시스코는 그곳에 있는 어머니에게 '여기'였습니다.

우리는 이 세상이 우리가 보편적으로 분명하게 받아들이는 세상과 본질적으로 다를 수 있다고 생각하지 않습니다. 블레이크는 이렇게 말했습니다. "내가 보여지는 것에 대해 창문에게 묻지 않듯 육체적인 눈이나 자연의 눈에게 묻지 않는다. 나는 눈으로 보는 것이 아니라 눈을 통해서 그 너머를 본다."

눈을 통해서 그 너머를 본다는 것은 의식을 '이 세상' 뿐만 아니라 '다른 세상'으로 옮겨 놓을 수 있다는 것입니다. 천문학자들은 신비주의자들이 그토록 쉽게 실행했던 '눈을 통해 그 너머를 보는 것', 다시 말해 내면의 여행에 대해 더 많이 알고 싶어 해야 합니다.

나는 인간의 땅을 여행했네.

남자와 여자들의 땅 말일세.

아주 무시무시한 것들을 듣고 보았지.

대지를 떠도는 차가운 방랑자들은 결코 알지 못할 것들을.

———— 블레이크, 〈마음의 여행자〉

아주 오래전부터 깨달음을 얻는 사람들은 마음의 여행을 실천해 왔습니다. 사도 바울은 "나는 그리스도 안에 있는 한 사람을 안다. 그는 14년 전 세 번째 하늘로 끌어 올려졌다. 그 같은 체험이 몸 안에서 일어난 것인지 몸 밖에서 일어난 것인지 나는 알지 못한다. 이는 다만 하느님만이 아신다(고린도후서 12장)."라고 말했습니다.

여기서 사도 바울이 말하는 한 사람은 상상의 힘으로 혹은 그리스도의 힘으로 여행하는 사람을 말합니다. 고린도 사람들에게 보내는 편지에서 사도 바울은 이렇게 말했습니다. "너희 자신을 시험해 보라. 예수 그리스도가 너희 안에 계시다는 것을 모르느냐(고린도후서 13:5)?" 우리는 죽음을 통해서만 영적인 특권을 누릴 수 있는 것이 아닙니다. "인간은 오직 상상력이고 하느님은 인간이다(윌리엄 블레이크,《버클리에 대한 주석》)." 이야기 속에서 샌프란시스코에 있던 어머니가 그랬던 것처럼 당신도 자신을 시험해 보십시오.

아서 에딩턴 경은 우리가 외부 세상에 대해 말할 수 있는 것들은 모두 '공유된 경험'이라고 말했습니다. 사물은 우리가 그것을 다른 사람들과 공유할 수 있고, 혹은 다른 시간에 경험할 수 있는 정도에 따라 실재 여부가 결정됩니다. 하지만 여기에 분명하게 정해진 경계선이 있는 것도 아닙니다.

에딩턴의 말처럼 현실을 '공유된 경험'이라고 정의한다면 앞서 소개한 어머니와 딸은 상상 속 이야기를 공유했기 때문에 그 이야기는 물리적으로 존재하는 지구나 눈으로 보여지는 색깔만큼이나 실재한다고 할 수 있습니다. 상상력의 영역이 그러하다 보니 한계가 있는지, 있다면 어느 정도까지 현실을 창조할 수 있는지 저 역시 모르겠습니다.

이 장에서 소개한 이야기들은 모두 한 가지를 보여줍니다. 상상의 활동을 통해 감각이 보여주는 증거를 넘어 소망이 이미 이루어진 것처럼 느끼는 것이 소망을 실제로 이루는 데 필요한 여정의 출발점이라는 것입니다.

9장
상상 속 이미지와 하나가 되어라

> 만약 관찰자가 깊은 사색의 불타는 전차를 타고 상상 속 이미지 안으로 들어간다면, 만약 관찰자가 놀라운 이미지 가운데 하나와 친구가 되고 동행자가 될 수 있다면, 그리고 그 이미지가 그에게 육체적인 것들을 떠나보내라고 끊임없이 애원한다면, 그는 자신의 무덤에서 일어날 것이고, 하늘에 올라 주님을 만날 것이고, 그러면 그는 행복할 것이다.
>
> _ 블레이크

• 소망이 이루어진 이미지 안으로 들어가 그 이미지와 하나가 되기 전까지는 상상력이 할 수 있는 것이 없어 보일 것입니다.

소망이 이루어진 이미지 안으로 들어가는 것은 마치 블레이크가 말한 "존재 밖의 빈 공간으로 들어가면 그곳이 창조의 공간, 즉 자궁이 되지 아니하는가?"와 닮아있습니다. 이것이 곧 신화 속 아담과 이브의 이야기에 대한 진정한 해석이 아닐까요? 이것은 아담과 아담의 소산所産, 다시 말해 무한한 상상력, 혹은 "농부가 밭을 가꾸어 작물을 얻듯이 남자는 여자의 신경에 자신을 심는다. 그래서 여자는 남자가 거주하는 공간이 되고 70배로 열매를 맺는 정원이 되더라(윌리엄 블레이크, 〈내면의 여행자〉)"에 등장하는 이브에 관한 이야기가 아닐까요?

창조의 비밀은 곧 상상의 비밀입니다. 다시 말해 먼저 소망하는 것을 정하고 상상의 바다, 즉 "존재 밖의 빈 공간으로 들어가면 그곳이 창조의 자궁이 되고 그곳이 70배의 열매를 맺는 정원이 될 때까지" 소망이 이미 이루어진 것처럼 느끼는 것, 이것이 바로 창조의 과정입니다. 블레이크는 우리에게 상상 속 이미지 안으로 들어가라고 재촉합니다. 상상 속 이미지 안으로 들어가는 것이 바로 빈 공간을 둥글게 만들어 자궁이 되게 하는 것입니다.

인간은 내면의 한 상태 안으로 들어가 그 상태를 수태시켜 새로운 생명을 낳습니다. 블레이크는 이러한 내면의 이미지가 상상 속에 살지 않는 사람들에게는 그저 그림자이고 단지 가능성에 불과하지만, 내면으로 들어가 그 이미지와 하나가 되는 사람들에게는 유일한 실체일 것이라고 말했습니다.

저는 서쪽 해안으로 가는 길에 시카고에 잠시 들러 친구들과 시간을 보낸 적이 있습니다. 한 친구 집에 들렀는데 그 친구는 그 병을 앓고 회복 중이었습니다. 단층집으로 이사를 가라는 의사의 권유에 따라 친구는 1층짜리 집을 샀지만, 기존에 살고 있던 3층짜리 저택을 사겠다는 사람이 나서지 않는 상황에 부닥쳤습니다. 친구 집에 도착했을 때 친구는 크게 실망한 상태였습니다. 저는 친구와 친구의 아내에게 예전 뉴욕에서 아파트 문제로 나를 찾아왔던 유명한 여성의 이야기를 해 주며 상상력으로 현실을 창조하는 법칙에 관해 설명했습니다. 그 여성은 도시에 멋진 아파트를 가지고 있었고 교외 지역에도 집을 한 채 가지고 있었습니다. 하지만 교외에 있는 집에서 가족들과 여름을 보내려면 도시에 있는 아파트는 세를 놓아야 하는 상황이었습니다.

　예전 같으면 이른 봄철에는 어렵지 않게 세가 나갔는데 그녀가 저를 찾아왔을 무렵에는 여름철 임대 시즌이 끝나가고 있었습니다. 그녀가 장사 수완이 좋다는 중개업자에게 아파트를 내놓았지만 관심을 보이는 사람이 없었습니다. 그래서 저는 그녀에게 상상 속에서 무엇을 해야 하는지 알려주었습니다. 그녀는 제가 하라는 대로 했고 하루도 채 지나지 않아 집이 나갔습니다.

　저는 그녀가 상상력을 생산적으로 사용해서 아파트를 세놓게 되었다고 친구 부부에게 설명했습니다. 그녀는 제 제안에 따라 도시에 있는 아파트에서 잠이 들며 자신이 교외에 있는 집에 누워있다고 상상했습니다. 그녀는 상상 속에서 도시의 아파트가 아닌 교외에 있는 집에서 세상을 바라보았습니다. 그리곤 시골 마을의 신선한 공기를 들이마셨습니다. 그 느낌이 너무도 생생해서 그녀는 자신이 정말로 시골에 있다고 느끼며 잠이 들었습니다. 그날은 목요일 밤이었습니다. 그런데 토요일 아침 9시에 그녀가 자신의 시골집에서 제게 전화를 걸어 금요일에 그녀가 원하는 조건에 아주 완벽하게 들어맞는 세입자가 나타나 당일 이사 조건으로 아파트를 계약했다고 알렸습니다.

　저는 친구에게 그 여성이 했던 것처럼 상상의 세계를 만들어보라고 제안했습니다. 말하자면 실제로 자신들이 새집에 있다고 상상하고 그 집에서 예전 집이 이미 팔렸다고 느끼면서 잠이 들라고 했습니다. 저는 그 부부에게 새로운 집의 이미지를 생각하는 것과 새로운 집의 이미지로부터 생각하는 것에 큰 차이점이 있다고 설명했습니다. 이미지에 대해 생각하는 것은 자신이 그 이미지 안에 있지 않다는 것을 고백하는 것이고 이미지로부터 생각한다는 것은 자신이 그 안에 있다는 것을 증명하는 것입니다.

상상의 이미지 안에 들어가 그것과 하나가 되는 것은 그 이미지에 실체를 부여합니다. 상상 속에서 새집의 이미지 안으로 들어가 새집에 이미 거주하고 있다고 생생하게 느끼면 자연스럽게 새집에 실제로 거주하게 될 것입니다.

저는 세상이 어떻게 보이는지는 전적으로 자신이 어디에 서서 관찰하느냐에 달려있다고 설명했습니다. '상상력 그 자체'인 인간은 상상 속에서 자신이 있어야 하는 곳에 있어야 합니다. 이야기를 듣더니 친구 부부는 그러한 개념이 마치 마법이나 미신 같다며 혼란스러워했습니다. 하지만 이를 시도해보겠다고 약속했습니다. 그날 밤, 저는 캘리포니아로 떠났습니다. 그리고 다음 날 저녁, 제가 타고 있던 기차의 차장이 저에게 전보 한 통을 전해주었습니다. 그 전보에는 '전날 자정에 집이 팔렸음'이라고 적혀있었습니다. 일주일 뒤, 친구 부부는 제게 편지를 보내왔습니다. 제가 시카고로 떠나던 날 밤 그들은 예전 집에 누워 마음은 새집에 있다고 느끼며 새집에서 세상을 바라보며 만약 이것이 사실이라면 어떤 것들이 '들릴지' 상상하면서 잠이 들었다고 합니다. 그리고 바로 그날 밤, 잠에서 깨어나 집이 팔렸다는 소리를 들었습니다.

상상 안으로 들어가 이미지를 만나기 전까지, 다시 말해 이브를 알기 전까지 사건은 세상 밖으로 모습을 드러내지 않습니다. 블레이크가 말한 비어있는 공간으로부터 사건이 만들어져 나오려면 상상력 안에서 소망이 이루어졌다는 느낌이 잉태되어야 합니다.

다음은 상상의 초점을 옮겨 상상 속에서 있던 장소로 실제로 들어가게 된 여성의 이야기입니다.

"결혼 후 얼마 지나지 않아 남편과 저는 '유럽에서 일 년 살기'를 우리의 가장 큰 목표로 정했습니다. 다른 사람들에게는 이 목표가 어렵지 않은 목표일 수 있지만 경제 사정이 빠듯한 우리 부부에게는 실현하기 어려운 목표였고 한편으론 현실성 없는 목표였습니다. 우리 부부에게 유럽은 마치 다른 행성처럼 느껴졌습니다. 하지만 선생님의 가르침을 듣고, 저는 매번 잠이 들 때마다 끊임없이 영국에 있다고 상상했습니다.

왜 하필이면 영국이었는지 딱 집어 말할 수는 없지만 아마도 최근에 본 영화에서 버킹엄 궁전이 나왔는데 보자마자 홀딱 반해버려서 그런 것 같았습니다. 저는 그저 상상 속에서 버킹엄 궁전의 거대한 철문 밖에 서서 조용히 궁전을 바라보며 차가운 철문을 꼭 움켜잡았습니다.

몇 날 며칠을 그곳에 있다는 큰 기쁨을 느끼며 행복한 상태에서 잠이 들었습니다. 얼마 후 남편이 모임에 나갔다가 어떤 사람을 만났는데 그 사람의 도움으로 한 달 후 큰 대학에서 연구조교로 근무하게 되었습니다. 그런데 그 대학이 영국에 있다는 소리를 들었을 때 저의 흥분은 이루 말할 수 없었습니다. 인간이 현실의 좁은 문턱에 얽매여 있다고요? 한 달 후 우리는 대서양을 건넜습니다. 그리고 우리가 넘을 수 없을 것 같았던 문턱은 마치 처음부터 존재하지 않았던 것처럼 사라지고 없었습니다. 우리는 유럽에서 일 년을 보냈고 그 일 년은 제 인생에서 가장 행복한 해였습니다."

세상이 어떻게 보이는지는 전적으로 사람이 어디에서 세상을 바라보느냐에 달려있습니다. '상상력 자체'인 인간은 상상 속에서 자신이 존재하고자 하는 곳에 존재해야 합니다. "집 짓는 이들이 내버린 돌이 모퉁이의 주춧돌이 되었네(시편 118:22)." 그 돌이 바로 상상력입니다. 저는 소망 실현의 비밀을 이야기했습니다. 그 비밀을 행동으로 옮길지 말지는 당신의 몫입니다.

이것은 모든 것을 황금으로 바꾸는 유명한 돌이다.
하느님이 만지시고 소유하시니 그 가치를 논할 수 없다.

─── 조지 허버트, 〈묘약〉

"제가 사는 집은 낡았지만 그래도 제 소유입니다. 페인트칠을 다시 하고 내부를 리모델링하고 싶었지만, 돈이 없었습니다. 소망이 이미 현실이 된 것처럼 살라는 선생님의 강연을 듣고 저는 그렇게 하기 시작했습니다. 저는 상상 속에서 오래된 집에 새로 페인트를 칠하고 새 가구도 들이고 내부를 새롭게 리모델링했습니다. 그러곤 새롭게 단장한 방들을 이곳저곳 돌아다녔고 페인트칠이 말끔하게 된 집을 바라보며 집 주변을 걸어 다녔습니다. 마지막으로 시공업자에게 수표를 건네면서 상상을 마무리했습니다. 저는 낮에는 시간이 날 때마다, 밤에는 잠들 때마다 이 상상 속 장면 안으로 끊임없이 들어갔습니다.

상상을 시작한 지 2주가 채 못 되어 영국의 로이드협회로부터 등기 우편이 날아왔습니다. 그 편지에는 한 번도 만난 적 없는 한 여성이 제게 7천 달러를 상속했다고 적혀있었습니다. 40여 년 전쯤 저는 그녀의 오빠를 잠깐 알고 지낸 적이 있었고, 그녀의 오빠가 15년 전에 미국에서 죽음을 맞았을 때 그녀의 부탁으로 조촐한 장례식을 치러준 적이 있습니다. 그리고 그 후로 우리는 어떠한 연락도 주고받은 적이 없었습니다.

지금 제 손에는 7천 달러짜리 수표가 있습니다. 집 리모델링뿐만 아니라 제가 원하던 많은 다른 것들을 하고도 남을 만한 큰돈이지요."

사라져 죽어 갈 육신의 눈으로 볼 수 있는 것보다 더 강하고 더 선명한, 더 강하고 더 빛나는 모습으로 상상하지 않는 자는 상상하지 않는 것이나 다름없다.

—— 블레이크

당신을 다른 모습, 다른 곳에 있는 모습으로 상상하지 않는다면 당신 삶을 둘러싼 조건과 환경들은 변하지 않을 것이며 당신이 가지고 있는 문제들 또한 계속 반복될 것입니다. 모든 사건들은 당신의 끊임없는 상상 속에서 다시 태어나기 때문입니다. 사건들을 만드는 것도 당신이고, 사건들을 계속해서 존재하게 하는 것도 당신이며 사건들의 존재를 멈추게 하는 것도 당신입니다.

상상 속에서 만들어진 이미지와 하나가 되는 것, 여기에 인과관계의 비밀이 있습니다. 하지만 한 가지 주의할 점이 있습니다. 이 결합은 반드시 의미가 있어야 하며 소망을 담아야 합니다. 그렇지 않으면 말씀이신 창조 활동이 바깥세상에 모습을 드러내지 못할 것입니다.

10장
보이지 않는 것들

정부의 형태, 혁명, 전쟁, 국가의 흥망성쇠와 같은 인류의 역사는 인간
의 마음속에 심어진 생각의 흥망성쇠의 관점에서 쓰일 수 있다.

―― 허버트 후버 Herbert Hoover

상상의 비밀은 신비주의자들이 풀고자 열망하는 가장 어려운 문제다. 최
고의 권력, 최고의 지혜, 최고의 기쁨은 이 문제를 해결하는 데에 있다.

―― 더글러스 포셋

"보이지 않는 상상의 활동이 가진 창조의 힘을 인정하지 않는 것
은 논쟁할 가치도 없는 문제다. 인간은 상상의 활동을 통해 말 그대
로 존재하지 않는 것을 존재 안으로 불러들인다(로마서 4:17)." "상
상의 활동으로 세상 만물이 창조되었습니다. 상상의 활동이 없었다

면 지어진 것 중에 그 어떤 것도 지어지지 않았을 것입니다(요한복음 1:3)." 이러한 원인 활동은 상상 속 이미지와 하나가 되는 것으로 정의될 수 있으며, 이미지와 결합이 일어날 때 물리적인 사건들이 자동으로 발생합니다. 따라서 우리는 마음속에 행복한 결과의 이미지를 만들고 그 이미지와 하나가 되어야 합니다. 그 결합 과정에 다른 것이 끼어들게 해서는 안 됩니다. 사건들을 억지로 만들어 내서도 안 됩니다. 사건들이 스스로 일어나도록 두어야 합니다.

블레이크 말처럼 상상력이 인간의 행동과 존재의 유일한 원천이라면 "사람의 마음속에 미묘한 작은 변화를 일으킨 것이 포도주를 짜던 어떤 이름 모를 여인이 아니라고 확신할 수 없을 것입니다(윌리엄 버틀러 예이츠)."

다음 이야기에 나오는 한 할머니는 매일같이 어린 손녀를 위해 포도즙 짜는 기구를 밟았습니다. 그녀는 이렇게 말했습니다.

"제 이야기를 들으면 가족도 친구도 정말 이해할 수 없다고 말합니다. 제 손녀 킴은 이제 두 살 반이 되었습니다. 저는 킴이 태어나고 한 달가량 킴을 돌보았지만, 그 후로는 킴을 보지 못했습니다. 그러다가 일 년 전에 다시 보게 되었고 겨우 2주 보고 헤어졌습니다. 하지만 저는 지난 일 년 동안 상상 속에서 매일같이 킴을 제 무릎에 앉히고 꼭 껴안고 이야기했습니다.

저는 상상 속에서 '하느님이 나를 통해 자라시네, 하느님이 나를 통해 사랑을 주시네.'처럼 아름답고 놀라운 이야기를 끊임없이 반복해서 킴에게 들려주었습니다. 처음에는 어린 손녀가 반응해주기를 바랐습니다.

제가 상상 속에서 '하느님이 나를 통해 자라시네.'라고 말했을 때 킴이 '나'라고 대답했습니다. 그러다가 점점 제가 말을 시작하면 킴이 문장 전체를 따라했습니다. 저는 몇 달간 상상 속에서 킴을 무릎에 앉히고 안아주었습니다. 킴은 점점 키도 크고 무거워졌습니다.

킴은 그동안 제 사진조차 본 적이 없습니다. 기껏해야 이름 정도 들었을까요? 그런데 가족들에게 들으니 언젠가부터 킴이 저에 대해 이야기를 시작했다는 게 아니겠어요? 그것도 혼잣말로 그런다고 합니다. 어떤 때에는 1시간 동안 그러고 있기도 하고 또 어떤 때에는 전화를 거는 시늉을 한다고 합니다. 그러곤 혼잣말로 '우리 할머니는 나를 사랑해. 우리 할머니는 매일 나를 보러와.'라고 말한다고 합니다.

제가 상상 속에서 무엇을 했는지 알고 있었지만, 그 이야기를 듣고는 너무도 놀랐습니다."

상상력이 풍부한 사람들은 끊임없이 마법과도 같은 힘을 발산합니다. 그리고 상상력이 풍부하지 않은 소극적인 사람들은 그러한 마법의 힘 아래 놓이게 됩니다.

세상에 존재하는 형태들은 모두 상상의 활동으로 만들어지고 유지됩니다. 따라서 상상의 활동에 변화가 생기면 외부에 나타난 형태에도 그에 따른 변화가 생깁니다. 원치 않거나 결함이 있는 것들을 긍정적인 것으로 바꾸어 상상하는 것은 창조행위입니다. 우리가 이상적인 상상 활동을 지속적으로 이어가고 만족스럽지 못한 결과에 안주하지 않는다면 우리의 소망은 결국 승리를 거두게 될 것입니다.

"저는 선생님의 《파종과 수확》을 읽었습니다. 그 책에 보면 한 선생님이 상상력과 교정의 힘을 이용해 문제 학생을 사랑스러운 소녀로 변화시켰다는 이야기가 나옵니다. 그래서 저는 남편이 근무하는 학교에 있는 한 어린 남학생에게 이 방법을 사용해보기로 마음먹었습니다.

그 남학생이 일으킨 문제들을 이야기하자면 족히 책 한 권은 될 것입니다. 남편은 이렇게 어려운 학생과 힘든 학부모는 처음이라고 했습니다. 학생이 너무 어리다 보니 퇴학이 어려운 상황인데다 선생님들은 그 아이를 수업에 참여시키고 싶어 하지 않았습니다. 설상가상으로, 그 아이의 엄마와 할머니는 말 그대로 운동장에 진을 치고 앉아 사사건건 문제를 일으키고 있었습니다.

저는 그 아이뿐만 아니라 아이로 인해 어려움을 겪고 있는 남편을 돕고 싶었습니다. 그래서 매일 밤 상상 속에서 두 개의 장면을 만들었습니다. 하나는 지극히 평범하고 행복한 아이를 '보는 것'이었고 다른 하나는 남편이 '여보, 믿을 수가 없어. R 알지? 그 아이가 다른 아이들처럼 행동하지 뭐야. 거기다 그 아이의 엄마와 할머니가 학교에 없으니 천국이 따로 없어.'라고 말하는 것을 '듣는 것'이었습니다.

매일 밤 이 같은 상상을 펼친 지 두 달이 지났을 때 퇴근한 남편이 제게 '학교가 천국 같아.'라고 말했습니다. 제가 상상 속에서 들었던 말과 정확하게 일치하지는 않았지만 매우 비슷했습니다. 아이의 할머니는 사정이 생겨 도시로 이사를 했고 아이의 엄마도 같이 가야만 했습니다. 더군다나 새로 온 선생님이 그 아이를 맡겠다고 나섰고 그 아이는 놀랍게도 제가 상상했던 모습으로 변해가고 있었습니다."

기준을 가지고 있어도 실천하지 않으면 아무런 소용이 없습니다. 윌리엄 셰익스피어의 《베니스의 상인》에 나오는 재판관 포샤는 "스무 명에게 무엇이 올바른 것인지 가르치는 것이 나 스스로 그것을 따르는 스무 명 가운데 하나가 되는 것보다 쉽다."라고 말했습니다. 그런 포샤와 달리 위의 여성은 스스로 가르침을 따랐습니다. 상상 속 믿음을 받아들이고 그에 따라 사는 것은 어려운 일이 아닙니다. "…그가 나를 보내시어 상처받은 이들의 마음을 감싸게 하시고, 포로가 된 이들에게는 자유를 선언케 하시고, 감옥에 갇힌 이들을 석방케 하시었네…(이사야서 61장 1절)"

11장

삶의 목적은 소망을
창조적으로 실현하는 것이다

• "일어나 옹기장이 집으로 내려가거라. 그곳에서 내가 너에게 내 말을 들려줄 것이다. 그래서 내가 옹기장이 집으로 내려갔더니 옹기장이가 물레를 돌리며 옹기를 만들고 있었다. 옹기장이는 진흙으로 빚은 옹기를 자신의 손으로 망가뜨리고 자기 눈에 드는 그릇이 나올 때까지 계속해서 옹기를 만들고 또 만들었다 (예레미야서 18:2-4)." 여기서 '옹기장이'는 상상력을 의미합니다. 깨어난 상상력은 다른 사람들이 쓸모없다고 버렸을 자신을 원하는 모습으로 재창조합니다.

"오, 주여. 당신은 우리의 아버지시며 우리는 진흙입니다. 당신은 우리의 옹기장이시며 우리는 모두 당신의 손으로 만든 작품입니다 (이사야서 64:8)." 창조물을 상상력이 만들어 낸 작품으로 보고 주 하느님을 우리의 상상력으로 여기는 관점은 그 어떤 안내자보다 우리를 창조의 신비 안으로 더 깊이 데려다줄 것입니다.

사람들이 하느님과 인간의 상상력을 동일한 것이라고 믿지 않는 단 한 가지 이유는 상상력을 잘못 사용했을 때 그 책임을 떠맡고 싶지 않기 때문입니다. 신성한 상상력이 인간의 상상력 수준으로 내려온 결과 인간의 상상력이 신성한 상상력으로 승격되었습니다.

킹 제임스 버전의 성경 시편 8장에서는 인간이 신보다 조금 낮게, 천사와 같게 창조되었다고 말합니다. 이는 잘못된 번역입니다. 천사는 인간의 감정적 성향을 나타내는 것이므로 히브리서에 말한 것처럼 인간을 지배하기보다 섬긴다고 보는 것이 맞습니다.

상상력은 진정한 인간의 본질이며 하느님과 하나입니다. 상상력은 형상을 창조하고 유지하고 변화시킵니다. 상상력이 기억을 기반으로 하지 않을 때 진정한 창조가 이루어집니다. 상상력이 기억에만 의존하여 형상을 만들어 낸다면 현실을 있는 그대로 유지할 뿐입니다. 상상력이 이미 존재하는 주제에 변화를 줄 때, 마음속에서 삶의 모습을 바꿀 때, 기억 속 경험에서 이미 존재하는 사실을 빼거나 그것이 소망을 이루는 데 방해가 되는 것이라면 그 자리에 무언가 다른 것을 교체해 넣을 때 상상력은 현실을 새롭게 창조할 수 있습니다.

다음은 상상력을 이용해 자신의 꿈을 현실로 만든 젊고 능력 있는 예술가의 이야기입니다.

"미술계에 발을 들여놓은 저는 아이들 방을 꾸밀만한 스케치와 그림을 즐겨 그리곤 했습니다. 하지만 이 분야에서 저보다 경험이 훨씬 많았던 사람들과 친구들의 말은 저에게 실망을 안겨주었습니다. 그들은 제가 그린 그림과 저의 능력은 인정하지만, 아이들 방에나 어울릴만한 그림으로는 명성을 얻기도 힘들고 돈을 벌기도 어려울 거라고 말했습니다.

저는 늘 제가 잘 할 수 있을 거라고 생각했습니다. 그런데 그 말을 듣고는 어떻게 해야 할지 난감했습니다. 그러던 중에 지난 가을 선생님의 강연을 듣고 책을 읽게 되었고 제가 원하는 현실을 창조하기 위해 상상력을 이용해 보기로 결심했습니다. 그래서 저는 여성 단독 전시회를 열고 몹시 흥분한 상태로 갤러리에 있으며 사방에 온통 제 그림이 걸려있고 그 그림 옆에 빨간 별이 붙어있는 것을 보고 있다는 상상을 매일같이 했습니다.

빨간 별은 그림이 팔렸다는 것을 의미합니다. 그런데 정말 그런 일이 일어났습니다. 크리스마스를 앞두고 친구에게 모빌을 만들어 주었는데 그 친구가 패서디나에서 미술품 수입 상점을 운영하는 그녀의 친구에게 제가 만든 모빌을 보여주었습니다. 그러자 그가 저를 만나보고 싶다고 했고 저는 몇 가지 샘플을 들고 그를 찾아갔습니다. 그는 저의 첫 번째 작품을 보자마자 봄에 제 단독 전시회를 열어 보고 싶다고 말했습니다.

전시회 첫날인 어느 저녁, 한 실내장식가가 찾아와 제 작품이 마음에 든다며 한 남자아이의 방에 놓을 콜라주 작품을 의뢰했습니다. 그러면서 그것은 '1961년 올해의 집'을 장식하는 데 쓰여 〈굿 하우스키핑〉 9월 호에 실릴 예정이라고 했습니다.

그뿐이 아니었습니다. 전시회가 열리는 동안 또 다른 장식가가 저의 작품을 칭찬하며 제 작품을 제대로 전시할 수 있고 판매할 수 있도록 도와줄 장식가와 갤러리 운영자를 소개해도 되겠냐고 물었습니다. 저의 첫 전시회는 저뿐만 아니라 갤러리 운영자에게도 큰 금전적 성과를 가져다주었습니다.

흥미롭게도 두 명의 실내장식가와 갤러리 운영자, 말하자면 세 명의 남자가 어느 날 갑자기 제게 나타난 것입니다. 상상력을 펼치는 동안 저는 누구도 일부러 만나려고 노력한 적이 없습니다. 그런데도 저는 지금 명성을 얻었고 상점도 하나 열게 되었습니다. 그리고 이제 '상상이 현실을 창조한다.'라는 원칙을 삶에 진심으로 적용할 때 절대 안 되는 것은 없다고 확신합니다."

그녀는 옹기장이를 시험해 보았고 옹기장이가 가진 창조의 힘을 입증해 보였습니다. 오직 게으른 마음만이 이러한 도전에 실패할 것입니다. 사도 바울은 "하느님의 영혼이 너희 안에 계시니(고린도전서 3:16, 로마서 8:9, 8:11, 야고보서 4:5)" "너희가 믿음 안에 있는지 너희 자신을 시험하고 너희 자신을 입증하라. 예수 그리스도께서 너의 안에 계신 줄을 너희가 알지 못하느냐? 정말로 너희가 그렇지 못하다면 너희는 입증하지 못할 것이다. 나는 너희가 우리가 입증했다는 것을 깨닫기를 바란다(고린도후서 13:5,6)."

만약 "만물이 그로 말미암아 만들어졌고 만들어진 것 중에 그가 없이 만들어진 것은 없다(요한복음 1:3)."고 한다면 인간이 자신을 시험하여 자기 안에 창조자가 누구인지 알아내는 것은 어렵지 않을 것입니다. 인간은 이 시험을 통해 상상력이 "죽은 자에게 생명을 불어넣고 존재하지 않는 것을 존재하게 하는(로마서 4:17)" 유일한 실체임을 입증하게 될 것입니다.

옹기장이가 우리 내면에서 하는 일을 통해 우리는 그의 존재를 알 수 있습니다. 우리는 내면에 존재하는 옹기장이를 우리 자신이 아닌 것으로 볼 수 없습니다. 옹기장이, 곧 예수 그리스도의 본성은 창조이며 그가 없이는 창조도 없습니다.

이 책에 소개된 모든 이야기는 사도 바울이 고린도인들에게 제안한 시험과 같습니다. 하느님은 실제로 그리고 진실로 우리 안에 존재합니다. 그리고 하느님은 인간과 하나가 되었습니다.

하느님은 우리가 가진 미덕이 아니라, 우리의 진정한 자아, 다시 말해 우리의 상상력입니다. 하느님의 상상력과 인간의 상상력은 하나이며 같은 힘을 가지지만, 창조의 면에서 있어서는 크게 다릅니다. 이해를 돕기 위해 광물을 예로 들어 보겠습니다. 다이아몬드는 세상에서 가장 단단한 광물이고 연필심에 사용되는 흑연은 가장 무른 광물 중 하나입니다. 두 광물 모두 순수하게 탄소로만 이루어져 있습니다. 그런데 탄소의 두 가지 형태인 다이아몬드와 흑연의 성질이 크게 다른 이유는 탄소 원자의 배열이 다르기 때문이라고 알려져 있습니다. 하지만 두 광물의 차이가 탄소 원자의 배열이 다르기 때문이든 아니든 두 광물이 하나의 물질, 즉 탄소로만 이루어졌다는 데에는 모두가 동의합니다.

삶의 목적은 소망을 창조적으로 실현하는 것입니다. 소망이 없는 인간은 끊임없이 문제가 발생하고 그 문제를 해결해 나가야 하는 이 세상에서 행복하게 살아갈 수가 없습니다. 소망은 삶을 행복하게 만들기 위해 무엇이 부족하고 무엇이 필요한지 알게 해 줍니다. 소망은 언제나 눈에 보이는 개인적인 이득을 생각합니다. 기대하는 이득이 크면 클수록 소망은 더 강렬해집니다. 소망은 이타적일 수 없습니다. 심지어 소망이 다른 사람을 위한 것이라 하더라도 우리는 소망을 충족시키기 위해 노력합니다. 소망을 충족시키기 위해서는 소망이 실현된 장면을 상상하고 비록 잠깐이더라도 소망이 성취되었을 때 느껴지는 기쁨을 실제처럼 느끼면서 그 장면을 상상 속에서 재연해야 합니다. 이는 마치 아이들이 한껏 차려입고 '여왕 놀이'를 하는 것과 같습니다.

우리는 우리가 원하는 모습이 되어 있는 상태를 상상해야 합니다. 그리고 상상 속에서 관객이 아닌 배우가 되어 연기를 펼쳐야 합니다.

다음에 소개할 여성은 상상 속에서 자신이 원하는 곳에 있다고 상상하며 '여왕 놀이'를 했습니다. 그녀는 상상 속 무대에서 진정한 배우였습니다.

"우리 동네에서 가장 큰 극장에서 유명한 팬터마임 배우가 출연하는 공연이 열렸습니다. 저는 그 배우의 마티네 공연을 보고 싶었습니다. 팬터마임 공연이다 보니 무대 맨 앞인 일등석에서 보고 싶었습니다. 하지만 일등석은커녕 발코니석 티켓도 살 수 없는 형편이었습니다. 그래서 그날 밤 저는 일등석에 앉아 공연을 관람하는 즐거움을 상상하기로 결심하고 잠이 들었습니다. 상상 속에서 저는 일등석 자리에 앉아 있었고 막이 오르고 배우가 무대에 등장할 때 박수 소리를 들었으며 강렬한 흥분을 실제처럼 느꼈습니다.

공연이 있었던 다음 날에도 제 주머니 사정은 달라지지 않았습니다. 제 지갑에는 정확히 1달러 37센트가 있었습니다. 더군다나 차에 기름을 넣는데 1달러를 쓰고 나면 달랑 37센트가 남았습니다. 하지만 저는 그 극장에 있다는 느낌을 충만히 느끼며 잠들었기에 극장에 갈 준비를 했습니다. 오페라처럼 공연을 볼 때나 사용하는 작은 핸드백을 꺼내어 물건을 옮겨 담다가 핸드백 속 작은 주머니에서 1달러짜리 지폐 한 장과 45센트를 발견했습니다. 기름값을 번 것이나 다름없다고 생각하니 저절로 미소가 지어졌습니다. 적어도 티켓 값이 생긴 것이었습니다. 저는 기쁜 마음으로 옷을 입고 극장으로 갔습니다.

매표소 앞에 서서 일등석 가격이 3달러 75센트나 되는 것을 보자 공연을 볼 수 있겠다는 확신이 사라져 버렸습니다. 당황한 마음에 후다닥 돌아서서 길 건너 카페로 들어갔습니다. 찻값으로 16센트를 내고 나니 그제야 발코니 티켓은 살 수 있을 것도 같았습니다. 서둘러 돈을 세어 보니 1달러 66센트가 남아있었습니다. 저는 극장으로 달려가 1달러 55센트를 주고 가장 싼 표를 구입했습니다. 수중에 10센트만 가지고 극장 입구로 들어가자 안내인이 티켓을 반으로 자르면서 '위층으로 올라가 왼쪽으로 가세요.'라고 말했습니다. 공연이 곧 시작될 예정이었지만 저는 안내인의 말을 무시한 채 아래층에 있는 여자 화장실로 갔습니다. 여전히 일등석에 앉겠다는 굳은 결심으로 화장실에 앉아 눈을 감고 내면의 '시선'을 일등석에서 보이는 무대에 고정했습니다. 그때 여자들 무리가 화장실로 들어오더니 대화를 나누었습니다. 그때 유독 한 여자가 하는 말이 들렸습니다. '내가 끝까지 기다렸거든. 그런데 못 온다고 전화가 왔지 뭐야. 티켓을 미리 줄 걸 그랬어. 그런데 모르고 안내인에게 티켓을 건넸더니 아차 하는 순간에 안내인이 티켓을 반으로 잘라버렸어.'

저는 하마터면 웃음이 터져 나올 뻔했습니다. 저는 그녀에게 다가가 못쓰게 된 그 표를 발코니 표 대신 사용해도 되냐고 물었습니다. 그러자 그녀는 친절하게도 제게 표를 건네주었습니다. 그녀가 준 티켓은 일등석 중앙 좌석으로 무대에서 6번째 줄이었습니다. 저는 막이 올라가기 직전 전날 밤 상상 속에서 본 바로 그 자리에 앉았습니다."

틀림없이 우리는 상상 속에 있는 곳에 실제로 존재합니다. 결과를 생각하는 것과 결과로부터 생각하는 것은 다릅니다. 결과로부터 생각하는 것은 결과가 이루어진 모습을 상상하는 것이고 이것이 현실을 창조합니다. 내면의 행동은 "마땅히 이루어져야 할 일들이 이루어졌을 때(에드워드 토마스,《새집》)" 실제로 하게 될 행동과 일치해야 합니다.

지혜롭게 살기 위해서 상상력의 역할을 인식하고 그것이 소망하는 목표를 충실하게 반영하고 있는지 확인해야 합니다. 세상은 진흙이고 상상력은 옹기장이입니다. 우리는 항상 가치 있고 긍정적인 결과를 상상해야 합니다.

원하기만 할 뿐 행동하지 않는 사람은 재앙을 낳는다.

—— 블레이크

현실에서 일어나는 것들은 상상에서 비롯됩니다. 외부 세상에 모습을 드러낸 형체들은 인간의 상상력이 반영된 것들입니다.

인간은 베틀의 북과 같습니다. 북은 하느님의 명을 받아 오르락내리락 들어갔다 나왔다를 반복하며 쉴새없이 움직입니다. 하지만 하느님은 쉬어가라 명하지 않으셨습니다.

—— 헨리 본Henry Vaughan

"저는 제 소유의 작은 사업체를 운영하고 있는데 몇 해 전 사업이 실패로 끝날 뻔했습니다. 몇 달간 판매량은 꾸준히 하락했고 국가에 찾아온 경기 침체기와 맞물리면서 다른 수천 개의 중소기업들처럼 저 역시 경제적으로 궁지에 몰렸습니다. 빚이 산더미처럼 불어 당장 필요한 돈이 최소 3천 달러에 달했습니다. 담당 회계사는 사업체 문을 닫고 그마마 남은 것들을 확보하라고 조언했습니다. 하지만 저는 상상력으로 눈을 돌렸습니다.

저는 선생님의 가르침을 들어 알고 있었지만, 그 방식으로 문제를 해결하려고 시도해 본 적은 없었습니다. 솔직히 상상력이 현실을 창조한다니 말도 안 되는 일이라고 생각했습니다. 하지만 절박한 상황이다 보니 상상력에 의존하는 것 말고는 달리 방법이 없었습니다.

저는 제 사무실에서 생각지도 못했던 4천 달러를 송금 받는 상상을 했습니다. 사실 들어올 돈이 없었기 때문에 그 돈은 주문을 새로 받아야만 받을 수 있는 돈이었습니다. 하지만 지난 4개월이 넘도록 그 정도 주문을 받은 적이 없었기 때문에 그만큼의 돈이 들어온다는 것은 사실상 불가능한 일이었습니다. 그럼에도 불구하고 저는 그 정도 금액을 받는 장면을 사흘 동안 매일같이 상상했습니다. 나흘째 되던 날 아침 몇 달 동안 연락이 없었던 거래처로부터 만나자는 연락을 받았습니다. 저는 그 거래처 공장에서 예전에 요구했었던 기계들에 대한 견적서를 가져가야 했습니다. 하지만 몇 달 전에 작성했던 것이라서 서류 더미를 뒤져 부랴부랴 사무실로 갔습니다. 그런데 거래처 사장이 주문을 하겠다며 주문서에 서명을 했습니다. 하지만 공장에 물품을 납품하려면 4개월에서 6개월 정도가 걸리는 데다가 물품을 납품한 후에나 대금을 받을 수 있었기에 주문을 받는다고 해도 문제를 해결하는 데에는 즉각적인 도움이 되지 못했습니다.

저는 거래처 사장에게 주문해 주셔서 감사하다는 인사를 건네고 자리에서 일어났습니다. 그때 사장이 저를 불러 세우더니 4천 달러가 조금 넘는 수표를 건네며 말했습니다. '당신도 알다시피 세금 문제 때문에 대금을 미리 지불하고 싶은데 괜찮을까요?' 당연히 저에게는 쾌재를 부를 일이었습니다. 수표를 손에 쥐는 순간 무슨 일이 일어났는지 깨달았습니다. 지난 몇 달 동안 재정적인 어려움 속에서 저는 아무것도 할 수 없었습니다. 그런데 겨우 사흘 만에 제 상상 속 행동이 제가 할 수 없었던 일을 한 것입니다.

저는 이제 상상력이 4천 달러뿐만 아니라 4만 달러도 어렵지 않게 가져다줄 수 있다는 것을 압니다."

"오 주여, 당신은 제 아버지십니다. 우리는 진흙이고 당신은 우리의 옹기장이시니 우리는 모두 당신의 손에 빚어진 작품입니다(이사야서 64:8)."

12장

변화를 현실에서 창조하라

내면의 것들만이 실제로 존재한다. 우리가 물질이라고 부르는 것, 아무도 그들이 어디에 존재하는지 알지 못한다. 그것은 착각이며 그것의 존재는 거짓이다. 마음이나 생각 밖 어디에 존재하는가? 어리석은 자의 마음 밖 어디에 존재하는가?

_ 블레이크

• 기억은 아무리 잘못된 것일지라도 기억 속에 있는 것을 그대로 다시 현재로 불러냅니다. 우리가 어떤 사람을 알고 있던 그대로 기억한다면 우리는 그를 과거의 이미지에 따라 재창조하는 것이고 과거가 현재에서 인식되는 것입니다.

상상은 현실을 창조합니다. 만약 이미지를 개선하고자 한다면 새로운 내용으로 그를 재구성해야 합니다. 그를 우리 기억 속에 가두어 둘 것이 아니라 우리가 원하는 모습으로 새롭게 그려내야 합니다.

우리가 믿을 수 있는 모든 것들은 진리의 형상을 가집니다.

———— 블레이크

다음 이야기는 상상이 현실을 창조한다는 사실을 믿고 그 믿음 안에서 낯선 사람에 대한 태도를 바꾸고 그러한 변화를 현실에서 증명한 사람의 이야기입니다.

"20여 년 전, 세상 물정 모르는 시골 마을 출신이었던 저는 학교를 다니기 위해 보스턴에 갓 도착했습니다. 그런데 거지 하나가 배가 고프다며 제게 돈을 좀 달라고 했습니다. 저 역시 돈에 쪼들리는 형편이었지만 주머니에 있던 돈을 탈탈 털어 그에게 주었습니다. 몇 시간 뒤에 좀 전에 보았던 그 남자가 술에 취해 비틀거리며 다가오더니 또다시 돈을 달라고 했습니다. 어려운 형편에 가진 돈을 다 털어주었는데 그런 식으로 돈을 써버렸다고 생각하니 화가 치밀어 올랐습니다. 그래서 다시는 거지들의 애원에 귀 기울이지 않으리라 굳게 다짐했습니다. 그 후로 오랫동안 약속을 잘 지켜왔지만 거절할 때마다 양심에 찔렸습니다. 심지어 위가 아플 정도로 죄책감을 느끼기도 했지만 그렇다고 뜻을 굽히지는 않았습니다.

올해 초 강아지를 산책시키고 있는데 한 남자가 저를 불러 세우더니 배가 고프다며 돈을 좀 줄 수 있냐고 물었습니다. 예전에 했던 다짐을 생각하며 저는 거절했습니다. 그런데 그 남자는 거절을 당했는데도 불구하고 기분 나쁜 내색은커녕 제 개를 칭찬하며 뉴욕에 있는 자신의 가족도 코커스패니얼을 기르고 있다고 말했습니다. 이번에는 정말로 양심에 가책이 심하게 느껴졌습니다. 그가 발걸음을 돌리자 저는 이 장면을 제가 원하는 대로 다시 만들어야겠다고 생각하고 그 자리에 서서 잠시 눈을 감고 그 장면을 다르게 상상했습니다. 상상 속에서 그 남자는 제게 다가오더니 제 개를 칭찬하며 대화를 시작했습니다.

잠시 대화를 나눈 후 저는 그가 '이런 말을 하고 싶지는 않지만 정말 먹을 것이 필요해요. 일거리가 생겼는데 내일부터예요. 그동안 은 일을 못 했어요. 그래서 배가 몹시 고파요.'라고 말하도록 상상했습니다. 저는 상상 속에서 주머니에 손을 넣어 5달러짜리 지폐를 꺼내 그에게 주었습니다. 그러자 죄책감과 고통이 바로 사라졌습니다.

저는 선생님의 가르침을 통해 상상 속 행동이 실제라는 것을 알고 있습니다. 따라서 상상 속에서 그가 요청한 것을 줄 수 있고 상상 속 행동에 대한 믿음을 가지면 그가 자신이 요청한 것을 현실에서 가지게 된다는 것을 알고 있습니다.

넉 달 후 다시 개를 산책시키고 있는데 그때 그 남자가 제게 다가오더니 개가 정말 멋지다며 말을 건넸습니다. '젊은이, 자네가 나를 기억할지는 모르겠지만 일전에 내가 자네에게 돈을 구걸한 적이 있었다네. 정말 고맙게도 자네는 거절을 했지. 내가 '고맙게도'라고 말하는 이유는 자네가 내게 돈을 주었다면 내가 지금도 돈을 구걸하고 다녔을 것이기 때문이라네. 자네 덕분에 바로 다음 날 일자리를 구했다네. 그래서 지금은 구걸을 하지 않아도 먹고 살 수 있는 형편이 되었고 자존감도 되찾았다네.'

넉 달 전 상상 속에서 그 남자가 일자리를 얻었다고 했을 때 그것이 사실임을 알고 있었지만, 그가 직접 내 앞에 나타나 그 사실을 확인시켜주니 이루 말할 수 없을 만큼 흐뭇했습니다."

"내게는 은과 금이 없지만 나는 너에게 내가 가진 것을 주노라

(사도행전 3:6)." 세상에 버려져야 하는 것은 없으며 모두가 구원받아야 합니다. 상상력을 이용해 기억을 재구성하는 것이 바로 구원이 이루어지는 과정입니다. 길을 잃은 사람에게 길을 잃었다고 비난한다면 이미 벌을 받은 사람에게 또다시 벌을 주는 것입니다. "길을 잃은 죄인을 불쌍히 여기지 않는다면 나는 누구를 불쌍히 여겨야 하는가? (블레이크, 〈예루살렘〉 중에서)"

상상력은 그 사람의 과거 모습이 아닌 그가 앞으로 되어 있을 모습에 초점을 맞춰야 합니다.

벤 볼트여, 사랑스러운 앨리스를 기억하지 못하는가? 당신이 웃어주면 기쁨의 눈물을 흘렸고 당신이 얼굴을 찌푸리면 두려움에 떨던 갈색 머리칼을 가진 사랑스러운 앨리스를 기억하지 못하는가?

―― 조지 듀 모리에 George du Maurier

누군가를 상상할 때 그가 자신에 대해 상상하는 것보다 우리가 그를 나쁘지 않게 상상한다면 그는 더 멋진 사람이 될 것입니다. 기적을 일으키는 것은 그 사람이 가진 최고의 모습이 아니라 용서의 정신을 실천하는 상상가입니다.

누군가를 새로운 모습으로 상상한다면 그 사람과 상상하는 사람 모두에게 변화를 일으킵니다. 상상력은 도덕가나 교육가들에게 아직 그 가치를 인정받지 못하고 있습니다. 그 가치를 인정받게 된다면 "속박된 자들이 갇힌 감옥의 문이 열릴 것입니다(이사야서 61:1)."

존재하는 모든 것은 우리가 그것을 기억하기에 존재하는 것입니다. 따라서 우리는 무언가를 기억할 때 그것을 있었던 그대로 기억해서는 안 됩니다. 물론 그것이 전적으로 긍정적인 모습이라면 상관없습니다. 하지만 그렇지 않다면 우리가 바라는 모습으로 기억해야 합니다.

상상력은 창조의 힘을 가지고 있기에 우리가 누군가에 대해 가지고 있는 기억은 그 사람을 돕기도 하고 방해하기도 하며, 그 사람의 성장과 추락이 더 빠르고 더 쉽게 이루어지도록 만듭니다. "다 타 버린 듯한 숯도 조금만 위치를 바꿔주면 빛을 내고 불꽃이 인다."라는 말이 있습니다.

다음 이야기는 상상력이 어떻게 반지를 만들고, 남편을 만들고, 심지어 사람들을 '중국으로' 가게 했는지를 보여줍니다.

"제 남편은 어려서 부모님이 이혼하고 조부모님 밑에서 자랐습니다. 그래서 어머니와 관계가 가깝지 않았고 어머니 역시 남편을 불편해했습니다. 시어머니는 63세로 이혼 후 32년간을 혼자 외롭고 힘들게 살아왔습니다. 두 사람 사이에 끼어 있다 보니 저와 시어머니 관계 역시 불편했습니다. 시어머니는 새 동반자를 찾아 재혼을 하고 싶어 했지만, 나이 때문에 재혼은 불가능하다고 생각했습니다. 그런데 남편은 종종 어머니가 재혼을 해서 마을에서 멀리 나가 살았으면 정말 좋겠다고 말했습니다.

저 역시 남편과 같은 바람이었고, 좀 더 구체적으로 '중국 같은 곳에서' 살았으면 좋겠다고 생각했습니다. 하지만 저의 개인적인 바람은 누르고 상상 속에서 어머니에 대한 감정을 바꾸고 어머니가 원하는 것을 주어야 한다고 생각했습니다. 그래서 저는 어머니를 완전히 달라진 모습으로 바꾸고 달라진 모습으로 보기 시작했습니다. 상상 속에 보이는 어머니는 행복하고 즐겁고 새로운 관계에 편안하고 만족한 모습이었습니다. 어머니를 생각할 때마다 마음속에서 새로운 모습의 여인을 보려고 했습니다.

그로부터 3주 후 어머니가 두세 달 전에 만난 친구라며 한 남자분을 모시고 우리 집을 방문했습니다. 그분은 최근에 혼자가 되었고, 어머니와 동갑이었으며, 경제적으로도 안정적이었고, 자녀와 손자까지 두고 있었습니다. 우리 부부는 그분이 마음에 들었고 두 분이 서로를 좋아하는 것이 분명해 보여서 몹시 기분이 좋았습니다. 남편은 아무리 그래도 결혼은 불가능할 거라고 했습니다. 하지만 저는 그렇게 생각하지 않았습니다.

그날 이후로 제 마음속에 어머니가 떠오를 때마다 어머니가 저에게 왼손을 내미는 것을 '보았습니다.' 그리고 어머니 손에 끼워진 '반지'를 보고 감탄했습니다. 한 달 후 어머니는 그 남자분을 모시고 다시 우리 집을 찾았습니다. 제가 두 분을 맞이하러 나가자 어머니가 자랑스럽게 왼손을 내밀었습니다. 어머니 손가락에는 반지가 끼워져 있었습니다.

2주 후 두 분은 결혼식을 올렸고 그 후로 어머니를 볼 수 없었습니다. 어머니는 마을에서 멀리 떨어진 신도시로 이사했고 새 시아버지가 장거리 운전을 싫어해서 체감상 '중국으로 이민 간' 것이나 다름없었습니다."

어떠한 행동에 저항하려는 마음과 그 행동을 바꾸려는 결심은 다릅니다. 행동을 바꾸려는 사람은 행동하지만, 행동에 저항하는 사람은 그 행동을 되풀이합니다. 전자는 창조를 하지만, 후자는 같은 것을 끊임없이 되풀이합니다.

현실은 상상력에 의해 만들어집니다. 욕망이 그렇듯 기억은 백일몽과 같습니다. 즉 기억과 욕망은 내면의 상상력에서 비롯된 것들입니다. 그렇다면 기억을 굳이 악몽으로 만들 이유가 있을까요? 기억을 백일몽이라고 생각하고 그것을 마음이 바라는 대로 만든다면 용서가 가능해집니다.

다음 이야기에 나오는 한 남자는 태도가 다른 사람의 능력을 빼앗을 수 있다는 것을 깨달았습니다. 그는 자신의 태도를 바꾸어 현실을 변화시켰습니다.

"저는 돈을 빌려주는 사람도 아니고 투자 회사에 근무하지도 않습니다. 그런데 사업적으로 알고 지내는 친구가 공장 확장에 필요하다며 상당한 액수의 돈을 빌려달라고 했습니다. 개인적인 친분 때문에 적당한 이자를 받기로 하고 돈을 빌려줬고 연말에 이자율을 다시 정하기로 했습니다. 약속한 일 년이 지났을 때 친구는 이자조차 주지 못한 상황에서 기간을 한 달만 더 연장해 달라고 했습니다. 친구의 요구대로 기간을 연장해 주었지만 한 달이 지난 후에도 친구는 여전히 약속을 지키지 못했고 또다시 기한을 연장해 달라고 했습니다.

앞서도 이야기했지만 저는 돈을 빌려주는 일을 하는 사람이 아닙니다. 저 역시 대출금을 갚아야 했기에 20일 안에 그 돈을 받아야 했습니다. 제 신용에 심각한 위기가 찾아왔음에도 불구하고 또다시 친구의 부탁을 들어 주었습니다. 이 경우 돈을 받으려면 법적 조치를 취하는 것이 가장 일반적인 방법일 것입니다. 몇 년 전이었다면 저 역시 그렇게 했을 것입니다. 하지만 저는 '다른 사람의 능력을 빼앗지 말라.'는 선생님의 경고를 떠올렸고 제가 친구에게서 돈을 갚을 수 있는 능력을 빼앗고 있다는 것을 깨달았습니다.

저는 사흘에 걸쳐 밤마다 하나의 장면을 상상했습니다. 그 장면에서 저는 친구가 예상치 못했던 주문이 넘쳐 이제 돈을 갚을 수 있다고 말하는 것을 들었습니다.

나흘째 되던 날, 친구로부터 전화가 왔습니다. 그는 기적처럼 주문이 물밀듯 들어왔고 그 중에는 제법 규모가 큰 주문도 있어서 이제 밀린 이자까지 포함해서 빌린 돈을 다 갚을 수 있게 되었다고 말했습니다. 그러곤 이미 빌린 돈을 수표로 부쳤다고 말했습니다."

상상의 활동과 상상된 상태를 구분하는 것, 그것이 바로 상상력이 가진 가장 근본적인 비밀입니다.

오직 마음속의 것들만이 현실이다.
우리가 가능하다고 믿는 모든 것이 진정한 형상이다.

———— 블레이크

13장

우리는 돈을 들이지 않고도
무언가를 얻을 수 있다

일반적인 지식은 동떨어진 지식이다. 지혜는 구체적인 것들 안에 있다.
행복도 마찬가지다.

_ 블레이크

● 우리는 상상력을 이용해 구체적인 목표를 달성해야 합니다. 그 목표가 아주 사소한 것이라 할지라도 마찬가지입니다. 사람들은 완벽한 결과를 얻을 수 있는데도 불구하고 목표를 구체적으로 명확히 정하고 상상하지 않아서 불확실한 결과를 얻습니다. 목표를 구체적으로 상상한다는 것은 목표를 명확하게 구별한다는 것입니다.

형체가 아니라면 떡갈나무와 너도밤나무를 어떻게 구별할 것이며 말과
소를 어떻게 구별할 것인가?

———— 블레이크

정의를 내리는 일은 마음속을 가득 채운 형체 없는 보편적인 것들이 아닌, 어떤 특정한 것에 명확한 실체를 부여하는 것입니다. 세상을 살아간다는 것은 상상력을 이용해 형체를 부여하는 법을 배우는 유치원 과정을 다니는 것과 같습니다. 형체를 부여할 대상이 크든 작든 그것은 중요하지 않습니다.

블레이크는 "삶뿐만 아니라 예술에도 이 위대한 황금 법칙이 적용된다면 작품의 형체가 더 선명하고 더 날카롭고 더 예리해질 것이며 그러면 더 완벽한 작품이 탄생할 것이다. 반면 작품의 형체가 또렷하지 못하고 예리하지 못하면 그 작품은 모방의 가능성이 커질 것이다. 집을 짓고 정원을 가꾼다는 것이 무엇이겠는가? 형체를 명확하고 확실하게 한다는 것 아니겠는가? 따라서 형체를 분명하게 만드는 경계선이 없다면 삶 자체가 없어지는 것이다."라고 말했습니다.

다음은 한 여성이 겉으로 보기에 사소한 것들 — 저는 그것을 장난감이라고 부르고자 합니다 — 을 얻게 된 이야기입니다. 하지만 이 사소한 것들을 얻기 위해 상상 속 이미지를 명확하게 만들었다는 점이 중요합니다. 첫 번째 이야기 속 주인공은 이른바 '모든 것을 다 가진 여성'입니다. 그녀는 경제적으로, 사회적으로, 교육적으로 모든 것을 갖춘 사람이었습니다. 그녀는 이렇게 이야기합니다.

"아시다시피, 선생님의 가르침을 실천에 옮긴 결과, 저 자신과 제 삶이 완전히 달라졌습니다. 2주 전 선생님이 '장난감'에 대해 말씀하셨을 때 저는 단 한 번도 어떠한 물건을 얻는 데 상상력을 사용해 본 적이 없다는 것을 깨달았습니다. 그래서 재미 삼아 한 번 시도해보기로 마음먹었습니다.

선생님은 어떤 젊은 여자가 상상 속에서 모자를 쓰기만 했는데도 그 모자를 얻게 되었다고 이야기했습니다. 저는 모자가 필요했던 것은 전혀 아니었지만 '물건을 얻는 일'에 상상력을 사용해보고 싶었습니다. 그래서 패션 잡지에서 모자 사진을 골라 자른 다음 화장대 거울에 붙였습니다. 그러곤 그 사진을 뚫어져라 쳐다본 다음 눈을 감고 상상 속에서 그 모자를 '쓰고' 집 밖을 나서는 제 모습을 상상했습니다. 정말 딱 한 번 상상했습니다.

일주일 뒤 친구들과 점심 약속이 있어서 나갔는데 친구 중 한 명이 그 모자를 쓰고 있었습니다. 다들 모자가 예쁘다고 칭찬했습니다. 바로 다음 날 제 앞으로 특급 배송으로 소포가 하나 왔습니다. 세상에, 상자를 열어보니 그 안에 모자가 들어있었습니다. 전날 그 모자를 쓰고 있던 친구가 자신은 그 모자를 별로 좋아하지 않고, 애초에 그 모자를 왜 샀는지 모르겠으며, 그 모자가 저에게 더 어울릴 것 같아서 보내니 기쁜 마음으로 받아달라고 했습니다."

'꿈이 실제가 되는 것' 그것은 인류를 움직이게 하는 힘입니다. 우리는 전적으로 상상 속에서 살아야 합니다. 그리고 그것은 의식적이고 신중하게 행해져야 합니다.

"저는 평생 새를 좋아했습니다. 새를 관찰하고 새들이 지저귀는 소리를 듣고 먹이를 주는 일이 좋았습니다. 특히 작은 참새를 제일 좋아했습니다. 몇 달 동안 저는 참새들에게 빵 부스러기와 씨앗, 그리고 새들이 좋아할 만한 것들을 주었습니다. 그런데 먹이를 주다 보니 비둘기같이 큰 새들이 그 일대를 장악하고 좋은 씨앗을 다 먹어 치우는 바람에 참새들에게는 그들이 먹다 버린 껍데기만 남는 것을 보고 속이 상했습니다.

처음에는 상상력을 이용해 이 문제를 해결한다는 것이 어이없게 여겨졌지만, 생각할수록 재미있을 것 같았습니다. 그날 밤, 저는 상상 속에서 작은 새들이 날아와 먹이를 충분히 먹는 모습을 '보았습니다.' 그리고 아내에게 비둘기들이 더 이상 참새들의 먹이를 뺏지 않고 신사처럼 자신들의 몫만 먹고 떠난다고 '이야기했습니다.' 거의 한 달 동안 이러한 상상 속 행동을 계속했습니다. 그러던 어느 날 아침에 보니 비둘기들이 더 이상 보이지 않았습니다. 며칠 동안 참새들은 실컷 아침을 먹었고 큰 새들은 그 일대에 나타나지 않았습니다. 이후 큰 새들이 다시 돌아왔지만, 지금까지도 참새들의 영역을 침범하지 않고 있습니다. 새들은 같이 어울려 지내면서 제가 먹이를 주면 먹을 만큼만 먹고 참새들이 먹을 것을 남겨놓습니다.

그런데 참새들이 저를 알아보는 것 같습니다. 제가 참새들 사이를 걸어 다녀도 저를 더 이상 무서워하는 것 같지 않았습니다."

다음 이야기에 나오는 여성은 우리가 어떤 일에 마음을 온전히 쏟지 않고, 상상 속에서 소망이 이루어졌다고 온전히 느끼지 못하면 그곳에 있는 것이 아니라는 것을 증명했습니다. 우리는 상상력 그 자체입니다. 따라서 상상 속 우리가 있던 곳에 상상했던 모습으로 존재해야 합니다.

"2월 초, 우리 부부가 새집으로 이사 온 지 한 달이 되었습니다. 새집은 이루 말할 수 없을 만큼 아름다웠습니다. 바위 절벽 위에 위치한 이 집은 앞마당으로 바다가 펼쳐져 있고 바람과 하늘이 이웃이 었으며 갈매기들이 손님이었습니다. 우리는 새집에서 황홀한 시간 을 보냈습니다. 집을 지을 때의 기쁨과 괴로움을 경험한 사람이라면 집이 생겨 얼마나 기쁜지 알 것입니다. 하지만 비어가는 주머니 사정 이 얼마나 힘든지도 알 것입니다. 새로 사야 할 것들이 수백 가지였 지만, 우리가 가장 원했던 것은 실용성이라곤 없는 그림 한 점이었습 니다. 그 그림은 그저 그런 그림이 아니라, 드넓은 바다 위에 거대한 흰색 범선 하나가 우뚝 서 있는 멋진 그림이었습니다. 그 그림은 집 을 짓는 수개월 내내 우리 머릿속을 떠나지 않았습니다. 그래서 거실 한쪽 벽에 그림을 걸 수 있도록 자리를 남겨두었습니다. 남편은 그림 주변을 장식하기 위해 빨간색과 초록색 조명도 설치했습니다. 하지 만 그림이 걸릴 자리는 비어있었습니다. 커튼이나 카펫처럼 생활하 는데 필요한 물건들을 먼저 사들여야 했지만, 그렇다고 상상 속에서 벽에 걸린 그림을 보는 것까지 막을 수는 없었습니다.

어느 날 저는 쇼핑을 하던 중에 무심코 작은 갤러리에 들어갔습 니다. 문으로 막 들어가던 찰나 제가 갑자기 멈춰 섰고 그 바람에 뒤 따라오던 남자가 이젤에 부딪혔습니다. 저는 그 남자에게 미안하다 고 말하고 건너편 높은 곳에 걸려있는 그림을 가리켰습니다.

'바로 저거예요. 저는 저렇게 아름다운 그림을 본 적이 없어요.' 그는 자신을 갤러리 주인이라고 소개하며 이렇게 말했습니다. '맞습 니다. 저 그림은 세계적으로 유명한 영국의 화가가 그린 범선으로 진품입니다.' 갤러리 주인이 화가에 대해 설명을 이어갔지만, 제 귀에는 아무것도 들어오지 않았습니다. 저는 그림에서 눈을 뗄 수가 없었습니다. 그때 갑자기 이상한 경험을 했습니다. 순간 갤러리가 사라지고 우리 집 벽에 그 그림이 걸려있는 것이 보였습니다. 갤러리 주인은 제가 정신이 살짝 나갔다고 생각했을지도 모릅니다. 하긴, 정말로 정신이 나갔더랬습니다. 그때 그 남자가 그림 가격을 이야기했고 저는 천문학적인 액수에 놀라 정신이 번쩍 들어 웃으며 이렇게 말했습니다. '아마도 나중에…' 남자는 계속해서 그 영국 화가에 대해 말했습니다. 그리고 현재 활동 중인 미국의 한 판화 작가가 이 위대한 영국 거장의 작품을 똑같이 재연할 수 있다고 말했습니다. 그러곤 이렇게 덧붙였습니다. '사모님께서 운이 정말 좋다면 미국 작가의 판화 작품을 구할 수 있을지도 모릅니다. 제가 그 작가 작품을 본 적이 있는데 세세한 부분까지 거의 똑같았습니다. 많은 사람들이 그림보다 판화를 더 선호합니다.'

판화와 그림. 저는 그 둘의 가치에 대해 아는 것이 없었습니다. 무엇이 됐든 범선의 풍경이 담긴 것이면 되었습니다. 그날 저녁, 남편이 집에 돌아오자 저는 갤러리에서 본 그림에 관해 이야기했습니다. 그리고 그 갤러리에 들러 그림을 꼭 한번 보라고 말했습니다. '어쩌면 그 그림의 판화본을 구할 수 있을지도 몰라. 갤러리 주인이 그러는데…' 그러자 남편이 제 말을 가로막으며 말했습니다. '그런데 말이야. 당신도 알다시피 우리 형편에 어떻게 그 그림을 살 수 있겠어?' 우리의 대화는 거기서 중단되었습니다. 저녁을 먹고 난 후 저는 거실에 서서 상상 속에서 그 그림이 벽에 걸려있는 것을 '보았습니다'.

다음날 남편은 원치 않는 고객과 약속이 있었습니다. 그런데 약속이 길어져 어두워진 후에야 집에 돌아왔습니다. 남편이 들어올 때 저는 다른 일을 하느라 바빠 미처 나가보지 못하고 멀리서 왔냐고 인사만 건넸습니다. 그런데 잠시 후 망치 소리가 들리길래 무슨 일인가 싶어 거실로 갔습니다.

세상에, 거실 벽에 그 그림이 걸려있는 게 아니겠어요! 저는 너무 좋아 어쩔 줄을 몰랐습니다. 그런데 그 순간 갤러리 주인이 했던 말이 생각났습니다. '운이 정말 좋으면 판화본을 구할 수 있을 지도 모르겠습니다.' 운이라고요? 도대체 남편에게 무슨 일이 일어난 걸까요?

남편은 미리 약속되어 있던 고객과 통화를 하고 고객의 허름하고 누추한 작은 집으로 들어갔습니다. 고객은 자신을 소개하고 남편을 좁고 어두운 주방으로 데려갔고 둘은 아무것도 없는 식탁에 앉았습니다. 남편이 서류 가방을 식탁에 올려놓고 우연히 위를 올려다봤는데 벽에 걸린 그림이 눈에 들어왔습니다. 남편은 그림을 쳐다보느라 고객과 아주 간단한 대화만을 나눴다고 합니다. 고객이 계약서에 서명을 하고 수표를 건넸는데 10달러가 부족했습니다. 그래서 남편은 고객에게 10달러가 모자란다고 말했습니다. 그러자 그는 가진 돈이 그게 전부라면서 이렇게 말했다고 합니다. '보아하니 당신이 저 그림에 관심이 있는 것 같은데, 저 그림은 내가 이 집에 이사 왔을 때부터 있던 그림입니다. 그래서 누구 것인지도 몰라요. 나는 저 그림이 필요 없으니 당신이 10달러를 깎아준다면 그 대신 저 그림을

드리겠습니다.'

남편이 사무실로 돌아와 고객에게 받은 돈을 다시 확인해보니 액수에 착오가 있었습니다. 그 고객은 10달러를 더 낼 필요가 없었던 것입니다. 그렇게 그 그림이 우리 집 벽에 걸리게 된 것입니다. 우리는 그 그림을 얻는 데 일 원 한 푼도 들지 않았습니다."

다음에 소개될 편지를 쓴 사람에게는 이런 말을 말해주어야 할 것 같습니다. "참으로 부인은 유쾌한 마음을 가지고 있군요(셰익스피어,《헛소동》)."

"어느 날 시내에 갈 일이 생겼습니다. 그런데 버스가 파업 중이라 버스가 운행되는 가장 가까운 정류장까지 열 블록을 걸어가야 했습니다. 집으로 돌아오는 길에 그쪽 방향 길에는 식료품점이 없어 저녁거리를 살 수 없겠다는 생각이 들었습니다. 냉장고에 있는 자투리 재료들로 대충 식사 거리는 준비할 수 있었는데 문제는 빵이 없었습니다. 하루 종일 이것저것 사러 돌아다니느라 겨우 버스에서 내려 집까지 열 블록을 걸어갈 힘밖에 남아있지 않았습니다. 빵을 사러 더 걷는다는 것은 도저히 불가능했습니다.

저는 잠시 멈춰 서서 머릿속에서 빵이 이리저리 왔다 갔다 하는 모습을 상상했습니다. 그러곤 집으로 출발했습니다. 버스에 오르자 너무 피곤한 나머지 눈에 띄는 대로 무조건 앉으려다가 그만 종이봉투 위에 앉을 뻔했습니다. 버스는 붐비고 승객들은 피곤한 탓인지 아무도 쳐다보는 사람이 없었습니다. 저는 호기심에 종이봉투 안을 들여다봤습니다. 그런데 그 안에 빵 한 덩어리가 있지 않겠어요? 그것도 다름 아닌 제가 늘 사는 빵이 말입니다!"

　사소한 것들. 우리는 돈을 들이지 않아도 사소한 것들을 얻을 수 있습니다. 무언가를 얻는 데에 필요한 일반적인 수단이나 방법을 들이지 않고도 상상력을 이용해 사소한 것들을 이룰 수 있습니다. 인간은 실제 가치와는 무관하게 부를 평가합니다. "이리 와서 돈 없이, 대가 없이 포도주와 우유를 사거라(이사야서 55:1)."

14 장
사물을 보이는 것이 아닌
그것이 되어야 하는 모습으로 상상하라

"세속적인 사람은 하느님의 영적 선물을 받지 아니한다. 그들은 영적 선물을 어리석은 것으로 여기고, 그들은 영적 선물을 이해하지 못한다. 그들이 영적 선물을 분별하지 못하기 때문이니라(고린도전서 2:14)."

하루 중에는 사탄도, 그의 파수꾼도 찾을 수 없는 순간이 있다. 하지만 부지런한 사람이 그 순간을 찾아내면 그 순간은 갑절이 된다. 그 순간이 발견되어 올바르게 쓰인다면 하루의 모든 순간이 새롭게 변한다.

——— 블레이크

사물을 보이는 그대로가 아닌 그것이 되어야 하는 모습으로 상상할 때, 그때가 바로 '그 순간'입니다. 바로 그 순간에 영적인 인간의 일이 완성되고 그 순간의 변화된 모습에 맞춰 모든 위대한 사건들이 세상을 새롭게 창조하기 위해 모습을 드러내기 시작합니다.

블레이크는 사탄을 가리켜 '반응하는 자'라고 했습니다. 사탄은 행동하지 않으며 주어진 사건에 반응만 할 뿐입니다. 만약 우리가 일상의 일들에 그저 반응만 하는 태도를 보인다면 그것이 사탄의 역할이 아닐까요?

인간이 세속적이거나 사탄의 상태에 있다면 반응만 할 뿐입니다. 다시 말해 절대로 행동하지 않거나 창조하지 않고 이미 존재하는 것에 반응만 보이거나 같은 행동을 되풀이할 뿐입니다. 한 번의 진정한 창조가 이루어지는 순간, 한 번의 소망이 진실로 이루어졌다고 느끼는 순간, 그 순간은 반응만 하며 살아온 평생의 삶보다 가치 있습니다. 그 순간이 바로 하느님께서 일을 마치신 순간입니다.

"하느님은 오직 살아있는 존재 안에서 혹은 인간 안에서 행동하시고 존재하신다."라는 블레이크 말이 맞습니다.

상상에는 과거가 있고 미래가 있습니다. 반응을 통해 과거가 현재로 재창조된다면 우리는 꿈속의 소망을 행동으로 옮겨 미래를 현재로 가져올 수 있습니다.

나는 지금 이 순간 미래를 느낀다.

—— 셰익스피어, 《맥베스》

영적인 사람은 행동합니다. 영적인 사람은 자신이 하고자 하는 것이 무엇이든 지금 이 순간 상상 속에서 그 일을 할 수 있고 해냅니다. 영적인 사람의 좌우명은 언제나 "그 순간이 지금이다."입니다. "보라, 지금이 받을 만한 때요. 보라, 지금이 구원의 날이다(고린도후서 6:2)."

인간과 소망의 실현 사이에 놓인 유일한 장벽은 '현실'입니다. 그리고 현실은 상상력의 산물입니다. 상상을 바꾸면 현실도 바꿀 수 있습니다.

다음은 '그 순간'을 발견한 한 젊은 여성의 이야기입니다. 그녀는 상상 속 소망을 행동으로 옮겨 미래를 현재로 가져왔습니다. 하지만 마지막 순간까지 자신의 행동이 어떠한 결과를 가져왔는지 알지 못했습니다.

"선생님의 가르침을 접해 보지 못한 사람들에게는 제가 겪은 일이 그저 우연으로 보일 것입니다. 하지만 저는 4분 만에 상상 속 행동이 현실로 그 형체를 드러내는 것을 직접 목격했습니다. 선생님이라면 제 이야기에 흥미를 느끼실 거라고 믿습니다. 어제 아침, 다시 말해 사건이 발생한 직후에 제가 겪은 일을 있는 그대로 적어두었습니다.

저는 선셋 대로의 중앙 차선을 따라 운전을 하고 있었는데 삼거리 교차로에서 신호등이 적색으로 바뀌길래 천천히 브레이크를 밟았습니다. 그때 회색 옷을 입은 나이가 지긋한 아주머니 한 분이 제 차 앞을 가로질러 뛰어가는 것을 보았습니다. 아주머니는 지금 막 출발하려는 버스를 세우려고 손을 흔들고 있었습니다. 버스를 잡기 위해 그 앞으로 가로질러 가려는 모양이었습니다. 버스가 천천히 움직이길래 저는 버스 운전기사가 아주머니를 태워주리라 생각했습니다. 그런데 아주머니가 인도로 올라서자마자 버스는 떠나버렸고 아주머니는 팔을 내린 채 우두커니 서 있었습니다. 그 순간 아주머니는 뒤로 돌아서더니 근처 공중전화 부스로 빠르게 걸어갔습니다.

그때 신호등이 초록 불로 바뀌어서 저는 다시 움직이기 시작했습니다. 그리고 제가 버스 뒤에 있었더라면 그 아주머니를 태워줄 수 있었을 거라고 생각했습니다. 멀리서 봐도 아주머니는 당황한 기색이 역력했습니다. 그때 제 마음속에 아주머니를 향한 저의 소망이 펼쳐지면서 다음과 같은 장면이 연출되었습니다.

차 문을 열자 회색 옷을 입은 아주머니가 다행이라는 미소를 짓고 연거푸 고맙다는 인사를 하며 제 차에 올랐습니다. 아주머니는 달려오느라 숨이 찼는지 가쁜 숨을 몰아쉬며 이렇게 말했습니다. '바로 앞이에요. 조금만 가면 돼요. 친구를 만나러 가는 중인데 버스를 놓쳤지 뭐예요. 친구들이 저를 두고 가버릴까 봐 걱정이에요.' 저는 몇 블록 더 가서 그 아주머니를 내려주었고 아주머니는 자신을 기다리고 있는 친구들을 보더니 기뻐했습니다. 아주머니는 제게 연거푸 감사 인사를 건네고 차에서 내렸습니다.

이 같은 장면이 보통 속도로 한 블록을 운전해 가는 동안 제 상상 속에서 펼쳐졌습니다. 상상을 하고 나니 마음이 편안해지고 만족스러운 기분이 들었습니다. 하지만 제가 그런 상상을 했다는 것을 바로 잊어버렸습니다. 네 블록을 더 가서 또다시 적색 신호등을 만났고 저는 여전히 중앙 차로에 서 있었습니다. 바로 그때 누군가 제 차의 창문을 두드리는 소리에 고개를 돌려보니 회색 옷을 입은 나이가 지긋하신 우아한 아주머니가 서 있었습니다. 그러자 잊고 있었던 상상 속 장면이 떠올랐습니다. 아주머니는 미소를 지으며 버스를 놓쳐서 그러는데 몇 블록만 태워 줄 수 없느냐고 물었습니다. 아주머니는 달려왔는지 숨을 몰아쉬고 있었습니다. 저는 차들이 달리는 도로 한복판에 갑자기 나타난 아주머니 때문에 너무 놀라 아무 말도 못 하고 문을 열어 주었습니다.

아주머니는 차에 올라 이렇게 말했습니다. '열심히 달려갔는데 버스를 놓치니 정말 속상하네요. 폐를 끼치고 싶진 않았는데 제가 요 앞에서 친구들을 만나기로 했거든요. 걸어서 가면 친구들을 못 만날 것 같아요.' 여섯 블록을 더 가자 아주머니가 '아, 다행이에요. 친구들이 아직 저를 기다리고 있네요.'라고 말했습니다. 제가 아주머니를 내려 드리자 아주머니는 또다시 고맙다는 인사를 하고 차에서 내려 친구들에게로 걸어갔습니다. 상상 속 장면이 현실로 구현되는 것을 직접 경험한 탓에 저는 너무 놀라 어안이 벙벙한 채로 운전을 했던 것 같습니다. 저는 그 일이 일어나고 있는 동안 무슨 일이 일어나고 있는지 인지했습니다. 그리고 가능한 한 서둘러 그날의 사건을 자세히 써 내려가다가 '깨어서 꾸었던 꿈'과 뒤이어 '현실에 일어난 일' 사이에 놀라운 일치점을 발견했습니다. 상상 속 아주머니와 현실 속 아주머니는 둘 다 나이가 지긋했고 태도가 정중했으며 회색 옷을 입고 있었고 버스를 잡기 위해 뛰었지만, 버스를 놓쳤으며 숨을 헐떡였습니다. 게다가 둘 다 친구를 만나러 가는 길이었고 무슨 연유인지는 모르겠지만 친구들이 그녀를 기다릴 수 없는 상황이었고 몇 블록을 지나 차에서 내려 친구들을 만났습니다.

이 일을 경험하고 저는 무척 놀랐으며 혼란스럽고 몹시 흥분했습니다. 그날 있었던 일이 우연의 일치나 우연한 사고가 아니라면 저는 순식간에 상상이 현실이 되는 것을 목격한 것입니다."

하루 중에는 사탄도, 파수꾼도 찾을 수 없는 순간이 있다. 하지만 부지런한 사람이 그 순간을 찾아내면 그 순간은 갑절이 된다. 일단 그 순간이 발견되어 올바르게 쓰인다면 하루의 모든 순간이 새롭게 변화한다.

———— 블레이크

"저는 선생님의 《탐색》을 처음 읽은 순간부터 상상이 현실이 되는 것을 경험하고 싶었습니다. 이 욕구는 '약속'에 관한 강연을 듣고 나서부터 더 강렬해졌습니다. 저의 기도에 대한 대답으로 제가 겪은 환영에 관해 말씀드리고 싶습니다. 2주 전 제게 그 일이 일어나지 않았다면 저는 상상이 현실이 되는 것을 경험할 수 없었을 것입니다.

저는 강의가 있는 건물에서 다소 떨어진 곳에 차를 주차했습니다. 차에서 내리는데 주변이 유난히 고요했습니다. 눈을 씻고 봐도 거리에는 사람이라곤 없었습니다. 그때 갑자기 끔찍한 욕설이 들려왔습니다. 소리가 나는 쪽으로 몸을 돌리자 한 남자가 지팡이를 마구 휘두르고 욕설을 섞어가며 '죽여버릴 거야. 널 죽일 거야!'라고 고함을 질러댔습니다. 그가 저에게 다가왔고 저는 앞으로 계속 걸었습니다. 그 순간 '내 믿음을 시험해 볼 때가 왔군. 나의 믿음대로 우리가 하나라면 주님과 이 노숙자와 내가 하나이고 나는 어떠한 해도 입지 않을 거야.'라고 생각했습니다. 그러자 두려움이 사라졌습니다. 저에게 다가오는 남자 대신 어떤 빛 같은 것이 보였습니다. 그는 고함을 멈추더니 지팡이를 바닥에 떨어뜨리고 제 곁을 조용히 지나갔습니다.

제 믿음을 시험한 그 순간 제 주변의 모든 것이 더 생생하게 살아있는 듯했습니다. 꽃들은 더 활짝 피어있었고 나무들은 더 푸르러 보였습니다. 저는 이전에 몰랐던 평화와 생명의 '일체감'을 경험했습니다.

지난 금요일, 저는 고향 집에 갔습니다. 그날은 여느 날과 다름없는 평범한 날이었습니다. 글 쓰는 작업을 했는데도 피곤하지 않아서 새벽 두 시나 되어서야 잠자리에 들었습니다. 불을 끄고 누웠는데 잠이 든 것은 아닌데 졸린 것 같은 기분이 들며 몸이 붕 떠오르는 느낌이 들었습니다. 말하자면 반쯤 깨어있고 반쯤 잠이 든 것 같은 상태였습니다.

저는 종종 이런 상태에서 누군지 알 수는 없지만 사랑스러운 얼굴이 눈앞에 떠오른 적이 있었습니다. 하지만 그날 새벽은 좀 달랐습니다. 어떤 아이의 완벽한 옆얼굴이 보였는데 그 아이가 고개를 돌려 제게 미소를 지어 보였습니다. 그 모습이 환하게 빛나고 그 빛이 제 머리를 가득 채우는 것 같았습니다.

저는 몹시 흥분했습니다. 그리고 그 아이가 그리스도가 틀림없다고 생각했습니다. 그런데 그 순간 제 안에서 무언가가 소리 없이 말했습니다. '아니다. 그것은 바로 너 자신이다.' 저는 다시 없을 일을 경험했습니다. 그리고 언젠가는 '약속'을 경험하게 될 거라는 생각이 들었습니다."

상상이 현실을 창조한다는 것을 깨닫고 행동하는 순간부터 우리의 꿈이 실현될 것입니다. 하지만 상상력은 우리에게 사물을 창조하는 것 그 이상의 훨씬 더 깊고 본질적인 것을 요구합니다. 그것은 바로 우리가 상상력이고 상상력과 하느님의 일체성을 깨닫는 것이며, 상상력이 현실에서 구현하는 모든 일은 하느님이 상상력 자체인 인간 안에서, 인간을 통해서 하시는 일인 것입니다.

15장

네 가지 신비한 경험

● 제가 지금까지 설명한 모든 이야기에서 상상력은 의식적으로 사용되었습니다. 이야기의 주인공들은 상상 속에서 그들의 소망이 이루어지는 연극을 구상하고 상상력을 이용해 그 연극에 직접 참여하여 상상을 현실로 만들어 냈습니다.

이는 하느님의 율법을 지혜롭게 행하는 것입니다. 하지만 "율법을 지키는 것만으로 하느님 앞에서 의로워질 자는 없습니다(갈라디아서 3장 11절)." 많은 사람들이 상상력을 이용한 삶의 변화에 관심을 보이지만 그러한 상상력의 기반이 되는 믿음, 다시 말해 하느님의 약속을 성취하도록 이끄는 믿음의 틀에는 전혀 관심이 없습니다.

"내가 네 몸에서 나올 네 아들을 네 뒤에 세울 것이니라. 나는 그의 아버지가 될 것이고 그는 나의 아들이 될 것이니라(사무엘서 하권 7:12-14)." 사람들은 하느님이 우리의 몸에서 "혈통으로, 육신의 의지로, 인간의 의지로 나지 아니하고 오직 하느님으로부터 난" 아들을 내어주시겠다고 한 약속에는 관심이 없습니다.

사람들은 하느님의 약속보다는 법칙을 알고 싶어 합니다. 하지만 기독교 공동체는 초창기부터 이러한 기적적인 탄생은 모든 인류에게 꼭 필요한 것이라고 밝혀왔습니다. 요한복음 3장 7절은 "그대는 위로부터 태어나야 하느니라."라고 말합니다. 저는 '위로부터' 태어난다는 것이 없어도 되는 부분이 아니라, 하느님이 창조가 추구하는 궁극적인 목적이라는 것을 사람들이 이해할 수 있도록 저의 신비한 경험을 바탕으로 다시 설명하고자 합니다.

제가 네 가지 신비한 경험을 이야기하는 이유는 "신실한 증인이자 죽은 자 가운데서 첫째로 부활하신 예수 그리스도"가 위로부터 태어났다는 것을 말하기 위해서입니다. "하느님이 보내지 않고서 그들이 어찌 복음을 전파하겠는가?(로마서 10:15)"

여러 해 전, 저는 신성한 세상, 다시 말해 자신의 내면에서 하느님이 깨어난 사람들의 세상에 들어가는 영적인 체험을 했습니다. 이상하게 들리겠지만 신들은 진짜 모임을 갖습니다. 제가 들어가자 가장 먼저 무한한 권능의 화신이 저를 맞아 주었습니다. 무한한 권능은 인간에게는 알려지지 않은 강력한 힘을 가지고 있습니다. 그다음 저는 무한한 사랑을 만났고 그는 제게 "세상에서 가장 위대한 것은 무엇인가?"라고 물었습니다. 저는 사도 바울의 말을 빌려 "믿음, 소망, 사랑, 세 가지입니다. 하지만 그중에 제일은 사랑입니다(고린도전서 13:13)."라고 대답했습니다. 그러자 무한한 사랑이 저를 꼭 안았고 우리의 몸은 하나가 되었습니다. 저는 그와 하나가 되어 그를 제 영혼처럼 사랑했습니다. 지금껏 '하느님의 사랑'이라는 말은 그저 지나가는 말이었습니다. 하지만 이제 엄청난 의미를 가진 실체가 되었습니다. 인간이 그 어떤 사랑을 상상하든 무한한 사랑과 하나가 되어 느끼는 사랑에는 비할 수가 없습니다. 아무리 친밀한 관계라고 할지라도 이 사랑에 비하면 몸은 하나더라도 분리된 세포 안에 살아가는 것과 같습니다.

제가 최고의 기쁨을 누리고 있는 동안 바깥에서 시끄러운 소리가 들렸습니다. "귀족들을 타도하라!" 그 순간 저는 어느새 처음에 저를 맞이했던 무한한 권능의 화신 앞에 서 있었습니다. 그는 내 눈을 바라보며 소리 없이 '행동할 시간'이라고 전달했습니다. 저는 갑자기 신성한 세계에서 벗어나 현실로 돌아왔습니다. 제 머리로는 이 상황을 도무지 이해할 수가 없었습니다. 하지만 신성한 세상에 들어갔다 온 그날, 저는 그들에게 선택받았으며 하느님이 인간에게 주신 약속을 널리 알리라고 저를 보냈다는 것을 알게 되었습니다.

이러한 신비한 경험을 통해 저는 온 세상이 하나의 무대라는 말을 문자 그대로 받아들이게 되었고 하느님이 모든 역할을 하고 있다는 것을 믿게 되었습니다. 그렇다면 이 연극의 목적은 무엇일까요? 바로 하느님이 창조하신 인간을 창조주인 하느님으로 변화시키는 것입니다. 하느님은 자신의 창조물인 인간을 사랑하사 자신을 내려놓는 행동을 통해 인간을 창조주인 하느님으로 변화시킬 수 있다는 믿음 속에서 몸소 인간이 되셨습니다.

이 연극은 하느님이 인간을 대신하여 십자가에 못 박히는 것(하느님이 인간이 되심)으로 시작해 인간이 부활하는 것(인간이 하느님이 됨)으로 끝납니다. 하느님이 우리와 같이 되셨으니 우리도 그분과 같이 될 수 있습니다. 하느님이 인간이 되시어 먼저 인간이 살아 있는 존재가 되고 그다음 생명을 주는 영이 되는 것입니다.

"내가 그리스도와 함께 못 박혔으니 나는 더 이상 살아있지 않다. 하지만 그리스도께서 내 안에 사신다. 이제 내가 육신으로 사는 삶은 나를 사랑하사 나를 위해 자신을 내어주신 하느님의 아들을 믿는 믿음 안에서 사는 것이다(갈라디아서 2:20)." 하느님은 몸소 인간의 형상을 취하고 심지어 인간으로 말미암아 죽음을 맞고 인간의 해골을 의미하는 골고다에서 십자가에 못 박혔습니다. 하느님은 인간을 살아있는 영적 존재로 만들기 위해 죽음의 문으로 들어가 인간의 무덤에 누웠습니다. 하느님의 자비는 죽음을 잠으로 바꾸어 놓았습니다. 하느님의 죽음과 부활로 인간이 하느님이 되기 위한 놀랍고도 엄청난 변화가 시작되었습니다.

하느님이 십자가에 못 박히지 않았다면 그 어떤 인간도 의식적인 삶으로 들어가는 문턱을 넘을 수 없습니다. 하지만 이제 우리는 우리의 내면에서 십자가에 못 박히신 하느님과 하나가 되었습니다. 그는 우리 안에 신비하고 놀라운 상상력으로 살아 있습니다.

인간은 상상력이다. 하느님은 인간이고 우리 안에 존재하며 우리도 그 안에 존재한다. 죽지 않는 인간의 몸은 상상력, 다시 말해 하느님 그분

이다.

하느님이 우리 안에서 부활할 때 우리는 하느님이 되고 하느님은 우리가 될 것입니다. 하느님의 부활이 우리 본성을 깨달음의 손길로 어루만져 주면 우리 안에서 모든 불가능한 것들이 사라질 것입니다.

이것이 바로 세상의 비밀입니다. 하느님은 자신의 창조물인 인간을 명확하게 인식하지만, 상상의 창조물인 인간은 하느님을 인식하지 못합니다. 그래서 인간에게 생명을 주기 위해, 인간을 자유롭게 만들기 위해 하느님은 죽음을 선택했습니다.

이 같은 기적을 만들기 위해 하느님은 죽음을 선택해야 했고, 다시 인간으로 부활해야 했습니다. 이 일을 블레이크만큼 제대로 잘 표현한 이도 없습니다. 블레이크는 마치 그리스도가 말하는 것처럼 이야기합니다. "내가 죽지 않으면 너희는 살 수 없다. 하지만 내가 죽으면 너희는 다시 일어날 것이고 너희는 나와 함께 있을 것이다. 너희는 너희를 위해 죽은 적 없는 이를 사랑할 수 없고 너희를 위해 죽은 적 없는 이를 위해 죽을 수 없다. 그리고 만약 하느님이 인간을 위해 죽지 않고 인간을 위해 끊임없이 자신을 내어주지 않았다면 인간은 존재할 수 없었을 것이다."

그래서 하느님은 죽음을 맞이했습니다. 다시 말해 하느님은 인간을 위해 기꺼이 자신을 내어주었습니다. 하느님은 자신의 창조물인 인간이 마침내 하느님으로 부활하기를 바라며 인간이 되었고 자신이 하느님이라는 사실을 잊었습니다. 하느님이 인간을 위해 자신을 온전히 내어주었기에 인간의 십자가 위에서 이렇게 외쳤습니다. "나의 하느님, 나의 하느님, 어찌하여 저를 버리시나이까?(마태복음 27:46, 시편 21:1)"

하느님은 자신이 하느님이라는 사실을 까맣게 잊었습니다. 하지만 하느님이 한 사람의 안에서 깨어나면 그 사람은 이렇게 외칠 것입니다. "어찌하여 우리는 여기에 서서 우리 안에 있는 하느님께 구하지 않고 우리 밖에 계신 하느님께 도움을 청하는가?(블레이크)"

죽음에서 부활한 첫 번째 사람은 바로 예수 그리스도, 다시 말해 잠든 이들 가운데 첫 열매이며 죽음으로부터 처음 태어난 자입니다. 하느님은 인간을 위해 죽음을 맞이했고 이제 인간의 모습으로 죽음에서 부활했습니다. 예수 그리스도는 자신이 아버지가 되어 죽은 아버지를 부활시킵니다.

인간을 대표하는 아담 안에 하느님이 잠들어 있습니다. 그리고 인간으로 이 세상에 온 예수 그리스도 안에서 하느님이 깨어납니다. 잠에서 깨어날 때 창조물인 인간은 창조자인 하느님이 되어 진심으로 이렇게 말합니다. "세상이 있기 전에 내가 있었다(유대교 교리인 '아돈 올람' 중에서)."

하느님이 인간을 사랑하여 스스로 인간이 되고 자신이 하느님이라는 사실을 잊었던 것처럼 인간도 하느님을 사랑하여 스스로 하느님이 되어 하느님의 삶, 다시 말해 상상력을 통해 살아가야 합니다. 인간을 하느님으로 변화시키는 하느님의 창조행위는 성서에서도 드러나 있습니다.

성서는 매우 일관된 이미지와 상징적 비유를 전달합니다. 구약성서에는 신약성서의 예언과 가르침이 숨어있고 신약성서에는 구약성서의 예언들이 구체적으로 드러납니다. 성서는 하느님의 법칙과 약속을 담고 있습니다. 성서는 역사를 가르치려는 것이 아니라 인간이 고통의 용광로를 믿음으로 이겨내도록 이끌어 하느님의 약속을 이루고 깊은 잠에서 깨어나 자신의 내면에 있는 하느님을 깨닫게 하려는 것입니다.

성서 속 인물들은 과거 속에 살지 않고 무한한 상상 속에서 삽니다. 그들은 영혼의 다양한 영적 상태를 의인화한 것입니다. 그들은 영적인 죽음을 거쳐 새로운 영적 생명으로 깨어나는 인간의 영적 여정을 상징합니다.

구약성서는 우리에게 하느님의 약속을 말합니다. 신약성서는 이 약속이 어떻게 이루어졌는지가 아니라 어떻게 이루어지는지를 말합니다. 성서의 핵심 주제는 한 아이의 탄생에 관한 직접적이고 개인적이며 신비한 경험입니다. "우리에게 아기가 태어났다. 우리에게 아들이 주어졌으니 그의 어깨 위에 통치가 놓일 것이며 그의 이름은 경이로운 조언자, 전능하신 하느님, 영원하신 아버지, 평화의 왕이라고 불릴 것이다. 그의 통치와 평강의 더함이 끝이 없으리라(이사야서 9:6-7)." 그 아이가 우리에게 모습을 드러낼 때 우리는 그것을 보고 그것을 경험합니다. 이 계시에 대한 반응은 욥의 말로 표현될 수 있습니다. "내가 귀로 너에 대해 들었지만, 이제는 눈으로 너를 본다(욥기 42:5)."

탄생에 대한 이 이야기는 우화도, 비유도 아니며 인간의 마음을 현혹하기 위해 교묘하게 꾸며진 허구도 아니며 그저 신비한 사실입니다. 이것은 스스로 자신의 두개골로부터 탄생하는 개인적이고 신비한 경험입니다. 이러한 영적 깨달음은 포대기에 싸여 바닥에 누워 있는 한 아이의 탄생으로 상징됩니다.

과학자도 역사가도 설명할 수 없는 자신의 두개골로부터 아이가 태어난 이야기를 듣는 것과 그 탄생을 실제로 경험하는 것, 다시 말해 자연의 법칙을 거슬러 당신의 두개골에서, 위로부터 태어난 이 기적 같은 아이를 두 손으로 직접 안고 두 눈으로 직접 보는 것은 다릅니다. 구약성서에 이 같은 질문이 있습니다. "이제 물어보고 봐라. 남자가 아이를 낳을 수 있느냐? 그런데 어찌하여 모든 남자들이 아이를 낳는 여인처럼 손으로 배를 움켜잡고 있는가? 어찌하여 다들 얼굴이 창백하게 변하는가?(예레미야서 30:6)"

히브리어 말로 '찰랏chalat'은 '배'가 아니라 '자아를 끄집어내다, 자아를 낳다, 자아를 철수하다.'를 뜻합니다. 자신의 두개골에서 자아를 끄집어내는 것은 예언자가 예견한 '반드시 위로부터 태어나야 한다.'는 것과 정확히 일치합니다. 이러한 영적 탄생이 인간에게 하느님의 왕국으로 가는 길을 알리고 존재의 가장 높은 차원에 대한 깊은 성찰과 인식을 제공합니다. 오랜 세월 우리는 이 같은 말을 들어왔습니다. "깊은 것은 깊은 것을 부른다(시편 42:7)." "일어나소서. 오 주여, 어찌하여 잠들어 계시나이까? 일어나소서!(시편 44:23)"

복음서에 기록된 일들은 실제로 인간에게 일어납니다. 하지만 우리가 언제 자아를 분만하게 될지 그날과 그 시간은 오직 하느님만 알 뿐 아무도 알 수가 없습니다. "내가 너희에게 위로부터 태어나야 한다고 말하더라도 놀라지 마라. 바람이 불어와 그 소리를 들어도 너희는 그것이 어디서 와서 어디로 가는지 알지 못한다. 영으로 태어난 사람도 모두 그와 같다(요한복음 3:7-8)."

요한복음이 말하고 있는 이 계시는 진실입니다. 위로부터 태어난 저의 경험을 이야기하고자 합니다. 사도 바울처럼 저 역시 이것을 다른 사람으로부터 전해 듣거나 누군가가 저에게 가르쳐 준 것이 아닙니다. 저는 실제로 위로부터 태어나는 신비한 경험을 했고 그 경험을 통해 알게 되었습니다. 오직 그것을 경험한 사람만이 위로부터 태어나는 신비한 탄생에 대해 진심으로 말할 수 있습니다. 저도 경험을 하기 전까지는 위로부터 태어난다는 말이 문자 그대로 사실인지 알지 못했습니다.

어느 누가 경험도 하지 않고 아이, 경이로운 조언자, 전능하신 하느님, 영원하신 아버지, 평화의 통치자가 자신의 두개골 안에 있다고 믿겠습니까? 어느 누가 경험도 하지 않고 자신의 창조주가 자신의 남편이며, 만군의 주가 자신의 이름(이사야서 54:5)이라는 것을 이해하겠습니까? 어느 누가 창조주가 자신의 창조물인 인간 안으로 들어가 그것을 자신으로 안다는 것을 믿겠습니까? 어느 누가 하느님이 인간의 두개골 안으로 들어가, 다시 말해 하느님이 인간과 결합하여 그 결과 인간이 두개골로부터 아들이 탄생하고 그 아들이 인간에게 영원한 생명을 주고 창조주인 하느님과 인간을 영원히 결합하도록 했다는 것을 믿겠습니까?

제가 지금 그날 밤 겪은 일을 말하는 이유는 제 생각을 다른 사람들에게 강요하려는 것이 아니라 니고데모가 그랬듯 "사람이 늙어 어떻게 다시 태어날 수 있는지(요한복음 3:4)", 어떻게 어머니의 자궁 안으로 다시 들어가 다시 태어날 수 있는지, 어떻게 이러한 일들이 가능한지 궁금해 하는 사람들에게 희망을 안겨 주고 싶기 때문입니다. 저는 그 일을 직접 경험했습니다. 그래서 저는 지금 "계시를 기록하여, 그것을 명판에 분명히 새겨 그가 달려가면서도 읽을 수 있게 하라. 계시는 정해 놓은 때가 있으니 그때가 머지않았고 그것은 절대 거짓되지 않을 것이다. 비록 더딜지라도 기다려라. 곧 그때가 분명히 올 것이다. 보라, 마음이 교만한 사람은 실패할 것이지만 마음이 의로운 사람은 그의 믿음으로 살 것이다(하박국 2:2-4)."를 실천하고자 합니다.

1959년 7월 20일 새벽, 샌프란시스코에 살고 있던 저는 예술이 번성하는 아주 아름다운 꿈을 꾸고 있었는데 갑자기 머리 아래쪽에서 아주 강렬한 진동이 느껴졌습니다. 그러곤 완전히 깨어있을 때만큼이나 실제 같은 드라마가 펼쳐지기 시작했습니다. 꿈에서 깨어났지만 저는 여전히 두개골 안에 갇혀 있었습니다. 저는 두개골 안에서 빠져나가려고 안간힘을 썼습니다. 그러자 무언가가 길을 내주었고 제가 두개골의 바닥을 통해 머리 아래쪽으로 움직이는 것을 느꼈습니다. 저는 조금씩 비집고 밖으로 나갔습니다. 거의 다 빠져나왔을 때 침대 발치라고 생각되는 것을 움켜잡고 아직 빠져나오지 못한 제 몸의 나머지 부분을 잡아당겼습니다. 그러곤 잠시 동안 바닥에 누워 있었습니다.

저는 자리에서 일어나 침대에 누워있는 제 몸을 바라봤습니다. 저는 창백한 얼굴로 누워 마치 커다란 시련을 이겨내고 있는 사람처럼 몸을 이리저리 뒤척이고 있었습니다. 저는 제 몸이 침대에서 떨어지지 않기를 바라며 생각에 잠겼습니다. 그리고 이 모든 드라마의 시작을 가져온 진동이 제 머릿속뿐만 아니라 이제 방구석에서도 나오고 있다는 것을 알아챘습니다. 저는 방구석을 쳐다보며 창문을 흔들 만큼 강한 바람 때문에 이러한 진동이 생기는 것인지 궁금했습니다. 하지만 제 머릿속에서 여전히 느껴지는 진동과 방구석에서 생기는 것 같은 진동 사이에는 아무런 연관이 없다는 것을 깨달았습니다.

다시 침대 쪽을 보니 제 몸은 사라지고 그 자리에 저의 세 형들이 앉아 있었습니다. 제일 큰 형은 제 머리가 있던 자리에, 둘째 형과 셋째 형은 제 발이 있던 자리에 앉아 있었습니다. 저는 형들을 알아보고 그들의 생각을 알 수 있었지만 형들은 저를 알아보지 못한 것 같았습니다. 갑자기 제 모습이 보이지 않는다는 것을 깨달았습니다. 그때 형들 역시 방구석에서 느껴지는 진동 때문에 매우 불안해한다는 것을 알았습니다. 셋째 형이 가장 불안해하더니 왜 그런지 알아보기 위해 방구석 쪽으로 갔습니다. 그러다가 바닥에 있는 무언가를 내려다보더니 소리쳤습니다. "이건 네빌의 아기야." 다른 두 형이 믿기지 않는다는 투로 물었습니다. "네빌이 어떻게 아기를 가질 수 있지?"

제 형은 포대기에 싸인 아기를 들어 올려 침대에 눕혔습니다. 그때 저는 저의 보이지 않는 손으로 아기를 안고 "우리 아기, 기분이 어때?"라고 물었습니다. 그러자 아기가 제 눈을 보고 웃었습니다. 그리고 저는 현실로 돌아왔습니다. 제가 겪은 수많은 신비한 경험 중에 가장 경이로운 경험이었습니다.

테니슨은 죽음을 전사로 묘사합니다. "해골이 검은 말을 타고 한밤중에 나타난다. 하지만 가레스(아더왕의 기사-옮긴이)의 검이 그 해골을 가르자 그 안에는…갓 피어난 한 송이 꽃처럼 싱그럽고 소년의 환한 얼굴이 있었다(《왕의 목가》)."

제가 겪은 두 가지 다른 환영도 나누고자 합니다. 이 두 가지 이야기는 성서가 신비로운 사실이며 모세의 율법과 예언서, 시편에 등장하는 약속된 아이에 대한 모든 이야기들은 개인의 상상력을 통해 신비하게 체험되어야 한다는 저의 주장을 뒷받침합니다.

아이의 탄생은 하느님이 "너는 내 아들이니, 오늘 내가 너를 낳았다(시편 2:7)."라고 말씀하신, 주님이 기름 부으신 다윗의 부활을 알리는 하나의 표징이자 전조입니다.

아이가 태어나고 5개월이 지난 1959년 12월 6일 아침, 저는 로스앤젤레스에 있었는데 이전에 샌프란시스코에서 경험했던 것과 유사한 진동이 제 머릿속에서 시작되었습니다. 이번에는 강렬한 진동이 머리 윗부분에서 느껴졌습니다. 잠시 후 갑작스러운 폭발이 일어났고 저는 소박하게 꾸며진 방 안에 있었습니다. 그때 열린 문 옆에 기대어 선 것은 성서에 나오는 제 아들 다윗이었습니다. 그는 10대 초반의 소년이었습니다. 그의 얼굴과 몸에서 나오는 경이로운 아름다움에 저는 감탄을 금치 못했습니다. 그는 사무엘기 상권(16:12, 17:42)에 묘사된 대로 홍조가 도는 얼굴에 아름다운 눈을 가진 매우 잘생긴 청년이었습니다.

저는 지금껏 단 한 순간도 제가 아닌 다른 사람을 저라고 느껴 본 적이 없습니다. 그런데 저는 그 소년, 다윗이 제 아들이라는 것을 알았고 다윗 또한 제가 아버지라는 것을 알고 있었습니다. 왜냐하면 위로부터 나온 지혜에 불확실한 것은 없기 때문입니다. "하지만 위로부터 나온 지혜는 첫째, 순수하고 그다음 평화롭고 온화하며 은혜롭고 자비와 선한 열매로 가득하며 편견이 없고 위선이 없나니(야고보서 3:17)." 저는 그곳에 앉아 제 아들의 아름다움을 감탄하고 있었습니다. 그리고 이내 환영이 사라지고 저는 깨어났습니다.

"나와 주께서 내게 주신 자녀들은 시온산에 거하시는 만군의 주께서 이스라엘에 주신 표징과 전조이다(이사야서 8:18)." 하느님께서는 제게 다윗을 아들로 주었습니다. "내가 네 몸에서 나올 네 아들을 네 뒤에 세울 것이다…나는 그의 아버지가 되고 그는 내 아들이 될 것이다(사무엘하 7:12-14)." 오직 하느님의 아들을 통해서만 하느님을 알 수 있습니다.

"아들이 누구인지는 아버지밖에 모르며, 아버지가 누구인지는 아들과 아들이 선택하여 계시한 자밖에는 아무도 모른다(누가복음 10:22)." 다윗의 아버지가 되는 경험은 인간이 이 땅 위에서 떠나는 순례의 끝을 의미합니다. 인생의 목적은 다윗의 아버지, 다시 말해 주님의 기름 부음을 받은 자, 그리스도를 찾는 것입니다.

'아브넬아, 이 젊은이가 누구의 아들이냐?'하니 아브넬이 이르되 '오 왕이시여, 맹세하옵나니 저는 알지 못합니다.' 왕이 이르되 '저 젊은이가 누구의 아들인지 알아보아라.' 다윗이 블레셋 사람을 죽이고 돌아오자 아브넬이 그를 잡아 사울왕 앞에 데려오니 그의 손에는 블레셋 사람의 머리가 들려있었다. 왕이 그에게 묻기를 '젊은이여, 너는 누구의 아들이냐?'하니 다윗이 대답하기를 '저는 왕의 종 베들레헴 사람 이새의 아들입니다.'하였다(사무엘상 17:55-58).

이새는 '존재하다'의 뜻을 가진 'be동사'의 한 형태입니다. 다시 말해 다윗은 "나는 아이엠의 아들입니다, 나는 독생자입니다, 나는 하느님, 아버지의 아들입니다, 나와 내 아버지는 하나입니다(요한복음 10:30), 나는 보이지 않는 하느님의 형상입니다, 나를 본 자는 아버지를 본 것입니다(요한복음 14:9)."라고 대답한 것입니다.

'누구의 아들이냐…?'라는 질문은 다윗에 관한 질문이 아니라, 왕이 이스라엘에서 자유롭게 해주겠노라 약속한(사무엘상 17:25) 다윗의 아버지에 관해 묻는 것입니다. 사무엘기 상권(17:55,56,58)에 등장하는 왕의 질문은 모두 다윗이 아닌 다윗의 아버지에 관해 묻는 것입니다.

"나는 나의 종, 다윗을 찾았노라…. 그가 내게 부르짖기를 '당신은 나의 아버지이며 나의 하느님이고 내 구원의 반석입니다.'라고 하니 내가 그를 장자로 삼고 세상 왕들의 지존이 되게 하리라(시편

89:20,26,27).”

위로부터 태어난 사람은 다윗을 발견할 것이고 그가 자신의 아들이라는 것을 알게 될 것입니다. “주께서 바리새인들에게 물었다. ‘그리스도에 대해 어떻게 생각하는가? 그는 누구의 아들인가?’ 그러자 바리새인들이 대답했다. ‘다윗의 아들입니다.’ 주께서 다시 물으시길, ‘그러면 어찌하여 다윗이 성령 안에서 그리스도를 주라고 부르는가? 다윗이 그를 주라고 부른다면 어떻게 그가 그리스도의 아들이 되겠느냐?’(마태복음 22:41-45)” 사람들은 아들의 역할에 대해 오해하고 있습니다. 그것은 그저 하나의 표징과 전조에 불과한데 사람들의 오해가 아들을 우상숭배의 대상으로 만들었습니다. “자녀들아, 우상을 멀리하라(요한1서 5:21).”

하느님이 깨어나면, 말하자면 내면에서 하느님이 깨어난 사람은 자신의 아버지였던 이의 아버지가 됩니다. 다윗의 아들인 예수 그리스도(마태복음 1:1)가 이제 다윗의 아버지가 됩니다. 저는 더 이상 “우리 아버지 다윗, 당신의 자녀(사도행전 4:25)”라고 울부짖지 않을 것입니다. “나는 다윗을 찾았노라(시편 89:20, 사도행전 13:22).” 다윗이 내게 부르짖습니다. “그대는 나의 아버지시요(시편 89:26).” 이제 저는 저 자신이 인간이 된 하느님, 인간이 될 수 있는 하느님, 다시 말해 엘로힘(히브리어로 신들을 의미함-옮긴이) 가운데 하나라는 것을 알게 되었습니다. “고백하건대, 종교의 신비는 실로 위대하도다(디모데전서 3:16).”

만약 성서가 그저 역사를 기록해 놓은 책이라면 성서는 신비로울 수 없을 것입니다. "아버지의 약속을 기다리라(사도행전 1:4)." 하느님의 아들인 다윗은 어떤 방식으로든 당신이 아버지임을 드러낼 것입니다. 예수의 이러한 약속은 누가복음(24:44)에 잘 드러나 있으며. 하느님이 당신에게 아들을 보내는 순간 하느님의 약속이 이루어집니다. "이는 너희의 자손인 그리스도니라(갈라디아서 3장 16절)."

비유는 문자 그대로의 의미에 집중하고, 그 의미를 강조하고 두드러지게 만들 목적으로 사용됩니다. 진리는 문자 그대로이지만 사용된 단어는 비유적입니다,

"성전의 휘장은 위에서 아래로 둘로 찢어지고 땅이 흔들리고 바위들이 갈라졌다(마태복음 27장 51절)." 제가 다윗의 아버지라는 계시를 받은 지 4개월이 지난 1960년 4월 8일의 아침, 제 두개골 안에서 번개가 치더니 머리 꼭대기부터 척추 끝까지 두 개로 갈라놓았습니다. 저는 벼락을 맞은 나무처럼 쪼개졌습니다. 그러자 황금빛 액체가 마치 뱀처럼 제 척추를 따라 위로 움직이는 것을 보았고 느꼈습니다. 그러더니 그 빛나는 액체가 제 두개골 안으로 들어갔고 제 두개골은 마치 지진이 난 것처럼 흔들렸습니다. "하느님의 모든 말씀은 진리이며, 그에게 피신하는 자에게 방패가 되신다. 그 말씀에 어떤 것도 더하지 마라. 그가 너를 책망하시고 네가 거짓말쟁이가 될까 두려우니라(잠언 30:5,6)." "모세가 광야에서 뱀을 들어 올린 것과 같이 인간의 아들도 반드시 들어 올려질 것이다(요한복음 3장 14절)."

이러한 신비적인 체험은 성서를 단순히 역사와 인물, 사건들을 기록한 문서로만 인식하는 데서 벗어나 우리의 삶에 진정한 의미를

부여하는 것으로 받아들이게 합니다. 성서는 반드시 우리의 내면에서 실현되어야 합니다. 하느님의 약속은 이루어질 것이고 당신은 이러한 경험을 하게 될 것입니다. "너희는 예루살렘과 모든 유대와 사마리아, 그리고 땅끝까지 이르러 내 증인이 되리라(사도행전 1:8)."

예루살렘, 유대, 사마리아, 그리고 땅끝까지, 이렇게 영역을 확장하는 것이 하느님의 계획입니다. 하느님의 약속은 여전히 약속된 시간, 지정된 시간에 도달하기 위해 나아가고 있습니다. 하지만 당신이 아버지 하느님임을 드러내 줄 다윗의 아들, 다시 말해 당신의 아들을 찾는 여정은 참으로 길고, 광대하고, 혹독할 것입니다. 하지만 약속의 성취가 가까워지고 있고 약속은 반드시 이루어질 것입니다. 그러니 기다리십시오. 약속된 시간이 늦어지는 일은 없을 것입니다. "주님께서 능히 하시지 못할 일이 있겠느냐? 봄이 오면, 약속된 시간에 내가 너희에게 돌아올 것이고 사라에게 아들이 있을 것이다(창세기 18:14)."

NEVILLE
GODDARD
SELF-
ASSURANCE

2부

✳

의식과
잠재의식의
비밀을 알라

의식의 작동법칙을 알라

● 이 세상과 세상에 존재하는 모든 것은 인간의 조건화된 의식이 구현해낸 것입니다. 의식은 이 세상을 이루는 실체이자 원인입니다. 따라서 창조의 비밀을 알고자 한다면 다름 아닌 의식에 주목해야 합니다. 의식의 법칙과 이 법칙의 작동 방식을 안다면 당신은 삶에서 소망하는 모든 것을 이룰 수 있습니다. 의식의 법칙이 어떻게 작용하는지 그 방식을 제대로 이해한다면 당신은 원하는 삶을 이루고 영위할 수 있습니다.

의식은 단 하나의 유일한 실체입니다. 이는 비유나 상징이 아닌, 사실입니다. 좀 더 명확히 이야기하자면 이 실체는 두 개의 영역, 다시 말해 의식과 잠재의식으로 갈라져 흐르는 하나의 시냇물과 같습니다. 따라서 의식의 법칙을 지혜롭게 사용하려면 의식과 잠재의식의 관계를 이해해야 합니다. 의식은 개인마다 다르고 통제할 수 있지만, 잠재의식은 개인의 의지와는 상관없이 작용하며 통제할 수 없습니다. 의식은 결과의 영역이고 잠재의식은 원인의 영역입니다. 이 두 가지 측면은 의식의 남성적, 여성적 특성이라고 할 수 있습니다. 다시 말해, 의식은 남성적이며 잠재의식은 여성적입니다.

의식은 생각을 일으켜 잠재의식에 주입합니다. 잠재의식은 의식이 만든 생각을 넘겨받아 그것에 형체와 모양을 부여합니다. 이러한 법칙―생각이 선행되고 그 생각이 잠재의식에 인상을 주는 것―에 따라 이 세상 모든 것들은 의식에서 만들어져 현실에 구현됩니다. 이 세상 만물은 이러한 과정을 거쳐 만들어진 것입니다. 의식은 잠재의식에 인상을 각인시키고 잠재의식은 이를 밖으로 표출합니다.

생각은 잠재의식에서는 일어나지 않습니다. 하지만 의식이 어떠한 생각을 사실이라고 느끼면 잠재의식은 그것을 사실로 받아들여 잠재의식만의 방식으로 현실에 구현해냅니다. 그러므로 인간은 상상할 수 있고, 느낄 수 있고, 자유롭게 생각할 수 있기에 무엇이든 창조할 수 있습니다. 생각과 느낌을 통제할 수 있기에 잠재의식 또한 통제할 수 있습니다. 창조의 메커니즘은 여성적 특성, 혹은 창조를 담당하는 자궁이 그렇듯 잠재의식의 가장 깊은 곳에 숨겨져 있습니다.

잠재의식은 이성적 사고와 귀납적 추론을 하지 않습니다. 잠재의식은 느낌을 잠재의식 속에 존재하는 하나의 사실로 받아들여 외부 세계로 구현합니다. 이렇듯 창조의 과정은 생각이 선행되고, 느낌이 그 뒤를 잇고, 행동하고자 하는 의지로 마무리됩니다. 생각은 느낌이라는 매개체를 통해 잠재의식에 인상을 각인시킵니다.

느낌이 수반되지 않는 생각은 잠재의식에 인상을 남기지 못합니다. 하지만 생각에 느낌이 수반되면 그 생각은 느낌이 좋든, 나쁘든, 아니면 그저 그렇든 느낌의 종류와 상관없이 무조건 밖으로 표현됩니다. 느낌은 생각을 잠재의식에 전달하는 유일한 매개체입니다. 따라서 느낌을 통제하지 못하면 잠재의식은 아주 쉽게 원치 않는 상태에 놓이게 됩니다. 느낌을 통제한다는 것은 느낌을 억누르고 억압한다는 것이 아닙니다. 오히려 행복으로 이끄는 느낌만을 상상하고 마음에 품을 수 있도록 스스로 절제하는 것을 말합니다. 느낌의 통제는 충만하고 행복한 삶에 이르는 매우 중요한 요소입니다.

원치 않는 느낌은 마음에 담지 말아야 합니다. 무엇이 됐든 부정적인 느낌에 마음을 내어주어서는 안 됩니다. 자신과 타인의 실수나 결함에 집착해서도 안 됩니다. 그런 행동은 잠재의식에 나쁜 인상을 각인시킵니다. 원치 않는 일이 일어났더라도 그 일이 일어나지 않았다고 생각해야 합니다. 이것이 바로 충만하고 행복한 삶을 실현하는 데 필요한 가장 핵심적인 법칙입니다. 그밖에 모든 것은 이 법칙을 위한 부연 설명에 지나지 않습니다. 모든 느낌은 잠재의식에 인상을 각인하며, 느낌은 그보다 더 강력한 상반된 느낌으로 상쇄되지 않는 한 밖으로 표현되어야 합니다.

두 가지 느낌 가운데 더 우세한 느낌이 밖으로 표현됩니다. 가령 '나는 건강해.'라는 느낌은 '나는 건강해질 거야.'라는 느낌보다 우세합니다. '나는 건강해질 거야.'라고 느낀다면 그것은 현재 건강하지 않다는 말이기 때문입니다. 그러므로 '나는 그렇다.'가 '나는 그렇지 않다.'보다 우세한 느낌입니다. 현재 당신이 느끼는 느낌은 당신이 느끼고 싶어 하는 느낌보다 우세합니다. 따라서 원하는 것을 이루려면 현재의 소망을 '그렇지 않다.'보다 '그렇다.'의 상태로 느껴야 합니다.

감각이 선행되어야 현실화가 이루어지며 모든 현실화의 바탕에는 감각이 있습니다. 그러므로 당신의 기분과 느낌에 주의를 기울여야 합니다. 느낌과 눈에 보이는 세상은 떼려야 뗄 수 없는 관계이기 때문입니다. 당신의 몸은 느낌의 필터입니다. 당신이 느끼는 우세한 느낌은 몸에 틀림없이 흔적을 남깁니다. 감정의 불편함, 특히 감정의 억제는 모든 질병의 원인입니다. 강하게 느껴지는 부정적 감정을 밖으로 소리 내어 말하지 않거나 표현하지 않는다면 몸과 주변 환경에 문제나 질병—질병의 'dis'는 '부정', 'ease'는 '존재하다'라는 뜻으로 글자 그대로 부정적인 상태라는 말입니다—이 생깁니다. 목표한 바를 이루지 못했다고, 혹은 뜻대로 되지 않는다고 후회하거나 좌절해서는 안 됩니다. 그런 느낌은 질병을 가져옵니다.

당신이 이루고 싶은 것만 생각해야 합니다. 원하고 바라는 것을 느끼고 상상하고, 이룰 수 있다는 확신 속에 살아가고 행동한다면 기적 같은 일들이 일어날 것입니다. 느낌이 변하면 모든 표현과 행동도 변합니다. 느낌이 변하면 운명도 변합니다. 모든 창조는 잠재의식 속에서 일어납니다. 따라서 당신은 잠재의식의 영역, 다시 말해 생각과 느낌을 효과적으로 조절하고 통제해야 합니다.

당신에게 일어난 일들은 우연이나 뜻밖의 사건이 아닙니다. 당신에게 일어난 행운과 불행 또한 미리 정해진 운명이 아닙니다. 잠재의식에 새겨진 인상이 당신의 삶을 결정합니다. 잠재의식은 당신이 통제할 수 있는 영역이 아닙니다. 잠재의식은 사람을 따지지 않으며 모두에게 공평합니다(사도행전 10:34, 로마서 2:11). 잠재의식은 당신의 느낌을 옳다 그르다 판단하지 않습니다. 당신이 사실로 느끼면 사실로 받아들입니다. 느낌이 진실하다면 잠재의식은 느낌을 따릅니다. 잠재의식이 가진 이러한 특성 때문에 인간은 무엇이든 할 수 있습니다. 무엇이든 당신이 사실로 생각하고 느낀다면 잠재의식은 그것을 세상에 구현할 것입니다. 느낌은 당신의 삶을 설계하고, 느낌이 변하면 당신의 삶도 달라집니다.

잠재의식은 인상을 받으면 어느 것 하나 놓치지 않고 모두 밖으로 표현합니다. 느낌이 잠재의식에 인상을 남기는 순간, 잠재의식은 그것을 표현할 방법을 찾기 시작합니다. 느낌이 잠재의식에 들어오면, 잠재의식은 그 느낌을 하나의 기정사실로 받아들여 곧바로 외부 세계 혹은 현실에 곧이곧대로 표현합니다. 잠재의식은 인간이 가진 신념을 바꾸지 않습니다. 신념이 이롭든 해롭든 상관없이 있는 그대로 아주 세세하게 세상에 드러냅니다.

원하는 상태를 잠재의식에 각인시키기 위해서는 이미 소망을 이루었다고 느껴야 합니다. 목표를 정할 때는 목표 자체에만 집중해야 합니다. 표현 방식이나 목표를 이루는 데 있어 맞닥뜨릴 어려움은 생각하지 말아야 합니다. 느낌이 어떻든 느낌은 잠재의식에 인상을 남깁니다. 따라서 어려움이나 장애, 혹은 목표의 지연을 생각한다면 잠재의식은 그 특성상 당신이 그것을 요청했다고 생각하고 목표에 방해가 되는 장애물을 받아들여 그것을 외부 세상에 구현해냅니다.

잠재의식은 창조의 자궁과도 같습니다. 느낌이라는 매개체를 통해 생각을 받아들입니다. 잠재의식은 절대 생각을 바꾸지 못합니다. 그저 생각에 형체를 부여할 뿐입니다. 따라서 받아들인 느낌에 따라 생각을 밖으로 표현합니다. 절망적이거나 소망을 이룰 수 없다고 느낀다면 당신은 잠재의식에 실패라는 생각을 심어주는 것입니다.

잠재의식은 인간을 충실히 따르지만 그렇다고 그 옛날의 하인과 주인의 관계로 보아서는 안 됩니다. 고대 예언가들은 잠재의식을 마음의 노예나 종으로 여겼습니다. 바오로 사도는 잠재의식을 여성에 비유해 이렇게 말했습니다. "여자는 모든 일에서 남자에게 복종해야 한다(에베소서 5:24, 고린도전서 14:34, 에베소서 5:22, 골로새서 3:18, 베드로전서 3:1)." 잠재의식은 인간을 섬기며 인간이 느끼는 감정에 충실히 형체를 부여합니다. 하지만 잠재의식은 강요를 매우 싫어하며 명령보다는 설득에 반응합니다. 따라서 잠재의식은 종이라기보다 사랑받는 아내라고 할 수 있습니다.

에베소서 5장에 등장하는 "남편은 아내의 머리이니라(에베소서 5:23)."라는 구절은 이 세상의 남자와 여자 관계에는 맞지 않는 말일지 몰라도 의식과 잠재의식, 의식의 남성적 특성과 여성적 특성의 관계에는 맞아떨어집니다. 또한 "이 비밀이 크도다(에베소서 5:32)… 자기 아내 사랑하기를 자기 자신과 같이 할지니(5:28)…그 둘이 한 육체가 될지어다(5:31)…"에서 바오로 사도가 말한 비밀은 바로 의식의 비밀을 말합니다. 의식은 분리되지 않은 온전한 하나입니다. 하지만 창조를 위해 의식은 둘로 나누어져 나타납니다.

의식의 객관적이거나 남성적인 측면은 진정 머리에 해당하며, 주관적인 잠재의식 혹은 여성적인 측면을 지배합니다. 하지만 의식의 이러한 리더십은 폭군의 것이 아닌, 사랑하는 아내에게 관심과 보살핌을 주려는 남편의 마음입니다. 따라서 당신이 목표를 이미 달성한 것으로 느낀다면 잠재의식은 당신이 느끼는 것과 정확히 일치하는 것을 만들기 위해 움직일 것입니다.

당신이 소망을 실제로 이루어진 것처럼 느끼지 않는다면 잠재의식은 당신이 무엇을 바라는지 알지 못합니다. 생각은 오직 느낌을 통해서만 잠재의식에 각인되고 그래야만 모습을 드러낼 수 있기 때문입니다. 당신은 '내가 어떤 느낌을 가졌기 때문에 내 삶이 이렇다'라고 인정하기보다 '내 삶이 이래서 어떤 느낌을 가지게 되었다'라고 둘러대는 편이 더 쉬울지도 모릅니다. 하지만 외부 세계는 내면 세계를 비추는 거울이며 이는 불변의 진리입니다.

"안에서와 같이 밖에서도" 성서에 등장하는 "만약 하늘에서 주신 바 아니면 사람이 아무것도 받을 수 없느니라(요한복음 3:27)."와 "하느님의 나라가 바로 너희 가운데 있다(루카복음 17:21)."에서도 알 수 있듯 외부로부터 나오는 것은 아무것도 없습니다. 모든 것은 내면, 다시 말해 잠재의식에서 비롯됩니다.

당신은 의식 안에 존재하는 것 말고는 아무것도 볼 수 없습니다. 당신이 사는 세상은 하나부터 열까지 모두 의식이 만들어 낸 것입니다. 모든 객관적인 상태는 잠재의식에 각인된 인상이 밖으로 드러난 것입니다. 잠재의식에 새겨진 인상이 달라지면 바깥세상도 달라집니다. 당신이 무언가를 진실이라고 느끼면 잠재의식 또한 그것을 진실로 받아들입니다. 창조는 잠재의식에 각인된 인상의 결과물입니다. 따라서 창조의 결정권은 바로 당신에게, 특히 당신이 느끼는 느낌에 달려 있습니다.

당신은 이미 당신이 원하는 무언가가 되었습니다. 그런데도 이를 모른다면 그 이유는 당신이 믿으려 하지 않기 때문입니다. 이미 원하는 모습을 갖추고 있는데, 이를 느끼지 못하고 바깥세상에서 원하는 것을 찾으려 한다면 그 노력은 헛수고로 끝나고 말 것입니다. 왜냐하면 바깥세상에는 당신이 원하는 모습이 아닌 당신의 현재 모습만 있기 때문입니다.

요컨대, 당신은 당신의 모습으로, 혹은 당신의 소유로 인식하는 것만을 세상에 드러내고 소유합니다. "무릇 가진 자는 풍족하게 되고(마태복음 13:12, 25:29, 마가복음 4:25, 루카복음 8:18, 19:26)." 바깥세상이 보여주는 감각의 증거를 무시하고 소망이 이미 이루어진 것처럼 느끼는 것, 그것이 바로 소망을 실현하는 방법입니다.

생각과 느낌을 통제하는 것은 당신이 이루어야 할 가장 높은 성취입니다. 하지만 생각과 느낌을 완벽히 통제해서 겉으로 보이는 것과 상관없이 당신이 느끼고 싶은 대로 느낄 수 있을 때까지 잠과 기도를 이용하십시오. 잠과 기도가 당신이 원하는 상태를 얻을 수 있도록 도와줄 것입니다. 잠과 기도는 잠재의식으로 들어가는 두 개의 문입니다.

2장
잠의 작동법칙을 알라

• 잠은 우리 삶의 3분의 1을 차지합니다. 잠을 통해 우리는 자연스럽게 잠재의식 안으로 들어갈 수 있습니다. 그래서 지금부터 잠에 대해 살펴보려고 합니다. 삶의 3분의 2에 해당하는 깨어있는 시간은 우리가 잠에 얼마나 주의를 기울였느냐에 따라 결정됩니다. 잠의 중요성과 즐거움을 깨닫는다면 마치 사랑하는 연인과의 약속을 지키듯 매일 밤, 잠을 청하게 될 것입니다.

"꿈을 꿀 때, 밤중에 환영을 볼 때, 깊은 잠에 빠졌을 때, 침대에서 꾸벅꾸벅 졸 때, 그가 사람의 귀를 여시고 지시를 내리시니(욥기 33)." 사람이 잠재의식으로 들어가 하느님이 주시는 인상과 말씀을 받을 수 있는 것은 잠을 잘 때와 그와 비슷한 기도를 할 때입니다. 이러한 상태에서 의식과 잠재의식의 창조적인 만남이 이루어지고 남자와 여자가 한 몸이 됩니다. 잠은 남자인 의식이 연인인 잠재의식을 만나기 위해 감각 세상에 등을 돌리는 때입니다.

잠재의식은 남편을 변화시키려 애쓰는 현실 세계의 아내와 달리 의식을 바꾸려 하지 않습니다. 그저 있는 그대로의 의식을 사랑하며 그와 똑 닮은 아이를 바깥세상에 내놓습니다. 당신을 둘러싼 환경과 당신 삶에 일어나는 일련의 일들은 잠을 자는 동안 당신의 잠재의식에 새겨진 인상들이 만들어낸 자녀입니다. 이는 당신의 가장 내면에 있는 느낌의 모습과 형상을 따라 만들어진 것이며 당신 자신의 모습입니다.

"하늘에서와 같이 땅에서도(마태복음 6:10, 루카복음 11:2)." 잠재의식에서 이루어진 대로 현실 세계에서 이루어지는 법입니다. 당신이 잠자리에 들 때 의식 속에 무엇이 있었느냐에 따라 삶의 3분의 2를 차지하는 깨어있는 삶이 결정됩니다. 당신의 목표 실현을 방해하는 것은 당신이 이미 원하는 무언가가 되었다거나 원하는 무언가를 소유했다고 느끼지 못하는 것 말고는 아무것도 없습니다. 잠재의식은 당신 자신의 소망이 이루어졌다고 느낄 때만 그 형체를 만들어냅니다.

잠을 잘 때의 무의식 상태는 정상적인 잠재의식의 상태입니다. 모든 것은 당신의 내면과 자아에 대한 관념에서 비롯되기 때문에 잠들기 전 항상 소망이 이루어진 것처럼 느껴야 합니다. 당신은 당신의 깊은 내면에서 자신이 원하는 것을 끌어내는 것이 아니라, 당신이 당신 모습으로 인식하고 있는 것을 끌어냅니다. 당신이 스스로 어떻게 느끼는지, 그리고 다른 사람들에 대해 진실로 어떻게 느끼는

지가 당신의 모습입니다.

소망을 이루려면 소망을 이루었을 때 얻어지는, 소유하게 되는, 경험하게 되는 느낌의 상태가 되어야 합니다. 그리고 이 감정 상태는 실제로 소망이 이루어졌다고 느낄 때 가능합니다. 잠자리에 들때 "내가 바라던 일이 이루어졌을 때 어떤 기분일까?"라고 질문하고 그 답변에 수반되는 느낌에만 온통 마음을 집중해야 합니다. 잠이들기 전 당신은 당신이 원하는 것이 되었고, 당신이 원하는 것을 가졌다는 의식 안에 머물러야 합니다.

일단 잠이 들면 당신은 선택권이 없습니다. 잠들기 전 당신이 가지고 있던 자아 관념이 잠 전체를 지배합니다. 따라서 잠이 들기 전항상 성취감과 만족감을 느껴야 합니다. "내게 와서 노래 부르고 감사하여라(시편 95:2)." "감사하며 문으로 들어오고, 찬양하며 그의 뜰로 들어오너라(시편 100:4)." 잠들기 전 당신 기분이 당신의 영원한 연인인 잠재의식을 만나러 들어갈 때의 의식상태를 결정합니다.

당신 연인은 당신이 느끼는 그대로 받아들입니다. 잠자리에 들기 전 "나는 성공했어."라고 느끼며 성공을 사실로 받아들이고 그렇게 계속 생각한다면 당신은 틀림없이 성공할 것입니다. 머리와 몸이 같은 높이를 나란히 유지하도록 등을 대고 누워보십시오. 그러곤 당신이 소망을 이루었다고 느끼며 무의식 안으로 차분히 편안하게 들어가 보십시오.

"이스라엘을 지키는 그분은 졸지도 아니하시고 주무시지도 아니하시더라(시편 121:4)." 그럼에도 불구하고 "그분은 사랑하시는 자에게 잠을 주시더라(시편 127:2)." 잠재의식은 결코 잠들지 않습니다. 잠은 깨어있는 마음인 의식이 창조를 위해 잠재의식을 만나러 들어가는 문입니다.

눈에 보이는 세상은 창조 행위를 밖으로 드러내지만, 잠은 그 행위를 드러내지 않습니다. 잠을 자며 인간은 자신에 대한 관념을 잠재의식 속에 새깁니다. 의식과 잠재의식의 이러한 로맨스를 〈솔로몬의 노래〉보다 더 아름답게 그려내는 것은 없습니다. "밤에 나의 침상에서 내 영혼이 사랑하는 이를 찾았네(아가서 3:1)···나는 내 영혼이 사랑하는 이를 찾았네. 나는 그를 붙잡고 그가 떠나지 못하게 했네. 그리고 그를 내 어머니의 집으로 데려가 나를 잉태한 그녀의 방으로 데려갔네(아가서 3:4)."

잠이 들기 전, 당신의 소원이 이루어졌다고 느끼며 편하게 무의식 상태로 들어가십시오. 당신이 찾는 그는 바로 소망의 실현입니다. 밤마다 침대에 누워 소망이 이루어졌다고 느끼고, 그 느낌을 가지고 당신을 잉태한 어머니의 방으로, 잠 속으로, 혹은 당신을 창조한 잠재의식 상태로 들어가십시오. 그러면 당신의 소망이 밖으로 구현될 것입니다.

이것이 바로 당신이 자신의 소망을 발견해 잠재의식 안으로 안내하는 방법입니다. 소망이 실현된 상태를 느끼며 고요히 잠에 드십시오. 매일 밤 당신은 원하는 존재가 되었고, 원하는 것을 가졌고, 실현하고 싶은 것을 실현했다고 느껴야 합니다. 절대 실망스러운 마음, 불만스러운 마음을 품고 잠들지 마십시오. 절대 실패했다는 마음으로 잠들지 마십시오.

잠이 들면 잠재의식은 자연스레 당신이 당신을 바라보는 그대로 당신을 바라봅니다. 당신이 스스로를 좋게 보든, 나쁘게 보든, 아니면 별 관심이 없든 잠재의식은 당신이 믿는 그대로를 충실하게 받아들여 그 믿음에 형체를 부여할 것입니다. 당신의 완벽한 연인인 잠재의식은 당신이 느끼는 그대로를 받아들여 그 인상에 형체를 부여해 당신과의 사랑의 결실인 자녀들을 세상에 내놓습니다.

"나의 사랑, 그대는 너무도 어여쁘구나. 그대에게는 아무런 결점이 없구나(솔로몬의 노래 4:7)." 이는 잠들기 전에 우리가 가져야 하는 마음의 태도입니다. 현실의 모습이 어떻든 신경 쓰지 말고 원하는 모습이 되었다고 느끼십시오. "보이지 않는 것을 보이는 것처럼 일컬으시니 보이지 않는 것이 보이더라(로마서 4:17)." 만족스럽다고 느끼면 그 느낌이 만족을 현실로 반영할 조건들을 불러들입니다.

"결과는 뒤따르지, 앞서지 않는다." 당신이 자신을 어떻게 인식하느냐에 따라 그것을 증명할 증거가 나타납니다. 증거는 결코 인식을 앞서지 못합니다. 우리는 영원히 영원하지 않은 것을 꿈꿉니다. 꿈이 현실이 되려면 꿈이 실현된 것처럼 느껴야 합니다.

자신을 과거에 묶어두지 마십시오. 의식이 할 수 없는 것은 없습니다. 이 진리를 깨닫고 과거 경험에서 벗어나 그 너머에 있는 것을 상상하기 시작하십시오. 무엇을 상상하든 우리는 실현할 수 있습니다. 모든 눈에 보이는 객관적인 상태도 처음에는 눈에 보이지 않는 주관적인 상태였습니다. 그런데 당신이 눈에 보이지 않는 것들이 실재한다고 느끼고 그것들을 보이는 곳으로 불러낸 것입니다. 먼저 상상하고, 그런 다음 상상한 것을 믿는 것, 이것이 바로 창조의 과정입니다. 그러니 항상 최고를 상상하고 기대해야 합니다.

당신 관념이 바뀌지 않는 한 세상은 변하지 않습니다. "안에서와 같이 밖에서도." 사람뿐 아니라 국가도 마찬가지입니다. 당신이 어떻게 믿느냐에 따라 그 모습이 결정됩니다. 문제가 무엇이든, 어디에 있든, 누가 관련되어 있든 상관없이 변해야 하는 것은 바로 당신 자신뿐입니다. 당신의 내면에 변화를 가져오는 일에 적이나 조력자는 없습니다. 그저 당신 소망이 현실로 이루어졌다고 확신하십시오.

원하는 상태가 현실이 되었다고 확신하는 순간 당신의 확고한 믿음이 사실임을 보여주는 결과들이 뒤따르게 될 것입니다. 누군가를 변화시키고 싶을 때 그 사람에게 당신의 바람을 강요하지 마십시오. 그 대신 그 사람이 이미 당신이 바라는 상태가 되었다고 스스로 확신을 가져보십시오.

소망이 실현되었다고 느끼는 순간 소망이 실현됩니다. 소망이 실제로 이루어졌다고 스스로 확신하지 못하는 경우를 제외하곤 소망은 반드시 이루어집니다. 믿음이 변하면 삶도 달라집니다. 매일 밤, 잠들기 전 모든 것이 완벽하고 만족스럽다고 느끼십시오. 틀림없이 당신 연인인 잠재의식이 당신의 느낌이 만들어낸 관념을 바깥세상에 그대로 구현해 줄 것입니다.

삶에서 깨어있는 3분의 2의 시간 동안 우리는 잠재의식에 새겨진 인상을 세상에 반영하고 확인하는 일을 합니다. 이 시간에 일어나는 행동과 사건들은 잠재의식에 각인된 인상의 결과물이지 원인이 아닙니다. 자유의지는 단지 선택의 자유를 말할 뿐입니다. "너희가 섬길 자를 오늘 택하라(여호수아기 24:15)."는 구절은 당신이 어떤 종류의 기분을 사실로 받아들일지 선택하라는 말입니다. 기분을 밖으로 표현하는 것이 바로 잠재의식이 가진 비밀입니다.

잠재의식은 오직 인간의 느낌을 통해서만 인상을 받습니다. 그리고 잠재의식만의 방식으로 주어진 인상에 모양과 형체를 부여해 밖으로 표출합니다. 잠재의식이 인간의 행동을 결정합니다. 자유의지, 행동의 자유라는 환상은 자신을 행동하게 하는 것이 무엇인지 모르기 때문에 생겨난 것입니다. 우리는 나 자신과 사건이 이어져 있다는 사실을 잊어버리기 때문에 자신이 자유롭다고 착각합니다.

깨어있을 때 인간은 잠재의식에 각인된 인상을 밖으로 표현하고 싶은 충동에 놓입니다. 만약 지금껏 당신이 별생각 없이 잠재의식에 인상을 주었다면 이제부터 당신의 생각과 느낌을 바꾸기 시작하십시오. 그렇게 해야만 삶을 변화시킬 수 있습니다. 1분 1초도 지나간 일을 후회하며 시간을 낭비하지 마십시오. 과거의 실수를 생각하는 일은 다시 당신을 후회 속에 밀어 넣게 됩니다. "죽은 자가 죽은 자를 묻게 하라(마태복음 8:22, 루카복음 9:60)." 눈에 보이는 것에서 등을 돌리고 당신의 소망이 이미 이루어졌다는 느낌을 사실로 받아들이십시오.

소망이 이루어진 상태를 느끼면 그 상태가 만들어집니다. 당신의 자아 관념이 세상이라는 무대에서 당신이 맡게 될 역할을 결정합니다. 소망이 이루어진 상태를 느끼고 편안하게 잠자리에 든다면 다음 날 당신은 세상이라는 무대에서 주인공 역할을 맡게 될 것입니다. 그리고 잠든 동안 당신은 당신의 역할을 어떻게 연기해야 할지 지도받고 연습합니다.

목표의 결과를 받아들이면 목표의 실현 방법이 저절로 나타날 것입니다. 하지만 오해는 하지 마십시오. 잠들기 전 자신을 소망이 이루어진 상태로 의도적으로 데려가지 않는다면 당신이 깨어있는 낮 동안 가졌던 반응과 느낌을 통째로 당신을 창조한 잠재의식의 방으로 가지고 들어가게 될 것입니다. 그러곤 잠자는 동안 다음날 어떻게 행동하고 어떤 기분을 느낄지 지시를 받게 될 것입니다. 잠자는 동안 당신의 자아 관념에 따라 다음 날의 모든 행동과 사건이 미리 결정된다는 것을 깨닫지 못한 채 스스로 자신이 자유로운 주체라고 믿으며 일어나게 될 것입니다. 하지만 당신에게 주어진 유일한 자유는 반응의 자유입니다. 당신은 낮 동안에 일어날 드라마에 대해 어떻게 느끼고 어떻게 반응할지 선택할 수 있습니다. 하지만 당신의 드라마는, 다시 말해 낮 동안의 행동, 사건, 환경은 이미 정해져 있습니다.

잠자리에 들 때 마음의 태도를 의식적으로, 의도적으로 정리하고 조절하지 않는 한 당신은 무의식적으로 낮 동안에 느꼈던 모든 느낌과 반응들로 이루어진 복잡한 마음의 태도 안에서 잠들게 됩니다. 낮 동안의 모든 느낌과 반응은 그와 상반된 감정이나 더 우세한 감정으로 상쇄되지 않는 한 잠재의식에 인상을 부여하고 이 인상은 다음 날 당신이 행하게 될 행동의 원인이 됩니다. 느낌이 수반된 생각은 창조적 행동을 만들어냅니다. 당신이 가진 신성한 권리를 현명하게 사용하십시오. 당신에게는 생각하고 느낄 수 있는 능력이 있으니 무엇이든 창조할 수 있습니다.

깨어있는 동안 당신은 정원에 어떤 씨앗을 뿌릴지 결정하는 정원사입니다. "밀알 하나가 땅에 떨어져 죽지 아니하면 한 알 그대로 있고 죽으면 많은 열매를 맺느니라(요한복음 12:24)." 잠이 들면 자아관념이라는 씨앗이 잠재의식이라는 땅에 뿌려집니다. 만족스러운 마음과 행복한 기분으로 잠이 들면 이러한 마음의 상태를 그대로 반영하는 상황과 일들이 세상에 구현될 것입니다. 잠은 천국으로 가는 문입니다. 당신이 느끼는 것들이 현실의 삶에서 상황으로, 행동으로, 혹은 형체로 나타납니다. 그러니 소망이 실현된 기분으로 잠에 드십시오.

3장
기도는 잠재의식으로
들어가는 문이다

• 기도 역시 잠과 같이 잠재의식으로 들어가는 문입니다. "너는 기도할 때 골방에 들어가 문을 닫고 은밀한 중에 계시는 네 아버지께 기도하라. 은밀한 중에 계신 네 아버지께서 네게 분명히 갚으시리라(마태복음 6:6)." 기도는 바깥세상의 인상을 사그라지게 만들고 마음이 내면에서 일어난 인상을 더 잘 받아들이도록 만드는 잠의 환영입니다. 기도할 때 마음의 상태는 편안하고 수용적인데, 이는 잠들기 직전에 느끼는 상태와 비슷합니다.

기도는 당신이 "무엇을 바라는가"보다 "바라는 것을 받으려면 어떻게 준비해야 하는가"에 관한 것입니다. "무엇을 구하든지 기도하고 구하는 것은 이미 받은 줄로 믿으라. 그러면 그대로 너희에게 이루어지리라(마가복음 11:24)." 당신에게 필요한 단 하나는 당신의 기도가 이미 이루어졌다고 믿는 것입니다. 당신이 이미 원하는 것을 가졌다는 느낌을 사실로 느낀다면 당신의 기도는 반드시 응답받을 것입니다. 소망이 이미 이루어졌다고 느끼고 이를 사실로 받아들이는 순간 잠재의식은 소망을 실현할 방법을 찾습니다.

이 법칙을 완벽하게 훈련한 사람은 늘 소망을 이미 이루어진 실체라고 느끼며 살아갑니다. 완벽하게 훈련된 사람은 의식이 단 하나의 유일한 실체라는 사실을 알고 있습니다. 또한 생각과 느낌이 의식의 실체이며 세상에 존재하는 형상들과 마찬가지로 실재한다는 것을 압니다. 따라서 행복에 도움이 되지 않는 느낌은 절대 받아들이지 않습니다. 왜냐하면 느낌이 행동의 원인이 될뿐더러 그가 살아갈 환경을 만들기 때문입니다.

반면, 훈련이 부족한 사람은 감각이 부인하는 것들을 믿지 못하고 대체로 감각이 경험할 수 있는 외부적인 현상에만 의존해 느낌을 사실로 받아들이거나 혹은 거부합니다. 감각이 보여주는 증거에만 의존하려는 이러한 경향 때문에 잠이 들기 전, 다시 말해 감각이 거부한다는 느낌이 들기 전에 감각을 차단할 필요가 있습니다. 당신이 "나는 하고 싶지만 할 수 없다."는 마음 상태에 있다면 오히려 노력하면 할수록 소망에서 더 멀어질 것입니다. 당신은 원하는 것을 끌어당기는 것이 결코 아닙니다. 당신이 사실로 인식하고 있는 것을 끌어당기는 것입니다.

기도는 당신이 원하는 존재가 되었고 원하는 것을 가졌다는 느낌을 사실로 받아들이는 기술입니다. 감각이 당신의 소망이 현실에 존재하지 않는다고 확언하면 이를 반박하기 위해 온갖 의식적인 노력을 기울여도 모두 헛수고입니다. 오히려 감각의 주장을 더 확실하게 만드는 격이 됩니다.

기도는 소망을 강요하는 것이 아니라 소망에 순응하는 기술입니다. 느낌이 소망과 충돌한다면 느낌이 승리합니다. 당신의 마음을 지배하는 느낌은 어김없이 세상에 그 모습을 드러내기 마련입니다. 기도는 자연스럽게 이루어져야 합니다. 감각이 밀어내는 데도 불구하고 특정한 마음의 상태를 억지로 가지려고 한다면 오히려 해롭습니다.

소망이 이루어진 것을 사실로 인식하고 성공적으로 받아들이기 위해서는 수동적인 상태, 다시 말해 잠들기 직전에 느끼는 상태와 유사한 몽상적이거나 명상적인 상태가 되어야 합니다. 그런 평온하고 편안한 상태가 되면 마음은 객관적인 세상에서 벗어나 주관적인 내면 상태를 쉽게 인지할 수 있습니다. 이 상태에서 당신은 의식이 있고 눈을 움직이거나 뜰 수 있지만 그렇게 하고 싶지 않을 것입니다. 수동적인 상태를 만드는 방법은 간단합니다. 편안한 의자나 침대에 긴장을 풀고 편안하게 앉거나 누우십시오. 침대를 선택했다면 머리와 몸이 수평이 되도록 똑바로 누워 눈을 감고 잠이 온다고 상상하십시오. "나는 졸립다, 정말 졸립다. 너무너무 졸립다."라고 느껴 보십시오.

잠시 후, 현실에서 멀어지는 듯한 느낌이 들고 몸이 나른해지면서 움직이고 싶은 욕망이 사라지는 듯한 기분에 휩싸이게 될 것입니다. 기분이 좋아지고 편안한 느낌이 들어 자세를 바꾸고 싶지 않을 것입니다. 다른 상황에서는 이 같은 편안함을 느끼지 못할 것입니다. 수동적인 상태에 놓이게 되면 소망이 이루어졌다고 상상해 보십시오. 소망을 어떻게 이루었는지는 상상하지 말고 그저 소망이 이루어졌다고 상상하십시오. 당신이 삶에서 이루고자 하는 것을 그림을 그리듯 마음에 그려보십시오. 그리고 그것이 이미 이루어졌다고 느끼십시오. 기도를 드리는 수동적인 상태에서 생각들은 아주 작은 소리를 만들어내는 데 이 소리는 외부에서 나는 소리처럼 들릴 것입니다. 하지만 기도가 이루어지는 데 반드시 이러한 정도의 수동적인 상태가 필요한 것은 아닙니다. 그저 수동적인 상태를 만들고 소망이 이루어졌다고 느끼면 됩니다.

당신이 필요로 하고 바라는 모든 것은 이미 당신의 것입니다. 누군가가 그것을 당신에게 가져다줄 필요도 없습니다. 그것은 이미 당신의 것입니다. 소망이 이루어졌다고 상상하고 느낌으로써 당신의 소망을 현실로 불러오십시오. 결과를 사실로 받아들이면 혹시 실패를 하게 되더라도 무던해질 수 있습니다. 왜냐하면 결과를 받아들이면 그 결과를 만들어 줄 방법들이 뒤따를 것이기 때문입니다. 기도의 순간에서 벗어나면 당신은 마치 어느 한 연극의 행복하고 성공적인 결말을 본 것과 같을 것입니다. 물론 결말이 어떻게 이루어졌는지 그 과정은 보지 못했을 것입니다. 하지만 결말을 봤다면 연극 중간에 이야기가 시시하게 전개되더라도 결말이 완벽하다는 것을 알고 있기에 평온하고 안정적인 상태를 유지할 수 있습니다.

4장

느낌을 사실로 받아들여라

• "만군의 주가 말하노라, 힘으로 되지 아니하고 능력으로 되지 아니하며 오직 내 영(spirit)으로 되느니라(스가랴서 4:6)." 당신이 되고자 하는 사람이 이미 되었다고 느끼고 그 느낌을 사실로 받아들여 원하는 상태의 영 안으로 들어가십시오. 당신이 구하고자 하는 상태의 느낌을 얻으면 당신은 이미 그렇게 되었기 때문에 구하는 것을 실현하기 위한 모든 노력에서 해방됩니다. 사람 마음속에 존재하는 모든 생각에는 그에 따른 명확한 느낌이 있습니다. 당신이 원하는 것을 이미 가졌을 때 느끼게 될 감정을 사실로 받아들이고 그 느낌을 잡으십시오. 그러면 당신 소망은 세상에 그 모습을 드러낼 것입니다.

믿음은 느낌입니다. "네 믿음(느낌)대로 네게 이루어지리라(마태복음 9:29)." 당신은 당신이 원하는 것을 끌어당기는 것이 아니라 당신의 있는 그대로를 끌어당기는 것입니다. 사람은 자신을 어떤 존재로 보느냐에 따라 세상을 보는 법입니다. "있는 자는 받아 넉넉하게 되되 없는 자는 그 있는 것도 빼앗기리라…(마태복음 13:12, 25:29, 마가복음 4:25, 루가복음 8:18, 19:26)." 당신은 당신이 느끼는 대로, 인식하는 대로 받게 될 것입니다. 따라서 당신이 바라는 것을 이미 가졌다고 느끼고 이를 사실로 받아들이십시오. 그러면 당신의 소망은 반드시 이루어질 것입니다.

"그래서 하느님이 자기 형상을 따라, 즉 하느님의 형상을 따라 사람을 창조하셨느니라(창세기 1:27)." "너희 안에 이 마음을 품어라. 이는 곧 예수 그리스도의 마음이니라. 그는 하느님의 본체이시니 하느님과 동등함을 약탈로 여기지 않으시니라(빌립보서 2:5-6)." 당신은 당신이 믿는 그대로 존재합니다.

하느님과 예수 그리스도를 믿는 대신 당신이 하느님이고 당신이 바로 예수 그리스도라고 믿으십시오. "나를 믿는 자는 내가 하는 일을 그도 할 것이요(요한복음 14:12)."라는 성서 구절은 "내가 믿는 대로 믿는 자는 내가 하는 일을 그도 할 것이다."가 되어야 합니다. "나와 내 아버지는 하나이니라(요한복음 10:30)." 당신이 당신 자신이라고 믿는 사람의 일을 하는 것은 당연한 일입니다. 그러니 당신이 되고자 하는 사람이 되었다는 느낌 안에서 살아가십시오. 그러면 당신은 그 사람이 될 것입니다.

자신에게 주어진 조언의 가치를 믿고 그것을 삶에 적용하는 사람은 자기 내면에 성공의 기반을 탄탄히 세우게 됩니다.

5장

믿음은 깊은 통찰과 함께해야 한다

내 영혼을 위해서 기도하라, 세상이 꿈꾸는 것보다 더 많은 것들이
기도로 이루어진다.

_ 앨프리드 테니슨 Alfred Tennyson

• 기도는 하나의 기술입니다. 그래서 연습이 필
요합니다. 무엇보다 기도에 필요한 기술은 상상력의 통제입니다. 의
미 없는 말의 나열과 반복은 기도에 어울리지 않습니다. 기도를 하
기 위해서는 마음의 평온과 평화가 필요합니다. 기도는 은밀하게 이
루어집니다. "헛된 말을 반복하지 말아라. 그리하면 은밀한 가운데
보시는 네 아버지께서 네게 드러나게 갚아 주실 것이다."

기도할 때 관습적으로 사용하는 의식은 그저 미신에 불과하며
엄숙한 분위기를 조성하기 위해서 만들어진 것입니다. 사실 사람들
은 기도를 지배하는 법칙을 종종 무시한 채 기도를 합니다. 기도의
결과를 의식 탓으로 돌리고 형식을 본질로 착각합니다.

기도의 본질은 믿음입니다. 하지만 믿음만으로는 부족합니다. 믿
음이 깊은 통찰로 가득 찰 때 비로소 기도가 진가를 얻을 수 있습니

다. "무릇 지혜를 얻으라. 너희가 얻은 모든 것으로 통찰을 얻을 것이다." 이 책은 기도가 응답을 받으려면 어떤 조건이 필요한지 알리고 조건이 충족되지 않으면 기도가 응답받을 수 없다는 것을 알려서 기도에 대해 알려지지 않은 것을 알리고자 합니다. 기도에 관한 조건을 하나의 일반화된 법칙으로 정의하고, 기도의 기반을 이루는 역전의 법칙을 다루어보고자 합니다.

소리로 기계를 움직일 수 있다는 생각은 그 반대의 생각, 즉 기계를 움직여서 소리를 만들어 낸다는 생각(축음기)을 하기 훨씬 이전부터 있었습니다. 인간은 전기가 마찰력을 일으킨다는 생각은 못 했어도 오래전부터 마찰력이 전기를 일으킨다는 것은 알고 있었습니다.

에너지의 변환을 반대로 바꾸는 데 성공하든 못하든 인간은 모든 에너지 변환 방향이 그 반대가 될 수 있다는 것은 알고 있었습니다. 만약 열이 기계를 움직이게 할 수 있다면 기계가 움직이면 열이 발생할 수 있습니다. 만약 전기가 자기를 만들어낸다면 자기 역시 전기를 흐르게 할 수 있습니다. 목소리가 파동을 만들어 낼 수 있다면 파동 또한 목소리를 만들어 낼 수 있습니다. 예를 들자면 이것 말고도 많습니다. 이는 원인과 결과, 에너지와 물질, 작용과 반작용과 같은 것이며 이들은 상호 전환이 가능합니다.

이 법칙은 매우 중요합니다. 왜냐하면 한 방향으로의 변환이 확인되면 반대 방향도 가능할 것이기 때문입니다. 당신이 만약 목표를 이루었을 때 어떤 기분이 드는지를 안다면 반대로 그러한 기분이 들 때 어떤 상태를 이룰 수 있는지 알 수 있을 것입니다. 명령하기, 다시 말해 당신이 이미 구하는 것을 가지고 있다고 믿으며 기도하는 것은 이러한 역전환의 법칙을 기반으로 합니다.

기도가 이루어졌을 때 당신이 어떤 명확한 감정이나 의식의 상태에 놓인다면 반대로 그 특정 감정이나 의식의 상태가 당신의 기도를 이루어지게 할 것입니다. 모든 에너지의 변환은 그 반대 방향으로도 가능하기에 당신은 항상 소망이 이루어졌을 때의 기분을 느껴야 합니다.

당신 내면에 당신이 되고자 했던 모습이 되었고 원하던 것을 가지고 있다는 느낌을 일깨워야 합니다. 방법은 간단합니다. 당신이 실제 목표를 이루었을 때 느낄 수 있는 기쁨을 생각하면 됩니다. 그리고 당신 소망이 이루어졌다는 느낌 안에서 살고, 움직이고, 존재하십시오.

소망이 이루어졌다는 느낌을 사실로 받아들이고 유지한다면 그 상태가 반드시 현실로 이루어질 것입니다.

이 법칙은 왜 "믿음이 소망하는 것들의 본질이며, 보이지 않는 것들의 증거"인지, "그가 보이지 않는 것들을 마치 보이는 것처럼 부르니 보이지 않는 것들이 보이게 되었는지"를 설명해 줍니다. 소망이 이루어졌다는 느낌을 사실로 받아들이고 그 느낌을 계속 유지한다면 소망이 이루어졌다는 느낌이 현실로 나타날 것입니다.

만약 어떤 물리적인 사실이 특정 심리적인 상태를 불러일으킬 수 있다면, 심리적인 상태 또한 물리적인 사실을 만들어 낼 수 있습니다. 만약 A라는 결과가 B라는 원인에 의해 만들어졌다면 반대로

B라는 결과 또한 A라는 원인으로 만들 수 있습니다. 그러므로 기억하십시오. "그대가 구하는 것이 무엇이든 그대가 기도할 때 그것을 받았다고 믿어라. 그러면 그것을 받게 될 것입니다(마가복음 11:24)."

6장
의식의 두 가지 특성을 알라

    • 참된 기도를 하기 위해서는 기본적으로 의식이 가진 두 가지 특성을 명확히 이해해야 합니다. 의식은 의식적인 측면과 잠재의식적인 측면으로 나누어집니다. 우리가 일상적으로 인지하고 있는 의식 아래에는 무한히 큰 의식이 자리하고 있습니다. 잠재의식은 이 의식의 가장 중요한 부분이며 자발적 행동의 원인이 됩니다. 잠재의식은 인간의 존재 그 자체이며, 의식은 인간이 인식하고 있는 것입니다. "나와 내 아버지는 하나이나 내 아버지는 나보다 위대하시다." 의식과 잠재의식은 하나이지만 잠재의식은 의식보다 위대합니다.

  "나는 스스로 아무것도 할 수 없으며 내 안의 아버지가 그 일을 하신다." 나, 다시 말해 나의 현재 의식은 스스로 아무것도 할 수 없습니다. 아버지인 잠재의식이 모든 일을 합니다. 잠재의식 안에서는 모든 것을 알 수 있고, 모든 것이 가능하며, 모든 것이 잠재의식으로 들어가고 모든 것이 잠재의식으로부터 나오며, 잠재의식은 모든 것에 속해 있고 모든 것은 잠재의식에 접근할 수 있습니다.

우리가 의식하고 있는 것들은 우리가 의식하지 못하는 것에서 만들어집니다. 우리의 잠재의식이 사실로 받아들인 것은 우리의 행동에 영향을 줄 뿐만 아니라 우리 삶의 방식을 만듭니다. 잠재의식만이 "우리의 형상대로 우리와 닮은 사람―세상에 드러난 객관적인 형체―을 만들자."라고 말할 수 있습니다.

모든 창조물은 인간의 깊은 곳에 잠들어 있습니다. 인간의 잠재의식이 잠들어 있는 창조물을 사실로 받아들일 때 창조물이 객관적 실체로 깨어납니다. 우리가 잠이라고 부르는 그 공백 상태에서도 잠들지 않고 깨어있는 의식이 있습니다. 우리 몸이 잠들어 있는 사이이 잠들지 않는 존재는 무한의 보물창고에서 잠재의식이 사실로 받아들인 것을 꺼내 밖으로 내보냅니다.

기도는 이 무한의 보물창고를 여는 열쇠입니다. "만군의 주가 이르노니, 이제 그것으로 나를 시험하여 내가 하늘의 창문을 열어 너희에게 쌓을 곳이 없도록 복을 붓지 아니하나 보아라." 기도는 잠재의식이 사실로 받아들인 것을 수정하거나 완전히 바꿀 수 있습니다. 그렇게 믿음이 바뀌면 세상에 구현되는 모습도 바뀝니다. 우리의 의식은 관찰하고 경험하고 교육받은 것을 토대로 판단합니다. 따라서 의식은 오감과 귀납적 사고가 부인하는 것은 받아들이지 못합니다.

잠재의식은 주어진 전제를 그대로 받아들입니다. 주어진 전제가 진실인지 거짓인지에는 관심이 없습니다. 하지만 주어진 전제를 사실로 받아들이고 전제와 일치하는 결과를 만들어냅니다. 기도를 제대로 하고 싶은 사람들은 이러한 차이점을 명확히 알아야 합니다. 의식의 두 가지 속성을 지배하고 있는 법칙과 잠재의식의 중요성을 깨달을 때 비로소 기도의 원리를 제대로 이해할 수 있습니다.

기도는 감각이 거부하는 것을 믿는 기술이며 대부분 잠재의식을 다룹니다. 잠재의식은 기도를 통해 소망이 이미 이루어진 것을 사실로 받아들이고 논리적인 사고 과정을 거쳐 그에 합당한 결론에 이르게 합니다. "네 안에 있는 하느님은 세상에 있는 그보다 더 위대하시다."

내면의 마음은 세상 모든 곳에 생명을 불어넣는 의식입니다. 그리고 그 의식은 생명을 주는 영입니다. 모든 존재 안에는 단 하나의 영이 존재하는데 그것이 바로 내면의 마음입니다. 이 깨어지지 않은 온전한 내면의 마음은 모든 창조물을 관통해 흐릅니다. 생각과 느낌이 믿음과 결합하여 내면의 마음에 변화를 일으키고 임무를 부여합니다. 그러면 내면의 마음은 주어진 임무를 충실히 수행합니다.

의식적인 마음은 생각을 만들어냅니다. 그러면 내면의 마음은 의식적인 마음이 만들어낸 생각들을 논리적으로 펼쳐 결론에 이르게 합니다. 만약 내면의 마음이 이 추론의 과정에 제한을 받지 않는다면 세상에 구현된 인간의 행동에 책임을 질 필요도 없을 것입니다. 인간은 느낌을 통해 생각을 잠재의식에 전달합니다. 잠재의식은 텔레파시를 통해 생각을 마음에서 마음으로 전달합니다. 당신이 표현하지 않아도 다른 사람에 대해 어떤 확신을 가지고 있다면 그 확신은 상대방이 알아채거나 동의하지 않아도 그에게 전달됩니다. 그리고 그의 잠재의식이 당신의 확신을 사실로 받아들인다면 그들의 행동은 영향을 받게 됩니다.

상대방의 잠재의식이 당신이 보낸 생각을 거부하는 유일한 경우는 상대방이 그 어떤 누구에게도 그 생각이 진실이기를 바라지 않을 때입니다. 하지만 상대방이 그 어떤 누구에게라도 그 상태가 이루어지기를 바란다면 그는 그것을 믿게 되고 내면의 사고를 관장하는 믿음의 법칙에 따라 그의 잠재의식이 그 생각을 받아들여 밖으로 구현해 냅니다. 내면의 마음은 암시에 의해 완벽하게 통제됩니다. 인간의 마음이 어느 정도 잠재의식 상태에 있을 때, 다시 말해 객관적 감각이 차단되거나 정지되었을 때가 암시를 건넬 수 있는 가장 좋은 때입니다. 이러한 상태를 '통제된 공상'이라고 부를 수 있습니다. 이 상태에서 인간의 마음은 수동적 상태에 놓이게 되고 그 어떤 것도 흡수할 수 있게 됩니다. 그것이 바로 집중입니다. 기도를 할 때 당신의 마음에 충돌이 있어서는 안 됩니다. 현재의 상태에서 소망하는 상태로 마음을 돌리십시오. 소망이 이미 이루어졌다고 느끼십시오. 그러면 역전의 법칙에 따라 당신의 소망은 현실이 될 것입니다.

7장
상상력은 반드시 필요하다

● 의식과 잠재의식이 어우러지지 않는다면 기도는 성공적으로 이루어지지 않습니다. 그리고 이 어우러짐은 상상력과 믿음을 통해 가능합니다. 상상력이 풍부한 사람들은 상상의 힘을 통해 주위 사람들을 매료시키고 상상력이 부족한 사람들은 그 힘에 끊임없이 영향을 받습니다. 우리 마음에 미묘한 변화를 일으킨 사람이 우리의 양말을 꿰매고 있는 어머니일 수도 있지 않습니까? 내가 의도하지 않아도 주위 사람들에게 영향을 줄 수 있다면 의도했을 때는 얼마나 더 큰 영향을 미칠 수 있겠습니까?

우리가 볼 수 있고, 만질 수 있고, 설명할 수 있고, 논쟁할 수 있는 모든 것이 상상력이 풍부한 사람에게는 단지 하나의 수단에 지나지 않습니다. 왜냐하면 상상력이 풍부한 사람은 모든 생각이 다른 것들의 제약을 받지 않고 생각 그 자체로 존재하는 깊은 내면에서 자신의 상상력을 통제하며 움직이기 때문입니다. 그런 사람은 이성의 제약에 얽매일 필요가 없습니다.

그가 지켜야 하는 유일한 제약은 소망이 이루어졌다고 느끼는 것 이외에 다른 느낌은 모두 제거하라는 신비로운 본능의 가르침뿐입니다. 상상력과 믿음은 현실 세계의 조건이나 상황을 만들어내는 데 필요한 유일한 것입니다. 의식의 법칙을 성공적으로 적용하는 데 필요한 믿음은 내면에서 옵니다. 또한 이러한 믿음은 기도하는 사람의 객관적인 마음에서 저항이 일어나지 않을 때 얻어집니다. 이는 객관적인 감각들이 아니라고 부정할 때 그 믿음을 사실로 느끼고 받아들일 수 있는 개인의 능력에 달려있습니다. 당신의 믿음을 누군가에게 전달할 때 그 사람이 수동적인 상태에 있어야 한다거나 당신의 제안에 의식적으로 동의할 필요는 없습니다. 왜냐하면 그는 무의식적으로 당신의 믿음을 받아들여 밖으로 드러낼 것이기 때문입니다. 우리는 텔레파시를 통해 다른 사람과 즉각적으로 소통하고 연결될 수 있습니다. 그리고 이것은 의식의 기본적인 법칙입니다.

상대방과 연결하기 위해 마음속에서 그 사람을 불러내십시오. 그 사람에게 정신을 집중하고 마치 그 사람의 주의를 끌어야 하는 것처럼 그 사람의 이름을 마음속으로 부릅니다. 그리고 그 사람이 응답하고 그 사람의 목소리가 들린다고 상상합니다. 당신이 원하는 그 사람의 상태를 상상합니다. 그러곤 그 사람이 평상시 말투로 당신이 듣고 싶은 대로 이야기한다고 상상하고 당신은 그 사람 말에 대답한다고 상상합니다. 그에게 좋은 일이 일어나서 얼마나 기쁜지 이야기합니다. 당신이 듣고 싶은 것을 실제로 분명히 들었다고 느끼고 그 소식에 아주 기쁘다고 느낀 다음 현실로 돌아옵니다. 당신이 내면에서 나누었던 대화는 당신이 소망하는 것을 일깨워 반드시 현실로 나타날 것입니다.

"그대가 무언가를 강하게 명할 때 그것은 그대에게 이루어질 것이다." 내면의 대화를 현실로 구현해 내는 것은 강한 의지가 아니라 원하는 상태가 사실로 이루어졌다고 명확하게 생각하고 느끼는 것입니다. 믿음과 의지가 충돌하면 믿음이 항상 승리합니다. "만군의 주께서 말씀하시되, 힘으로 되지 아니하며, 능력으로 되지 아니하며 오직 나의 영으로 되느니라." 당신은 원하는 것을 끌어당기는 것이 아니라 당신이 진실이라고 믿는 것을 끌어당기는 것입니다. 따라서 마음속에서 이루어지는 대화를 실제로 그 사람과 전화로 대화를 나눈다고 생각해야 합니다. "만약 네가 믿는다면 모든 것이 가능할 것이다. 내가 너에게 말하노니, 무엇을 구하든 네가 기도할 때 이미 받았다고 믿어라. 그러면 네가 그것을 받을 것이다." 결과를 받아들이면 결과를 이루는 데 필요한 수단은 자동으로 따라옵니다. 그 어떤 지혜로운 생각도 결과를 받아들였을 때 발생하는 것만큼 효과적인 방법을 찾을 수 없습니다. 당신이 친구에게 바랐던 소망이 이미 이루어졌다고 생각하고 그들과 마음속으로 대화를 나누십시오.

상상력은 모든 생각이 형체를 갖게 되는 시작점이며, 믿음은 생각에 형체를 입히는 실체입니다. 상상력은 의식의 깊은 곳에 숨어있거나 잠들어 있는 것들을 깨워 형체를 부여합니다. 어떤 약물이나 성스러운 물건, 혹은 장소 덕분이라고 알고 있는 치료 효과가 사실은 상상력과 믿음의 결과물입니다. 치료의 힘은 약물과 같은 물건에 있는 것이 아니라 그것이 받아들여지는 마음에 있는 것입니다.

"글자는 사람을 죽이고 사람을 살립니다." 암시는 내면의 마음을 완벽하게 통제합니다. 그래서 당신이 믿고 있는 것이 사실이든 거짓이든 상관없이 당신은 같은 결과를 얻습니다. 의학적 이론이나 성스러운 물건, 성스러운 장소에 관한 성직자의 주장이 거짓이라는 것이 아닙니다. 환자 내면의 마음이 어떤 상태에 이르면 건강해질 거라는 조건을 받아들이고 그 조건이 충족되는 순간 자신의 건강이 회복될 거라는 암시를 받아들이면 그 조건이 충족되는 순간 건강을 회복하기 위해 노력합니다. "믿는 자에게 모든 것이 이루어지므로 그대의 믿음에 따라 그대에게 이루어질 것이다." 어떠한 상태에 대한 확신에 찬 기대는 그러한 상태를 만들어내는 가장 강력한 수단입니다. 나을 수 있다는 확신에 찬 기대는 의학적 치료가 할 수 없는 것을 해낼 수 있습니다.

환자가 약이나 신성한 물건의 효력을 의심하거나 이론의 진실성을 의심한다면 환자는 나을 수 없습니다. 지나치게 감정이 부족하거나 반대로 너무 많이 아는 것도 기도에 방해가 됩니다. 이러한 사람들은 대체로 감각이 부인하는 것을 믿지 못합니다. 억지로 믿는 것은 더 큰 의심을 나을 뿐입니다. 이 같은 현상을 피하고 싶다면 환자는 자신에게 주어진 암시를 모르는 것이 좋습니다. 누군가를 치유하거나 다른 사람의 행동에 영향을 미치는 가장 효과적인 방법으로

'침묵의 치료법 혹은 간접적 치료법'이라는 것이 있습니다. 환자가 자신에게 주어진 치료나 암시가 무엇인지 구체적으로 알지 못하면 그와 반대되는 믿음을 만들어낼 가능성도 없습니다. 환자가 그에게 행해지고 있는 일을 구체적으로 알 필요는 없습니다. 잠재의식과 의식의 사고 과정이 환자의 치료에 영향을 줄 수 있기 때문에 치료에 대해 모르는 것이 더 효과적일 수 있습니다. 의식이 어떠한 암시에 대해 모를수록 잠재의식은 그 기능을 더 잘 수행할 수 있습니다. 환자는 어떠한 암시를 무의식적으로 받아들이지만 스스로 그렇게 생각했다고 생각합니다. 이는 "우리는 무엇이 우리의 행동을 결정했는지 모른다."라는 스피노자의 명언에도 잘 드러납니다.

잠재의식은 만물의 지휘자입니다. 하지만 잠재의식은 개인의 생각과 감정을 통해 달라질 수 있습니다. 눈에 보이는 상태는 당신의 잠재의식에 일어난 파동의 결과물이거나 반대로 잠재의식에 파동을 일으키는 원인입니다. 훈련이 잘된 사람은 외부 상황이 자신이 원하는 의식 상태를 깨우는 경우를 제외하고는 절대 자신의 잠재의식에 파동을 일으키도록 허용하지 않습니다.

훈련이 된 사람은 역전의 법칙을 알고 있기에 아름답고 긍정적인 것만을 상상하고 느끼면서 자신의 세상을 변화시킵니다. 당신이 자신의 내면에서 아름다운 생각을 깨우면 그 생각은 다른 이들에게 전해져 그와 유사한 생각을 깨어나게 합니다. 훈련이 된 사람은 세상의 구세주가 어떤 한 사람이 아니라, 어떤 구체적인 상태라는 것을 알고 있습니다. 아픈 사람에게는 건강이 구세주이고 배고픈 사람에게는 음식이 구세주이며 목마른 사람에게는 물이 구세주입니다. 훈련이 된 사람은 자신의 소망이 이미 이루어졌다는 느낌을 사실로 받아들이고 구세주와 나란히 걸어갑니다.

모든 힘의 변화를 반대로 돌릴 수 있다는 역전의 법칙에 따라 우리가 잠재의식 안에서 일깨운 에너지나 느낌이 상상한 상태로 현실을 변화시킬 수 있습니다. 그는 수확을 위해 결코 넉 달을 기다리지 않습니다. 만약 그전에 자신의 내면에서 수확의 기쁨을 불러일으킨다면 반대로 지금 바로 그 기쁨이 수확을 할 수 있도록 이끌 것입니다. "지금이 바로 재 대신 아름다움을 주고, 슬픔 대신 기쁨을 주며, 근심의 영靈 대신 찬양을 선사할 때이니라. 그것들이 주께서 심으신 의로운 나무라 불릴 것이며 이로써 그분께서 영광을 받으시리라."

8장
상상력은 통제해야 한다

● 모든 이들은 최면에 적용되는 심리 법칙에 따라 움직입니다. 사람은 암시를 통해 통제될 수 있습니다. 최면 상태에서는 외부 자극에 반응하는 객관적 감각이 부분적으로 혹은 완전히 멈춥니다. 하지만 아무리 객관적 감각이 완전히 멈춘다고 하더라도 내면의 인식은 여전히 깨어있어 주변에서 일어나는 모든 것을 인식합니다.

객관적 인식이 활동을 멈출수록 내면의 인식은 더욱 활발히 움직이며 힘을 얻습니다. 일상적인 상태에서 직접 제시되었을 때 효과가 없어 보이는 암시들이 최면 상태에서는 큰 효과를 가져올 수 있습니다.

최면 상태는 단순히 외부 자극이나 환경을 인식하지 못하는 상태입니다. 최면 상태에서는 객관적 의식이 잠들게 되고 그로 인해 잠재의식이 암시에 직접적으로 노출됩니다. 당신이 마음의 암시를 사실로 받아들인다면 당신을 객관적으로 인식하지 않은 사람은 당신을 깊은 최면 상태에 있다고 볼 수 있습니다. 이는 "생각으로라도 왕을 저주하지 말며 침실에서라도 부자를 저주하지 말라. 공중의 새가 그 소리를 전하고 날짐승이 그 일을 말할 것이기 때문이니라(전도서 10:20)."의 구절에도 나타나 있습니다.

당신이 다른 사람에 대해 진심으로 진실이라고 믿으면 그 믿음이 그 사람 안에서 깨어날 것입니다. 도움을 받기 위해 일부러 최면에 빠질 필요는 없습니다. 상대방이 암시를 의식하지 못하고 당신이 진심 어린 믿음과 확신을 가지고 암시를 준다면 기도가 이루어질 수 있는 이상적인 환경이 마련된 것입니다.

당신이 상대방에게 원하는 것을 그가 이미 이뤄낸 것처럼 그 사람의 모습을 마음속으로 상상하고 그에게 축하한다고 말하십시오. 당신이 바라던 모습을 한 그를 상상하십시오. 그렇게 확신을 가지고 마음속으로 한 모든 말이 깨어나 밖으로 모습을 드러냅니다. 상대방이 믿지 않더라도 당신이 당신의 상상을 통제한다면 문제가 되지 않습니다.

내면의 상태에서 당신이 확신을 가지고 주장한다면 그 확신은 현실화의 힘을 가집니다. 당신의 마음속 주장이 진실이라는 확신과 흔들림 없는 믿음만이 원하는 결과를 가져오는 데 필요합니다. 상대방의 모습을 그리고 그 사람의 목소리를 듣는다고 상상하십시오. 그러면 상대방의 마음에 닿을 수 있습니다. 그런 다음 그가 당신이 듣고 싶은 말을 한다고 상상하십시오. 당신이 그에게 건강하고 부자가 되라고 말하고 싶다면 그가 당신에게 "나는 정말 건강해. 지금 아주 풍족해."라고 말하는 것을 상상하십시오. 그리고 상상 속에서 "네가 잘돼서 행복해."라고 말해주십시오. 그의 기쁨을 보고 듣는다고 상상하십시오.

다른 사람과 마음속으로 대화를 나눌 때 당신이 듣고 말하는 것이 진실이라는 것에 조금의 의심도 해서는 안 됩니다. 당신이 상상 속에서 듣고 보는 것에 믿지 않는 마음이 조금이라도 있다면 상대방 역시 당신의 상상을 따르지 않을 것입니다. 왜냐하면 당신 내면의 마음은 오직 확고한 생각만을 전달하기 때문입니다. 오직 확고한 생각만이 그 생각이 향한 사람들 안에서 그에 상응하는 파동을 만들어 낼 수 있습니다.

당신은 통제된 상상 속에서 생각을 아주 신중하게 불어넣어야 합니다. 만약 상상을 통제하지 못하면 상상이 당신을 통제하게 될 것입니다. 당신이 확신을 가지고 마음에 암시를 불어넣는다면 그것이 무엇이든 잠재의식에게는 따라야 할 법이 됩니다. 잠재의식에게는 당신이 내면에서 확언한 것을 밖으로 구현해야 하는 의무가 있습니다.

상대방은 당신이 확언한 상태를 실행할 뿐만 아니라 그 결정이 저절로 생겨난 것처럼, 혹은 그 생각을 스스로 한 것처럼 행동합니다. 잠재의식을 통제하는 것은 모든 것을 지배하는 것입니다. 모든 상태는 마음의 통제를 따릅니다. 믿음을 통제하면 잠재의식을 통제할 수 있으며 이는 밖으로 보여지는 상태를 결정하는 가장 강력한 요소입니다. 상상력과 믿음이 바로 창조의 열쇠입니다.

9장

생각 전달의 법칙

• "주님께서 말씀을 보내시어 그들을 치유하시고 멸망에서 구해주셨다." 주님은 건강하다는 의식을 했고 그 의식은 그것이 향해진 사람 안에서 그에 상응하는 진동을 일으켰습니다. 주님은 마음속으로 그가 건강한 상태에 있다고 생각했고 그가 건강하다고 하는 말을 들었습니다. "하느님의 말은 그 어떠한 것도 헛되지 않을 것이니, 너는 네가 들은 건강에 관한 말을 단단히 움켜잡아라."

기도가 이루어지려면 목표를 분명히 정해야 합니다. 구하기 전에 당신이 무엇을 원하는지 알아야 합니다. 당신이 구하는 것을 가졌다고 느끼기 전에 무엇을 원하는지 알아야 합니다. 기도는 소망이 이미 이루어진 느낌입니다. 기도에서 무엇을 구하고자 하는지, 그것이 어디에 있는지, 누구와 관계된 것인지는 중요하지 않습니다. 당신은 그저 당신이 소망하는 것이 실제로 이루어졌다고 자신을 설득하기만 하면 됩니다.

기도가 끝나면 당신은 더 이상 구하던 것을 구하지 않습니다. 왜냐하면 당신이 성공적으로 기도를 끝내면 당신은 잠재의식 속에서 이미 구하는 상태를 사실로 받아들였기 때문입니다. 그리고 역전의 법칙에 따라 당신의 잠재의식은 사실로 받아들인 것을 현실로 구현해 냅니다.

힘이나 에너지를 전달하려면 전도체가 필요합니다. 가령, 전선, 물줄기, 공기의 흐름. 빛과 같이 다양한 매개체가 있어야 합니다. 빛을 이용해 목소리를 전달하는 무선전화의 원리를 생각해 보면 치유를 위해 생각, 다시 말해 마음의 말이 전달되는 원리를 이해할 수 있을 것입니다. 실제 목소리와 마음의 목소리는 유사한 점이 아주 많습니다. 생각은 작은 목소리로 말하는 것이고 말은 큰 목소리로 생각하는 것입니다.

무선전화의 원리는 다음과 같습니다. 빛이 거울에 반사되어 먼 거리에 있는 수화기에 전달됩니다. 거울 뒷면에 송화기가 있고 송화기에 대고 말을 하면 거울이 진동을 하게 됩니다. 그리고 진동하는 거울은 그 위에 반사된 빛의 성질을 바꿉니다. 이렇게 변형된 빛이 목소리를 전달하는 것입니다. 이때 전달되는 목소리는 실제 목소리가 아니라 기계적으로 변형된 것입니다. 이 빛이 먼 거리의 수신기에 도달해 수화기 안에 있는 디스크에 부딪힙니다. 그러면 빛이 이전에 송화기에서 그랬던 것처럼 같은 원리에 따라 디스크를 진동시켜 목소리를 재생산합니다.

"나는 세상의 빛이다." 근본적인 존재 인식인 아이엠은 마음에 일어나는 것들을 보이게 만드는 빛입니다. 기억 혹은 객관적으로 나타난 것을 내면의 눈으로 볼 수 있는 능력은 마음이 거울이라는 것을 증명합니다. 이 거울은 너무도 투명해 생각을 그대로 반영합니다. 기억 속에 이미지를 떠올리는 것과 거울에 비친 내 이미지를 인식하는 것은 똑같은 시각적 행위입니다. 두 가지 모두 본다는 같은 원리가 적용됩니다.

당신의 의식은 마음의 거울에 비친 빛이며 그 빛은 당신이 생각하는 사람에게로 반사됩니다. 당신이 마음속으로 그 사람에게 말을 하면 마음의 거울이 진동하게 됩니다. 진동하는 마음은 마음에 비친 의식이라는 빛을 변형시킵니다. 그리고 이 변형된 의식의 빛은 당신이 생각하고 있는 사람에게 도달해 그의 마음 거울에 영향을 줍니다. 그리고 빛은 이전에 그랬던 것처럼 마음 거울에 진동을 일으킵니다. 마침내 당신이 마음속으로 확언했던 것이 상대방에게서 나타나게 됩니다.

확고한 마음의 태도인 믿음은 의식이 마음 거울에 반사되며 끊임없이 의식을 변화시킵니다. 믿음에 의해 의식이 변하면 의식은 세상 밖으로 변화된 모습을 드러냅니다. 따라서 당신이 살아가는 세상을 바꾸려면 먼저 세상에 대한 당신의 관념부터 바꿔야 합니다. 당신이 누군가를 변화시키고 싶다면 먼저 그 사람에 대한 당신의 관념부터 바꿔야 합니다. 먼저 그가 당신이 원하는 모습이 되었다고 믿고 그가 이미 달라진 것처럼 마음속으로 대화를 나누어야 합니다. 사람들은 모두 당신이 그들에 대해 어떤 믿음을 갖느냐에 따라 그 믿음에 엄청난 영향을 받습니다. 따라서 당신이 믿음을 보냈음에도 상대방이 변화를 보이지 않는다면 그 원인은 상대방이 아닌 당신에게서 찾아야 합니다. 당신이 확언된 상태를 진실이라고 믿는 순간 결과는 따라옵니다. 모든 사람이 변화될 수 있고, 모든 생각이 전달될 수 있으며, 모든 생각이 눈에 보이는 형체로 구현될 수 있습니다.

　잠재의식이 사실로 받아들인 내면의 말들은 그것이 확언하는 것을 깨웁니다. "그들은 생명을 얻어 움직일지니 내게 헛되이 돌아오지 않을 것이며 내가 기뻐하는 것을 이루고 내가 그들을 보낸 그곳에서 번성할지어다." 내면의 말들은 그들이 수행해야 할 임무에 맞는 능력을 부여받아 그들이 존재하는 목적이 이루어질 때까지 계속 임무를 수행할 것입니다. 내면의 말들은 그들이 향하는 상대의 내면에서 유사한 진동을 일으킬 때까지 계속 임무를 수행합니다. 하지만 상대를 변화시키고자 하는 그들의 목적이 이루어지는 순간 활동을 중단합니다. 당신이 확신을 가지고 조용히 한 내면의 말은 틀림없이 상대방의 내면에서 그 말에 상응하는 상태를 일깨울 것입니다. 하지만 임무가 끝나는 순간, 상대방이 그 상태를 의식하며 그대로 계속 머무를 것인지 아니면 원래의 상태로 돌아갈 것인지는 그에게 맡긴 채 조용히 사라집니다.

　당신이 어떤 상태에 주의를 기울이면 그것이 당신의 삶을 결정합니다. 따라서 과거의 상태에 주의를 기울이면 과거의 상태로 돌아가게 됩니다. "지나간 일들을 기억하지 말고 오래된 일들에 매달리지 마라."

인간에게 더 필요한 것은 없습니다. 왜냐하면 모든 것이 이미 그 안에 완벽하게 마련되어 창조되었기 때문입니다. "하늘나라가 이미 네 안에 있으니." "하늘나라에서 주어지지 않는 한 인간은 아무것도 받을 수 없음이라." 여기서 하늘나라는 당신의 잠재의식을 말합니다. 심지어 햇볕에 타는 것조차도 외부에서 주어지는 것이 아닙니다. 햇볕이 단지 내부에 있는 그에 상응하는 빛을 깨웠을 뿐입니다. 당신 내면에 햇볕에 타게 만드는 빛이 없었다면 바깥세상에 존재하는 그 어떤 강렬한 빛도 우리를 태울 수 없습니다. 당신이 누군가에게 건강의 확언을 보냈을 때 그 사람의 의식 안에 건강에 대한 느낌이나 생각이 없다면 당신의 확언은 그 사람 안에서 진동을 일으킬 수 없습니다. 사실 당신은 누군가에게 무언가를 주는 것이 아닙니다. 당신은 그 사람의 내면에 잠들어 있는 것을 부활시키는 것뿐입니다. "그 처녀는 죽은 것이 아니라 잠들어 있는 것이다." 죽음은 그저 잠들어버리고 잊어버리는 것입니다. 노쇠해진다는 것은 젊음과 건강이 잠자는 상태일 뿐, 죽음을 의미하는 것이 아닙니다.

객관적 감각으로는 거리를 인식할 수 있지만 내면의 마음에는 거리가 존재하지 않습니다. "만약 내가 아침의 날개를 달고 바다 끝에 머문다고 하더라도 당신의 손이 나를 인도할지어다." 시간과 공간은 생각이 만들어낸 것입니다. 따라서 상상력은 시간과 공간을 초월해 그 어떤 시간, 그 어떤 공간으로도 마음껏 이동할 수 있습니다.

수천 마일 떨어진 곳도 그곳이 마치 지금 여기인 것처럼 상상할 수 있습니다. 당신 상상력은 겨울을 여름으로, 뉴욕을 플로리다로 쉽게 바꿀 수 있습니다. 당신이 소망하는 것이 가까이 있든 멀리 있든 결과는 같습니다.

내면의 세계에서는 당신이 소망하는 것이 결코 멀리 있지 않습니다. 오히려 너무 가까이 있어서 감각으로 인식할 수 없을지도 모릅니다. 당신의 소망은 의식 안에 존재하며 의식은 호흡보다 가깝고 손과 발보다 가깝습니다.

의식은 만물의 근원이며 유일한 실체입니다. 세상 모든 현상은 같은 본질로 이루어져 있으며 단지 서로 다른 강도로 진동하고 있을 뿐입니다. 인간은 의식에서 나와 의식으로 돌아갑니다. 의식 안에 모든 상태가 존재하고 믿음을 통해 객관적인 실체로 깨어납니다. 당신이 멀리 있는 누군가에게 내면의 인상을 심어주지 못하고 '저곳'을 '이곳'으로 바꾸지 못한다면 그것은 단지 공간을 장애물로 인식하는 당신의 습관 때문입니다.

천 마일 떨어진 곳에 있는 친구도 당신이 그 친구에 대해 확고한 믿음을 가지고 있다면 당신의 의식 속에 뿌리를 내립니다. 그 친구를 생각하며 당신이 원하는 상태로 그를 상상하고, 그가 당신이 원하는 모습을 이미 이루었다고 믿는다면 그 믿음이 그의 내면에 잠들어 있던, 당신의 믿음에 상응하는 상태를 깨워 그 모습이 밖으로 드러날 것입니다.

원인은 모습을 드러내지 않지만, 결과는 명백히 드러납니다. 상대방은 그 안에 깨어난 상태를 밖으로 드러내지만, 이유는 알아채지 못할 것입니다. 무엇이 당신을 행동하게 했는지 그 이유를 알지 못하기 때문에 당신은 자유의지가 행동의 원인이라고 착각하게 됩니다.

기도의 성공은 상대방의 태도에 의해 결정되는 것이 아니라 당신이 가진 마음의 태도에 달려있습니다. 당신이 상대방에 대해 진실이라고 확언한 상태가 그 사람이 다른 사람에 대해서 바라지 않는 상태가 아니라면 상대방은 당신의 통제된 내면의 생각을 거부할 수 없습니다. 하지만 당신의 믿음이 상대방에게 영향을 미치지 못할 경우, 당신이 보낸 믿음은 그것을 보낸 당신에게로 돌아와 당신에게서 실현될 것입니다. 인상이 받아들여진다면 기도의 성공 여부는 전적으로 기도하는 사람에게 달려있습니다. 나침반의 바늘처럼 당신이 그에게 어떤 방향을 가리키든지 말든지 그것에 조금도 관심 없는 상대방에게 달려있는 것이 아닙니다. 당신의 확고한 믿음이 상대방의 내면에 인상을 주지 않는다면 그것은 왔던 곳으로 돌아갑니다. "만약 네가 옳은 것을 따르는 자라면 어느 누가 너를 해하겠는가? 내가 어려서부터 지금 나이가 들기까지 의로운 자가 버려지는 것을 보지 못했고 그의 후손이 빵을 구걸하는 것을 보지 못했느니라." "의로운 자에게는 악한 일이 일어나지 않을 것이다." 우리 안에 없는 것은 우리에게 일어나지 않습니다.

상대방에 대해 악의적인 생각을 했는데, 상대방의 잠재의식에 인상을 주지 못한다면 그 악의적인 생각은 다시 왔던 곳으로 돌아와 당신에게 해를 입히게 됩니다. "뿌린 대로 거둘 것이다." 더군다나 당신이 다른 사람에 대해 원하고 믿는 것은 다른 사람 역시 당신에 대해서 원하고 믿을 수 있으며, 만약 다른 사람이 당신에 대해 바라는 것이 있는데 당신이 그것을 이루었다고 상상하고 그 상상을 사실로 받아들이면 당신은 거부할 수가 없습니다.

내면의 말을 거부할 수 있는 유일한 경우는 다른 사람에게 비슷한 상태를 바라지 않을 때입니다. 주는 것은 받을 것을 전제로 합니다. 다른 사람의 마음에 어떠한 생각을 각인하려면 그 인상을 자신이 받을 수 있는 마음이 전제되어야 합니다. 어리석은 사람은 세상을 이용하며 지혜로운 사람은 세상을 변화시킵니다. 살아있는 이 우주에 인간의 상상력이 창조한 것 말고는 어떠한 운명도 존재하지 않는다는 사실을 깨닫는 것만큼 위대한 지혜는 없습니다. 인간의 마음 바깥에는 영향력을 행사할 수 있는 것이 없습니다.

"아름다운 것, 좋게 이야기되는 것, 어떤 미덕이나 칭찬받을 만한 것들이 있다면 그런 것들을 생각해라." 자신에게 원하지 않는 모습은 다른 사람에게도 원하지 마십시오.

다른 사람 안에 있는 어떠한 상태를 깨우기 위해서는 먼저 당신 안에서 그것을 깨워야 합니다. 다른 사람에게 전달하려는 상태는 당신이 그것을 믿을 때만 전달될 수 있습니다. 따라서 주는 것은 곧 받는 것입니다. 당신이 가지고 있지 않은 것을 줄 수는 없습니다. 그리고 당신은 믿는 것만 가질 수 있습니다. 그래서 어떠한 상태를 다른 사람의 모습이라고 믿으면 그것이 상대방의 내면에 있는 그 상태를 깨울 뿐만 아니라 당신의 내면에서도 그 상태를 살아있게 합니다.

당신은 당신이 믿는 것입니다.

"주어라, 그러면 너희는 한가득, 꾹꾹 눌러 담아, 넘치도록 받게 될 것이다." 주는 것은 그저 믿는 것입니다. 왜냐하면 당신이 진정으로 다른 사람에 대해 믿는다면 그것이 그들의 내면을 일깨워줄 것이기 때문입니다. 당신의 믿음으로 전달된 진동하는 상태는 그 믿음을 받은 사람의 내면에서 그에 상응하는 진동을 깨울 때까지 지속됩니다.

하지만 진동하는 상태가 상대방에게 전해지기 전에 먼저 진동을 보낸 사람의 내면에서 그 상태가 깨어나야 합니다. 당신의 의식 안에서 깨어난 것은 그것이 무엇이든 바로 당신입니다. 그 믿음이 당신 자신에 관한 것인지, 아니면 다른 사람에 관한 것인지는 중요하지 않습니다. 왜냐하면 믿는 사람은 그의 믿음, 다시 말해 잠재의식이 사실로 받아들이는 것의 총합으로 규정되기 때문입니다.

"인간은 마음속에서, 즉 자신의 깊은 잠재의식 속에서 생각하는 대로, 그대로 되느니라." 밖으로 드러난 모습을 무시하고 당신이 소망하는 것이 진짜라고 마음속으로 확언하십시오. 이것이 당신 안에서 당신이 확언한 상태의 분위기를 깨우고 당신과 확언의 대상이 된 사람 안에서 모습을 드러낼 것입니다. 주면 받을 것입니다. 믿음은 언제나 그것이 확언하는 것을 깨웁니다. 세상은 자신의 모습을 볼 수 있는 거울입니다. 바깥세상은 내면의 믿음을 비출 것입니다.

어떤 사람들은 시각적인 이미지로 자신의 내면에 인상을 각인하고, 또 어떤 사람들은 마음의 소리로, 또 다른 사람들은 마음의 행동을 통해 내면에 인상을 각인합니다. 당신이 선택한 하나의 방향으로 주의력을 집중시킬 수 있도록 마음속 활동들을 훈련시켜야 합니다. 그래야 시각적 이미지와 마음의 소리, 마음의 행동과 같은 모든 활동들이 동시에 하나의 목표에 집중할 수 있습니다.

'시각적 이미지' '마음의 소리' '마음의 행동'이라는 용어를 이해하기 어렵다면, 다음 예시를 통해 그 의미를 분명히 할 수 있습니다. 음악의 기호에 대해 아무것도 모르는 사람이 악보를 보고 있다고 생각해 봅시다. 그의 마음에 각인되는 인상은 순전히 시각적 이미지일 것입니다. 이번에는 악보를 읽을 수 있고 그것이 피아노로 어떻게 연주되는지 상상할 수 있는 사람이 같은 악보를 본다고 상상해 봅시다. 이 사람은 마음속으로 소리를 상상할 것입니다. 이것이 마음의 소리입니다. 또 다른 사람은 악보를 읽을 수 있는 피아니스트라고 상상해 봅시다. 그는 악보를 보며 그 악보에 따라 피아노를 치는 자신을 상상할 것입니다. 이 사람이 상상하는 것이 바로 마음의 행동입니다.

시각적 이미지, 마음의 소리, 마음의 행동은 상상력이 만들어 낸 것들입니다. 그것들은 외부에서 생겨난 것처럼 보이지만, 사실은 당신의 내부에서 생겨났습니다. 그것들은 다른 무언가에 의해 움직이는 것처럼 움직이지만, 사실은 당신 자신의 영에 의해 상상력이라는 마법 같은 창고에서 생겨난 것입니다. 그것들은 목소리나 영상을 전송하는 진동의 법칙에 따라 공간에 투영됩니다. 말과 이미지는 그대로 투영되는 것이 아니라 그에 상응하는 진동으로 투영됩니다. 내면의 마음은 상상하는 사람의 생각과 느낌이 만들어낸 변화에 따라 진동합니다. 눈에 보이는 상태는 내면의 진동이 만들어낸 결과물입니다. 느낌은 언제나 그에 따른 진동을 동반합니다. 다시 말해 당신의 세상과 감각에 변화를 만들어냅니다.

모든 생각과 느낌은 어떤 형태로든 밖으로 표현됩니다. 아무런 감정이 없는 것처럼 보일 때조차도 감정이 생기면 아주 미세하게라도 근육의 움직임이 수반되기 마련입니다. 눈을 감고 있어도 상상 속에서 물체가 움직이기 때문에 물체의 밝기나 거리에 따라 동공이 확장되거나 수축됩니다. 또한 생각의 흐름에 따라 호흡이 빨라지거나 느려집니다. 근육 또한 마음의 움직임에 따라 수축합니다.

이러한 진동의 변화는 상대방에게 그에 상응하는 진동을 일으킬 때까지 계속되고, 이후 진동은 물리적 형체를 갖추고 세상에 모습을 드러냅니다. "그리고 말씀이 사람이 되었다."

라디오의 경우 에너지가 '장(場)'에서 전송되고 송신됩니다. 장은 변화가 일어나는 곳입니다. 장과 에너지는 하나이며 분리될 수 없습니다. 에너지가 에너지를 수신한 장에서 형체를 갖게 되는 것처럼 말 또한 말을 수신한 사람에게서 형체를 드러냅니다. 생각하는 사람과 생각, 기도하는 사람과 그 대상, 에너지와 장은 하나입니다. 당신이 믿음의 소리를 충분히 듣는다면 '천체의 음악'이 무엇을 의미하는지 알게 될 것입니다.

기도 중에 듣는 마음의 소리는 외부에서 오는 것처럼 느껴질 수 있지만, 사실은 당신의 내면에서 만들어진 소리입니다. 자신을 찬찬히 관찰해보면 이 사실을 알 수 있습니다. '천체의 음악'은 오직 신들만이 들을 수 있는, 천체들의 움직임에 의해 만들어진 하모니라고 정의됩니다. 그렇다면 다른 사람들에 대해 오직 당신만이 들을 수 있는 내면의 하모니, 혹은 진정한 왕국, 다시 말해 당신 안의 천국에서 당신의 생각과 느낌의 움직임에 의해 만들어진 하모니 역시 '천체의 음악'이라고 부를 수 있습니다.

10장
좋은 소식의 효과

• "좋은 소식을 가져오고, 평화를 알리며, 복된 좋은 소식을 전하고, 구원을 알리는 자의 발이 산 위에 있으니 이 얼마나 아름다운가!" 누군가에게 좋은 소식을 가져다주는 매우 효과적인 방법은 당신의 마음에 당신이 돕고자 하는 사람의 이미지를 떠올리고 그가 당신이 원하는 것을 이미 해냈다고 상상하는 것입니다. 당신의 마음에서 그가 당신에게 그 일을 해냈다고 말하는 것을 들으십시오. 상상은 당신의 상상 속에서 이루어진 상태에 맞는 진동을 상대방에게 일으키고, 이 진동은 그 임무를 완수할 때까지 계속됩니다. 상상은 당신이 무엇을 바라든, 누구를 대상으로 하든 상관없습니다. 당신이 당신의 내면에서 그것이 이루어졌다고 확신하는 순간 결과가 뒤따릅니다.

실패는 오직 당신이 자신의 주장을 사실로 받아들이지 못할 때,

혹은 상대방이 자신이나 혹은 다른 사람에 대해 당신이 바라는 상태를 원하지 않을 때만 발생합니다. 이 경우, 상대방에게 바라던 그 상태가 당신에게로 돌아와 실현될 것입니다.

겉보기에 그저 대수롭지 않은 습관처럼 보이는 '자신과의 대화'는 가장 효과적인 기도의 형태입니다. 마음속에서 누군가와 언쟁을 벌였다면, 실제로 그 사람과 언쟁을 하게 해달라는 가장 확실한 기도를 한 것입니다. 그 사람을 실제로 만났을 때 그 사람이 당신의 기분을 상하게 해달라고 요청하는 것입니다. 그를 만나기 전에 당신이 내적 확신을 바꿔 명령을 취소하거나 수정하지 않는 한 그는 당신을 불쾌하게 만드는 행동을 하게 될 것입니다.

불행하게도, 우리는 다른 사람들과 매일같이 행하는 내면의 논쟁은 잊은 채 삶에서 갈등과 불행을 맞닥뜨리면 어쩔 줄 몰라 합니다. 마음속 논쟁이 갈등을 빚어내듯, 마음속에서 나누는 행복한 대화는 그에 상응하는 좋은 소식을 가져옵니다. 인간은 상상력으로 자신을 창조합니다.

만약 당신이 자신에게 바라는 모습이 있는데 실제와 달라 사실로 받아들이기 힘들다면, 당신의 마음속에 친구의 이미지를 불러내 당신에게 이미 바라는 모습이 되었다고 말하게 하십시오. 이러한 내면의 대화는 친구가 의식적으로 동의하든, 알든 상관없이 그의 내면에 자리를 잡습니다. 즉 친구의 잠재의식에는 당신의 상상이 사실로 인식됩니다. 그리고 이러한 인식은 무의식적으로 사실로 받아들여졌기 때문에 임무를 완수할 때까지 계속 유지될 것입니다. 이것의 임무는 당신 안에서 상상에 상응하는 진동을 일으키는 것입니다. 당신 안에서 진동이 깨어나면 그것이 객관적 실체로 모습을 드러낼 것입니다.

또 다른 효과적인 기도 방법은 욥의 공식을 이용하는 것입니다. 욥이 자신의 친구들을 위해 기도했을 때 자신을 옭아맨 것들이 사라졌습니다. 친구에게 주의를 집중시키고 친구가 당신의 소망에 필적하는 것을 이루었다고 당신에게 말하는 모습을 상상하십시오.

마음속에서 친구를 보고 친구의 말을 들으면서 그의 행운에 기뻐하고 그가 잘 되기를 진심으로 바라십시오. 당신의 이러한 상상이 친구의 내면에서 당신이 확언한 상태에 상응하는 진동을 일으킵니다. 그리고 이 진동은 반드시 물리적 형체로 세상에 모습을 드러낼 것입니다. "자비로운 자들은 축복받을지니, 그들이 자비를 받게 될지어다." "자비는 두 배로 축복을 베풀지니, 자비를 받은 자와 자비를 베푼 자 모두에게 축복을 내릴지어다." 당신은 이 구절들에 담긴 진리를 알게 될 것입니다.

당신이 다른 사람이 잘 되기를 진실로 소망한다면 그것은 그들에게서 나타날 뿐만 아니라 그에 못지않게 당신에게서도 실현될 것입니다.

에너지나 힘이 변화될 때 총량은 절대 같지 않습니다. 힘 A는 힘 B 그 이상으로 변화됩니다. 가령 망치로 무언가를 내리치면 물리적인 충격뿐만 아니라 열, 전기, 소리, 자기장의 변화 등이 발생합니다. 상대방 안에서 발생한 진동은 당신이 전달한 감정이 그대로 변환된 것이 아닙니다.

다른 누군가에게 전달된 선물은 신성한 저울에 재는 것처럼 꽉 꽉 눌러 담고, 고루고루 섞이도록 흔들고, 흘러넘쳐 다섯 개의 빵과 두 마리 물고기로 오천 명을 먹이고도 열두 바구니 가득 남을 것입니다.

11장
잠재의식은 끊임없이
모습을 드러낸다

● 상상은 창조의 시작입니다. 원하는 것을 상상하고, 그런 다음 그것을 사실이라고 믿습니다. 소망을 사실이라고 믿을 만큼 마음 훈련이 잘된 사람들에게 모든 꿈은 현실이 됩니다. 상대방은 당신이 선택한 대로 변합니다. 그는 당신이 바라보는 방식에 따라 존재합니다. 그가 변하기를 원한다면 먼저 그를 바라보는 당신 시선이 변해야 합니다.

"감옥의 창살에서 두 사람이 바깥을 바라보는데 한 사람은 진흙을 보았고 다른 한 사람은 별들을 보았다." 수 세기 전 이사야가 이렇게 물었습니다. "누가 눈이 멀었느냐? 나의 종이 아니냐! 누가 귀가 먹었느냐? 내가 보낸 나의 사자使者가 아니냐!" "완벽한 그보다 누가 눈이 멀었느냐? 주님의 종만큼 누가 눈이 멀었느냐?"

완벽한 사람은 겉으로 보이는 것으로 판단하지 않고 올바르게 판단합니다. 완벽한 사람은 다른 사람들을 보고 들을 때 그 사람에 대해 자신이 소망하는 모습을 보고 듣습니다. 완벽한 사람은 다른 사람들에게서 오직 좋은 것만을 봅니다. 완벽한 사람은 그가 보는 것과 그가 듣는 것으로 세상을 변화시키기 때문에 그의 내면에는 비난이 존재하지 않습니다.

"왕좌에 앉은 왕의 눈에는 악이 사라지고 없더라." 왕은 인간의 진정한 존재와 그들의 거짓된 관념을 분리하는 법을 배웠기 때문에 왕의 의식에는 인간에 대한 측은지심이 없습니다. 다시 말해 왕의 의식은 인간의 한계를 인정하지 않습니다.

왕에게 가난은 부유함이 잠들어 있는 것일 뿐입니다. 왕은 애벌레를 보지 않고 미래의 아름다운 나비를 봅니다. 추운 겨울을 보지 않고 그 안에 잠든 여름을 봅니다. 고난에 처한 인간을 보지 않고 그 안에 잠든 예수 그리스도를 봅니다.

나사렛의 예수 눈에는 악이 사라지고 없습니다. 그리고 예수는 모든 사람들의 상상력 안에 잠들어 있습니다. 당신은 마음속에서 "나는 예수 그리스도다."라고 확언하면서 당신의 상상력 안에 잠들어 있는 예수 그리스도를 깨워야 합니다. 신성한 자궁은 인간의 상상력입니다.

신성한 자궁에서 태어난 신성한 아이는 이사야가 말한 완벽함에 해당하는 자아 관념입니다. 당신은 성 아우구스티누스의 말을 새겨들어야 합니다. "너무 늦게 당신을 사랑하게 되었습니다. 당신은 내 안에 있었는데 나는 당신을 밖에서 찾았습니다." 당신이 유일한 실체를 찾기 위해 눈을 돌려야 할 곳은 당신의 의식입니다. 그곳에서, 오직 그곳에서만 잠자고 있는 예수 그리스도를 깨울 수 있습니다. "예수 그리스도가 베들레헴에서 천 번 태어난다고 하더라도 그대 안에서 태어나지 않으면 그대의 영혼은 여전히 황량할 것이니라." 창조가 완성되었습니다. 당신이 소망하는 상태를 불러 그것을 실제처럼 느낌으로써 그것을 존재하게 하십시오.

감정은 그것과 유사한 것들을 끌어당길 뿐, 그것을 만들어내지는 않습니다. "졸려"라고 느끼면 잠이 오듯이 "나는 예수 그리스도다."라고 느껴서 예수 그리스도를 불러내십시오. 인간은 오직 자기 자신만을 볼 뿐입니다. 당신에게 있지 않은 것은 당신에게 일어나지 않습니다. 어떤 사람들은 당신과 같이 있을 때 당신의 감정과 비슷한 감정을 무심코 드러냅니다. 당신은 그들과 우연히 만난 것처럼 보이지만 당신의 감정이 그들을 끌어당긴 것입니다. 당신의 감정이 끊임없이 자신의 모습을 밖으로 드러내고 있기 때문에, 당신은 감정을 통해 어떤 사람을 만나고 어떤 상황에 부딪히게 될지 예측할 수 있습니다. 따라서 "나는 예수 그리스도다."라는 느낌 속에 살면서 완벽한 존재를 당신 안으로 불러들이십시오. 예수 그리스도는 당신의 자아 관념이며 그것을 통해 베일에 가려진 불멸의 실체를 볼 수 있습니다.

우리의 행동은 사회적 지위, 지적 수준, 그리고 우리가 대화를 나누는 상대방의 지위에 관해 잠재의식이 사실로 받아들이는 것에 영향을 받습니다. 따라서 가장 위대한 지위를 구하고 불러들이도록 해야 합니다. 그중에서도 가장 고귀한 것은 유한한 인간의 옷을 벗고 무한한 영광의 옷을 입는 것입니다. "나는 예수 그리스도다."라는 느낌을 사실로 받아들이십시오. 그러면 우리의 모든 행동이 그 느낌에 맞춰 무의식중에 서서히 변할 것입니다.

우리의 잠재의식이 사실로 받아들인 것은 끊임없이 그 모습을 밖으로 드러냅니다. 우리가 잠재의식 속에서 자신을 바라보는 모습 그대로 다른 사람들도 우리를 바라볼 것입니다. 그리고 다른 사람들의 행동을 통해 우리가 잠재의식 속에서 우리 자신을 어떻게 받아들이고 있는지 알게 됩니다. 그러므로 "우리는 모두 유리를 통해 보듯 숨김없이 진실된 마음으로 주님의 영광을 바라보고 영광에서 영광으로 같은 형상으로 변모해간다."라는 의식적인 주장을 잠재의식이 사실로 받아들일 때까지 "나는 예수 그리스도입니다."라는 느낌을 사실로 받아들여야 합니다. 우리 안에 잠들어 계신 하느님을 깨워 그에 맞서는 적들을 없애버리십시오. 인간에게 이보다 더 위대한 기도는 없습니다.

NEVILLE
GODDARD
SELF-
ASSURANCE

3부

＊

상상력을
현실로
바꾸어라

유일한 실체와 하나가 되어라

들어라, 이스라엘아. 우리 주 하느님은 한 분이시니라.

들어라, 이스라엘아.

들어라, 하느님의 본질로 만들어진 인간아.

너와 하느님은 하나이며 나뉘지 않는다!

인간과 세상, 그 안의 모든 만물은 조건 없으신 분인 하느님의 조건적

상태 안에 있다.

네가 바로 하느님이다. 너는 인간으로 조건 지어진 하느님이다.

네가 하느님이라고 믿었던 모든 것이 바로 너 자신이다.

하지만 네가 하느님을 다른 존재라고 주장하지 않고,

겉보기에 다른 이 존재를 너 자신으로 인식하기 전까지는

이 진리를 깨닫지 못할 것이다.

하느님과 인간,

영과 물질,

무형과 유형,

창조자와 창조물,

원인과 결과,

네 아버지와 너는 하나다.

그 안에 모든 조건적 상태들이 살고, 움직이고, 존재한다.

이것이 바로 너의 아이엠(I AM),

너의 조건 없는 의식이다.

조건 없는 의식은 단 하나의 유일한 실체인 하느님입니다. 조건 없는 의식이라 함은 말 그대로 어떠한 조건이나 제약이 없는 인식 상태를 의미합니다. 이는 내가 누구인지를 아는 것과는 별개로 나의 근본적인 존재인 '아이엠I AM'을 아는 것입니다. 다시 말해 내가 존재한다고 의식하는 것과는 분리된 근본적인 존재 의식을 말합니다.

아이엠은 내가 사람으로 존재한다는 것을 인식하지만 존재를 인식하기 위해서 반드시 사람이 될 필요는 없습니다. 나 자신이 어떤 사람이라는 것을 인식하기 전에 나라는 조건 없는 의식의 존재를 인식합니다. 이러한 인식은 꼭 누군가가 되어야만 가능한 것은 아닙니다. 아이엠은 스스로 존재하는, 조건 없는 의식입니다. 내가 나를 어떠어떠하다고 인식했어도 현재 인식하고 있는 모습이 아닌 다른 모습을 인식하게 될 것입니다. 하지만 우리의 의식이 변하더라도 근본적인 존재 의식인 아이엠은 내가 조건 없는 무형의 형태로 존재하든. 조건화된 유형의 형태로 존재하든 상관없이 언제나 존재를 인식합니다.

조건화된 상태에서는 나 자신이 누구인지, 내가 어디에 있는지 잊어버릴 수 있습니다. 하지만 "내가 존재한다."라는 근본적 존재 의식은 잊어버릴 수 없습니다. '아이엠'을 아는 것, 다시 말해 근본적 존재 인식을 아는 것. 이것이 바로 유일한 실체입니다.

조건 없는 의식인 '아이엠'은 모든 조건화된 상태들, 다시 말해 나 자신에 관한 관념들이 시작되고 끝나는 곳입니다. 하지만 모든 알려진 것들이 존재를 멈출 때에도 이 조건 없는 의식은 알려지지 않은 의식하는 존재로 변하지 않고 남아있습니다.

내가 나라고 믿었던 것들, 지금 나라고 믿는 것들, 앞으로 나라고 믿게 될 것들은 모두 알려지지 않고 정해지지 않은 실체인 나를 알고자 하는 시도일 뿐입니다. 하지만 이 알려지지 않는 의식하는 존재, 즉 조건 없는 의식은 나의 진정한 본질이자 유일한 실체입니다. '아이엠'은 내가 나 자신을 무엇이라고 믿느냐에 따라 조건화되는 조건 없는 실체입니다. '아이엠'은 나의 믿음에 의해 제한을 받는 믿는 자이며 알려진 대로 정의되는 아는 자입니다. 말하자면 아이엠은 자신의 믿음에 따라 형성되며, 내가 세상을 어떻게 인식하느냐에 따라 만들어집니다. 세상은 내가 가진 조건화된 의식이 밖으로 드러난 것입니다. 나 자신에 대해 진정으로 느끼고 믿는 것, 그것이 지금 내가 사는 세상이라는 공간에 그대로 투영됩니다.

세상은 마치 나의 자아를 비추는 거울과도 같아 언제나 내 의식 상태를 드러내는 증언자 역할을 합니다. 나에게 일어난 일들이나 나를 둘러싼 환경은 단순히 우연이나 사고로 인해 일어나는 것이 아닙니다. 내가 겪는 행운과 불행도 운명에 의해 정해지는 것이 아닙니다. 죄가 있고 없음은 그저 의식의 상태를 비춰 줄 뿐, 의식의 법칙에서 볼 때는 아무런 의미 없는 말에 지나지 않습니다. 죄가 있다고 생각되면 비난을 불러옵니다. 무언가 부족하다고 생각되면 빈곤을 만들어 냅니다.

인간은 자신이 현재 머물고 있는 의식 상태를 끊임없이 현실에 구현해 냅니다. 하지만 원인과 결과의 법칙을 해석하는 데 있어서 혼란을 겪습니다. 인간은 외부 세계에 구현되는 일들의 원인이 내면의 상태에 있다는 사실을 잊습니다.

인간은 그러한 망각 속에서 외부 세계의 하느님이 특별한 이유가 있어 어떠한 일을 행하시는 것이며 그 이유는 인간이 이해할 수 없다고 믿습니다. 혹은 인간이 의식에서 잊힌 과거의 실수들 때문에 고통 받는 것이라고 생각합니다. 그리고 기회가 언제 찾아올지는 오직 하느님만이 결정하신다고 믿습니다.

하지만 언젠가는 자신의 아이엠이 자신이 오랜 시간 찾아 헤맨 하느님이라는 것을 깨닫게 될 것이며, 인식의 자각, 다시 말해 자신의 존재 의식이 단 하나의 유일한 실체임을 깨닫게 될 것입니다.

내면의 아이엠이 바로 하느님입니다. 이는 참으로 인간이 이해하기 어려운 것입니다. 하지만 아이엠이야말로 인간의 진정한 존재 혹은 하느님 아버지의 상태, 다시 말해 우리가 확신할 수 있는 유일한 상태입니다. 아버지의 아들, 다시 말해 자아에 관한 관념은 환상입니다. 인간은 늘 자신이 '존재'한다는 것을 압니다. 하지만 그 존재는 인간이 자신을 규정지으려는 시도 속에 스스로 만들어 낸 환상입니다. 이러한 깨달음을 통해 내가 하느님이라고 믿었던 것이 결국 나의 아이엠이었음을 알게 됩니다.

"나는 부활이요 생명이니라(요한복음 11:25)."의 성서 구절은 나의 의식에 관해 말하고 있습니다. 왜냐하면 나의 의식이 나의 존재의식을 부활시키거나 또렷이 살아있도록 만들기 때문입니다. "나는 문이니라…나보다 먼저 온 자들은 모두 도둑이며 강도이니라(요한복음 10:2, 10:7, 10:8, 10:9)."라는 구절은 나의 의식이 외부 세계로 나가는 단 하나의 유일한 출입구임을 보여줍니다. 내가 원하는 모습이 되어있고, 내가 원하는 것을 갖게 되었다고 진실로 의식하는 것이야말로 내가 원하는 모습이 되고 원하는 것을 소유할 수 있는 유일한 방법입니다. 원하는 모습이 되었고 원하는 것을 소유하게 되었다는 것을 사실로 인식하지 않고 원하는 상태를 실현하고자 한다면 소망하는 것을 이루는 기쁨을 얻을 수 없습니다.

"나는 시작과 끝이니라(요한계시록 1:8, 22:13)."라는 구절은 세상에 존재하는 모든 것들이 창조되고 소멸하는 데 있어 그 원인이 나의 의식에 있음을 보여줍니다. "스스로 존재하는 자(I AM)가 나를 보내셨다(출애굽기 3:14)."라는 구절은 나의 의식이 곧 주님이라는 것을 보여줍니다. 다시 말해 주님인 나의 의식은 내가 의식하고 있는 모든 것으로 이루어진 세상에 나를 보내어 내가 의식하는 모습 그대로 살게 하십니다. "나는 주님이다. 나 외에 다른 하느님은 없음이라 (이사야서 45:5)."라는 구절은 나의 의식이 유일한 주님이며 나의 의식 외에 그 어떤 하느님도 없다고 선언합니다.

"고요히 있어 내가 하느님임을 알지어다(시편 46:10)."는 마음을 평온하게 해서 의식이 곧 하느님임을 알아야 한다는 말입니다. "너는 네 하느님인 예수 그리스도의 이름을 헛되이 일컫지 말라(출애굽기 20장 7절)." "나는 예수 그리스도이니 그것이 내 이름이니라(이사야서 42장 8절)." 당신의 아이엠, 즉 당신 의식이 하느님임을 깨달았다면 참 하느님의 모습이 아닌 것은 그 어떤 것도 당신의 참모습이라고 주장하지 말아야 합니다. 왜냐하면 자신을 규정하는 것은 곧 하느님을 규정하는 것이기 때문입니다.

당신이 인식하고 있는 당신 존재의 모습, 그것이 바로 당신이 하느님이라고 부르는 것입니다. 하느님과 인간은 하나입니다. 당신과 당신의 아버지는 하나입니다(요한복음 10:30). 당신의 조건 없는 의식, 다시 말해 아이엠과 당신이 당신의 모습으로 인식하고 있는 것은 하나입니다.

창조물과 창조자는 하나입니다. 당신 자신에 대한 관념이 하느님에 대한 관념보다 부족하다고 생각한다면 그것은 아버지이신 하느님의 신성을 빼앗는 것입니다(빌립보서 2:6). 왜냐하면 당신(아들 혹은 관념)은 아버지 혹은 창조주를 그대로 드러내 보여주는 존재이기 때문입니다.

하느님의 신비스러운 이름인 아이엠을 헛되이 하지 마십시오.

그 결과에 대한 책임은 당신에게 있습니다. 당신의 본질적 존재의 모습이라고 여기는 모든 것을 세상에 구현해 내십시오. 당신 자신을 당신이 생각하는 가장 이상적인 모습으로 의식적으로 규정함으로써 하느님의 이름을 취하십시오.

2장

세상은 내면의 의식 상태가 구현된 것이다

● 의식은 인간을 자유롭게 만드는 진리입니다. 따라서 의식이 단 하나의 유일한 실체라는 것은 아무리 말해도 지나침이 없습니다. 성서는 전체적으로 이 사실에 기반하고 있습니다. 성서 속 이야기들은 직관적인 이해를 가진 사람들에게 창조의 비밀과 탈출의 공식을 동양의 상징주의를 빌어 신비스럽게 드러내 줍니다. 성서는 창조의 원인과 방법을 글로 보여주려는 인간의 시도입니다. 인간은 자신의 의식이 자신이 살아가는 세상의 원인이자 창조주라는 사실을 깨닫고 오늘날 성서라고 알려진 상징적인 이야기들을 통해 창조의 이야기를 하기 시작했습니다.

가장 위대한 책을 이해하려면 책을 읽을 수 있는 정도의 지능과 읽은 내용을 해석하고 이해하기에 충분한 통찰력이 있어야 합니다. 당신은 성서가 왜 상징적으로 쓰였는지 궁금해 할 수도 있습니다.

왜 모든 사람이 읽고 이해할 수 있도록 명확하고 쉽게 쓰이지 않았는지 궁금할지도 모릅니다. 나는 그 같은 질문에 세상 사람들이 자신과 다른 사람들에게 상징적으로 말하기 때문이라고 대답합니다.

서양의 언어는 서양 사람들에게 명확하게 전달됩니다. 하지만 서양의 언어는 동양 사람들에게는 상징적입니다. 그 반대도 마찬가지입니다. 그 예를 다음과 같은 동양의 가르침에서 찾아볼 수 있습니다. "만일 네 손이 너를 범죄케 하거든 찍어버리라(마가복음 9:43)." 여기서 말하는 손은 단순히 신체의 한 부분을 말하는 것이 아니라, 밖으로 표출된 형체를 가진 모든 것을 말하는 것으로, 당신에게 세상의 해로운 모든 형체로부터 등을 돌리라는 경고하고 있습니다. 이와 마찬가지로 서양 사람들이 "이 은행은 바위 위에on the rocks 있다." 라고 말하면 동양 사람들은 그 뜻을 오해할 것입니다. 서양 사람들에게 '바위 위'라는 표현은 파산을 뜻하지만, 동양 사람들에게 '바위' 는 믿음과 든든함을 상징합니다. "반석 위에 집을 짓는 자는 지혜로운 사람이니라. 비가 내리고 홍수가 나고 바람이 그 집을 강타해도 그 집은 무너지지 않았으니 반석 위에 집을 지었기 때문이니라(마태복음 7:24, 25)."

성서가 전하는 메시지를 제대로 이해하려면 성서가 동양적 사고방식으로 쓰였기 때문에 서양의 사고방식으로 글자 그대로 받아들여서는 안 된다는 점을 명심해야 합니다. 생물학적 측면으로 본다면야 동양인과 서양인은 다르지 않습니다. 서양이나 동양이나 사랑과 증오, 갈망과 열망, 야망과 욕망은 같습니다. 하지만 표현 방식은 매우 다릅니다.

성서의 비밀을 풀고자 할 때 가장 먼저 해야 할 일은 창조주의 상징적인 이름, 모두에게 '여호와'라고 알려진 이름의 의미를 이해해야 합니다. '여호와'라는 이름은 네 개의 히브리어 문자, 욧JOD, 헤HE, 바VAU, 헤HE로 이루어져 있습니다. 바로 이 이름 안에 창조의 비밀이 숨겨져 있습니다.

첫 번째 문자인 욧JOD은 절대적인 상태, 혹은 조건 없는 의식을 나타냅니다. 그것은 규정되지 않은 의식이며 모든 창조물 혹은 조건화된 의식이 비롯되는 총체입니다. 욧은 오늘날의 아이엠, 다시 말해 조건 없는 의식입니다. 두 번째 문자인 헤HE는 하느님의 유일한 아들, 소망, 상상의 상태를 나타냅니다. 헤는 하나의 생각, 확실한 내면의 상태, 혹은 마음에 그린 명확한 그림을 상징합니다. 세 번째 문자인 바VAU는 소망하는 것이 이루어지기를 바라는 의식인 창조주(욧)와 소망이 이루어진 상태인 관념(헤)을 통합하고 결합하는 행위를 상징합니다. 따라서 창조주와 관념이 하나 되게 하는 것입니다.

마음 상태를 단단히 정하는 것, 원하는 상태로 자신을 의식적으로 규정하는 것, 현재 당신이 상상했던 혹은 목표로 정했던 것이 되었음을 자신에게 사실로 각인시키는 것, 그것이 바로 바의 역할입니다. 바는 소망하는 의식과 소망이 이루어진 상태를 단단히 못으로 박아 고정시키고 하나로 묶습니다. 이러한 결속 혹은 접합 과정은 아직 현실화되지 않은 것을 마음속에서 현실로 느껴야 이루어집니다. 네 번째 문자인 헤HE는 마음속에서 이루어진 합의가 밖으로 구현되는 것을 말합니다. 욧, 헤, 바는 내면의 의식 상태를 그대로 혹은 비슷하게 바깥세상에 구현해 냅니다. 그리고 그렇게 구현된 인간, 혹은 세상이 바로 헤입니다. 따라서 마지막 문자인 헤는 내면의 상태인 욧, 헤, 바의 모습을 그대로 세상에 드러내는 역할을 합니다.

조건화된 의식은 자신의 모습을 세상이라는 무대 위에 끊임없이 드러냅니다. 세상은 내면의 의식 상태가 그대로 반영된 것입니다. 눈에 보이는 이 세상은 스스로는 아무것도 할 수 없습니다. 세상은 창조주와 내면의 상태가 밖으로 나타난 것에 지나지 않습니다. 눈에 보이는 아들(헤)이 보이지 않는 아버지, 아들, 어머니(욧, 헤, 바), 다시 말해 성삼위의 증인 역할을 하고 있습니다. 성삼위는 사람이나 어떤 현상처럼 눈에 보이는 형태로 나타날 때만 이해할 수 있기 때문입니다.

당신의 조건 없는 의식(욧)은 당신이 소망하는 상태(헤)에 형상을 부여하거나 소망하는 상태를 상상합니다. 그런 다음 상상하는 상태가 현실이 되었다고 느끼고 믿음으로써 소망을 이루었다고 인식하게 됩니다. 당신과 당신이 소망하는 것의 의식적인 결합은 바, 다시 말해 느끼고 믿는 능력을 통해서 가능합니다. 믿는다는 것은 그저 바라는 상태가 되었다는 생각을 사실로 받아들여 실제로 그 상태에 있다고 느끼며 살아가는 것을 말합니다. 욧, 헤, 바로 상징되는 내면의 상태는 헤로 그 모습을 드러내고 마침내 창조자의 이름과 본성인 욧, 헤, 바라는 여호와의 신비를 완성합니다.

욧은 인식하는 것이고, 헤는 무언가를 인식하는 것이며, 바는 당신이 인식했던 대로 인식하거나 당신이 인식하고 있는 모습이 되었다고 인식하는 것입니다. 네 번째 문자인 헤는 욧, 헤, 바 혹은 당신이 인식하고 있는 모습대로 만들어진 눈에 보이는 구체적인 세상입니다. "하느님이 이르시되 우리의 형상을 따라 우리의 모양대로 사람을 만들자(창세기 1:26)." 이는 우리가, 다시 말해 욧, 헤, 바가 우리의 형상대로, 우리의 내면 상태 그대로 밖으로 드러난 세상을 만든다는 말입니다.

세상은 의식이 머무는 내면의 의식 상태가 바깥으로 구현된 것입니다. 성서를 이해하려면 먼저 의식이 단 하나의 유일한 실체라는 사실을 이해해야 합니다. 성서 속 이야기는 인간이 스스로 만들어낸 모든 것들로부터 벗어날 수 있는 유일한 방법을 보여줄 뿐만 아니라 창조의 비밀을 상징적인 언어로 보여주고자 합니다. 이것이 여호와의 이름이 가진 진정한 의미입니다. 모든 것이 이 이름에 의해 창조되었고 이 이름이 없었다면 그 어떤 것도 창조될 수 없었습니다 (요한복음 1:3). 먼저 당신은 인식할 수 있는 존재이며 당신은 무언가를 인식합니다. 그런 다음 당신이 인식했던 대로 자신을 인식합니다. 그러면 당신이 인식하고 있는 것이 객관적으로 구현되는 것을 보게 됩니다.

3장
창조의 법칙

● 성서에 실린 이야기 가운데 하나를 골라 고대 예언자들과 작가들이 동양의 낯선 상징주의를 이용해 어떻게 창조의 이야기를 전개했는지 살펴보려고 합니다. '노아의 방주'에 관한 이야기는 모두가 알고 있을 것입니다. 홍수로 세상이 무너지고 난 후 노아는 세상을 창조할 인물로 선택되었습니다.

성서에 따르면 노아에게는 셈, 함, 야벳이라는 세 명의 아들이 있었습니다. 첫째 아들은 셈이라 불렸는데 셈은 '이름'을 의미합니다. 둘째 아들 함은 '따뜻함'과 '살아있음'을 뜻합니다. 셋째 아들은 '야벳'이라 불렸는데 '확장'을 의미합니다. 욧, 헤, 바, 헤의 신성한 이름이 그랬던 것처럼 노아와 그 세 아들의 이름 셈, 함, 야벳에는 창조의 공식이 담겨 있습니다.

노아는 아버지, 창조자, 새로운 세상을 건설하는 자를 뜻하며 욧, 혹은 아이엠과 같은 조건 없는 의식을 말합니다. 셈은 당신의 소망, 당신의 의식 안에 있는 것, 당신이 목표라고 이름 붙이고 규정지은 것이며, 신성한 이름 욧, 헤, 바의 두 번째 문자 헤에 해당합니다. 함은 따뜻하고 살아있는 감정 상태를 말하며 무언가를 바라는 의식과 바라는 대상을 결합하고 하나로 묶는 역할을 합니다. 따라서 함은 신성한 이름의 세 번째 글자인 바와 같습니다. 막내아들인 야벳은 확장을 의미하며 내면의 상태가 현실로 확장되거나 구체화된 상태를 나타냅니다. 그래서 신성한 이름의 마지막 문자인 헤에 해당합니다.

당신은 노아이며 인식하는 존재이며 창조자입니다. 당신은 맨 먼저 생각, 충동, 소망, 말씀, 즉 첫째 아들 셈(이름)을 낳습니다. 둘째 아들 함(따뜻하고 살아있는)은 느낌이라는 열쇠입니다. 당신은 내면의 소망을 느끼고 그 결과 당신은 당신이 바라는 것이 되었거나 혹은 그것을 이미 소유하고 있다고 인식하게 됩니다. 셋째 아들인 야벳은 당신이 창조의 비밀을 알고 있다는 것을 밖으로 보여주는 증거물입니다. 그는 당신의 눈에 보이지 않는 내면의 상태가 현실 세계로 확장되거나 구체화된 상태입니다.

노아의 이야기를 보면 함이 아버지의 비밀스러운 곳을 보았다고 기록되어 있습니다(창세기 9:22). 그 결과 함은 그의 형제 셈과 야벳의 종이 됩니다(창세기 9:25). 함, 다시 말해 느낌은 하느님이자 당신의 아이엠의 비밀 열쇠입니다. 왜냐하면 느낌을 통해서 무언가를 바라는 의식이 바라는 대상과 결합하기 때문입니다.

의식의 결합, 이 신비스러운 결혼은 오직 느낌을 통해서만 가능합니다. 느낌만이 아버지와 아들, 노아와 셈, 조건 없는 의식과 조건적인 의식 사이에 천상의 결합을 성사시킵니다. 이러한 결합이 성사되면 느낌은 자동적으로 야벳, 다시 말해 확장되고 현실화된 상태를 섬깁니다. 먼저 내면에 인상이 각인되지 않으면 그 어떤 것도 밖으로 구현될 수 없습니다.

바라는 것이 이미 이루어졌다고 느끼는 것, 느낌을 통해 소망이 이루어진 상태를 내면에 사실로 각인시키는 것, 다시 말해 의식의 상태를 명확히 하는 것, 그것이 바로 창조의 비밀입니다.

당신이 살아가는 현실 세계는 야벳입니다. 야벳은 함에 의해 구현되었습니다. 따라서 함은 형제인 셈과 야벳을 섬깁니다. 함(느낌)이 없다면 셈은(생각과 소망)은 야벳(바깥 세상)에 모습을 드러낼 수 없습니다. 보이지 않는 것을 느끼는 능력, 느낌을 통해 특정한 내면의 상태를 현실로 구현하는 능력이 창조의 비밀입니다. 이는 말씀이 육신이 되고(요한복음 1:14) 보이지 않는 소망이 현실이 되는 비밀입니다. "하느님은 없는 것을 마치 있는 것처럼 부르시니라(로마서 4:17)."

의식은 눈에 보이지 않는 것을 마치 보이는 것처럼 부릅니다. 먼저 이루고 싶은 소망을 명확히 합니다. 그런 다음 눈에 보이지 않는 소망이 눈에 보일 때까지 그 상태에 머무릅니다.

창조의 법칙이 얼마나 완벽하게 작동하는지 노아의 이야기를 비유로 들어 설명하려고 합니다. 지금, 이 순간 당신은 당신의 존재를 인식합니다. 이러한 존재 의식, 당신이 존재한다고 아는 것, 그것이 바로 노아, 다시 말해 창조자입니다.

당신의 존재 의식인 노아의 정체성을 가지고 이제 당신이 소유하고 싶거나 이루고 싶은 것에 이름을 붙여보십시오. 그리고 목표(셈)를 정하십시오. 이루고 싶은 소망이 분명해졌다면 눈을 감고 그 소망이 이루어져 현실로 구현되었다고 느끼십시오. 소망이 어떻게 이루어질 수 있는지는 묻지 마십시오. 그냥 소망이 현실이 되었다고 느끼십시오. 소망이 이루어졌을 때 갖게 될 마음의 태도를 사실로 받아들이고 느끼십시오. 느낌은 창조의 열쇠입니다. 함처럼 지혜로워지십시오. 이러한 창조의 비밀을 깨달아 당신 역시 당신의 형제인 셈과 야벳을 섬기는 기쁨을, 말씀이 육신이 되고 이름이 현실이 되는 기쁨을 누리십시오.

● 느낌의 비밀, 다시 말해 눈에 보이지 않는 것을 눈에 보이는 상태로 부르는 과정은 이삭의 이야기에 잘 나타납니다. 이삭은 오로지 자신의 느낌에만 의존해 확신을 가지고 첫째 아들 에서에게 내리려 했던 축복을 둘째 아들 야곱에게 내립니다(창세기 27:1-35).

늙고 앞이 보이지 않던 이삭은 이제 곧 세상을 떠날 것을 직감하고 죽기 전 첫째 아들 에서에게 축복을 내리기로 마음먹습니다. 그러곤 에서에게 사슴고기를 사냥해서 돌아오면 축복을 내리겠노라 약속합니다.

장자권, 다시 말해 아버지의 축복으로 얻어지는 권리를 받고 싶었던 야곱은 사슴고기를 가져오면 축복을 내리겠다는 아버지의 말을 몰래 엿듣게 됩니다. 그래서 야곱은 에서가 사냥을 나간 사이 아버지의 양 떼에서 새끼 한 마리를 죽여 고기를 준비합니다.

야곱은 아버지가 자신을 만질 때 털이 많고 피부가 거친 에서로 여길 수 있도록 자신의 매끈한 피부 위에 새끼 염소의 가죽을 두르고, 맛있게 준비한 새끼 염소 고기를 가지고 눈이 먼 아버지 이삭에게 나아갔습니다. 이삭은 순전히 촉각만으로 둘째 아들 야곱을 에서로 착각하고 야곱에게 축복을 내립니다. 사냥에서 돌아온 에서는 매끈한 피부를 가진 동생 야곱이 자신의 축복을 가로챈 것을 알고는 아버지 이삭에게 진실을 알리고 호소했습니다. 하지만 이삭은 "네 아우가 내게 와서 간교하게 너의 축복을 가로챘구나(창세기 27:35)." "내가 네 아우를 너의 주로 세우고 네 아우의 모든 형제를 내가 네 아우에게 종으로 주었구나(창세기 27:37)."라고 말합니다.

단순히 인간의 입장으로 본다면 이 이야기는 문자 그대로 받아들일 수 없습니다. 야곱의 기만적이고 비열한 행동 어딘가에는 틀림없이 사람들을 위한 메시지가 숨겨져 있을 것입니다. 우리는 이 이야기에 숨겨진 메시지, 바로 성공의 공식을 직관적으로 알 수 있습니다. 눈먼 아버지 이삭은 바로 당신의 의식, 당신이 존재한다는 의식입니다. 털북숭이 아들 에서는 밖으로 나타난 당신의 세상―거친 혹은 감각적으로 느껴지는 것― 입니다. 지금, 이 순간 당신을 둘러싼 환경을 말하며 당신이 현재 가지고 있는 자아 관념입니다. 한마디로, 당신이 당신의 객관적인 감각으로 알고 있는 세상을 말합니다. 매끈한 피부의 둘째 아들 야곱은 당신의 욕망이자 내면의 상태를 말합니다. 아직 형체를 가지지 않는 생각이며 인지하고 느낄 수는 있지만 아직 바깥세상에 모습을 드러내지 않았거나 눈에 보이지 않는 내면의 상태이며 현재와 분리된 시간과 공간의 한 지점입니다. 한마디로 야곱은 당신의 명확한 목표입니다. 매끈한 피부의 야곱―구체적인 형체 혹은 장자의 권리를 원하는 내면의 상태―은 그의 아버지가 그를 느끼고 축복을 줄 때(의식적으로 느끼고 사실로 확고하게 받아들일 때) 객관적인 실체가 됩니다. 그렇게 야곱은 피부가 거칠고 털이 많은 에서, 혹은 먼저 있던 눈에 보이는 상태의 자리를 차지합니다. 둘이 동시에 하나를 차지할 수는 없습니다. 따라서 눈에 보이지 않는 것이 보이게 되면 이전의 눈에 보이는 상태는 사라집니다.

당신 세상은 당신의 의식이 결정합니다. 당신이 머무는 의식의 상태가 당신이 살아갈 세상을 결정하는 것입니다. 현재 당신이 가진 자아 관념이 당신의 환경으로 구현됩니다. 당신의 현재 상태는 감각적으로 느껴지는 털이 많은 첫째 아들 에서로 상징됩니다. 당신이 되고 싶은, 혹은 소유하고 싶은 것은 당신의 매끈한 피부를 가진 청년, 둘째 아들 야곱으로 상징됩니다, 야곱은 아직은 눈에 보이지 않지만, 내면에서 느낄 수 있기에 제대로 잘 느낀다면 자신의 형인 에서의 자리를 빼앗을 수 있습니다. 다시 말해 당신의 현재 환경을 바꿀 수 있습니다.

두 아들의 아버지 이삭이 눈이 멀었다는 사실을 늘 명심해야 합니다. 이삭은 매끈한 피부를 가진 아들 야곱을 보지 못하고 느낄 뿐입니다. 이삭은 느낌이라는 감각만으로 내면의 상태 야곱을 객관적인 실체 에서라고 믿습니다. 소망은 객관적인 눈으로 볼 수 없습니다. 그저 내면의 눈으로 느낄 뿐입니다. 바라는 상태를 찾으려고 바깥세상에서 방황하지 마십시오. 이삭이 그랬듯이 가만히 앉아 바깥세상에 두었던 관심을 거두고 첫째 아들을 사냥터로 보내십시오. 그런 다음 첫째 아들 에서가 없을 때 둘째 아들 야곱, 다시 말해 당신이 소망하는 상태를 느낄 수 있도록 가까이 불러들이십시오. "내 아들아, 가까이 오너라. 내가 너를 만져보려 하노라(창세기 27:21)." 우선 당신이 소망하는 상태가 당신 옆에 있다고 인식합니다. 그런 다음 그 상태를 바로 앞에서 만지고 느낄 수 있도록 가까이, 아주 가까이 끌어당겨 그것을 실제처럼 자연스럽게 느껴야 합니다.

"너희 두 사람이 땅에서 합심하여 구하면 그것이 무엇이든 하늘에 계신 내 아버지께서 그들을 위하여 이루게 하시리라(마태복음 18:19)." 두 사람이 느낌으로 일치한다면 그 일치는 바깥세상에서 이루어집니다. 다시 말해 현실에서 구현되고 실현됩니다. 여기서 일치를 이루어야 하는 두 사람은 이삭과 야곱, 다시 말해 당신과 당신이 바라는 소망이며 이 둘은 오직 느낌을 통해서만 일치를 이룰 수 있습니다.

에서는 당신이 만족하든 아니든 상관없이 밖으로 나타난 객관적인 세상을 상징합니다. 야곱은 당신의 마음이 바라는 모든 소망을 상징합니다. 이삭은 당신의 진정한 자아를 상징합니다. 그 자아가 당신이 처한 현재의 세상에 눈을 감고 당신이 원하는 모습이 되었거나 당신이 가지고 싶은 것을 가졌다고 느껴야 합니다.

이삭의 비밀—감각으로 느끼는 상태—은 현재 물리적인 상태인 감각으로 느끼는 상태와 당신이 소망하는 상태인 감각으로 느낄 수 없는 상태를 마음속에서 분리하는 것입니다. 객관적인 감각을 완벽히 차단하면 당신도 이삭처럼 감각으로 느낄 수 없는 내면의 상태를 실제로 받아들이고 인식할 수 있습니다. 왜냐하면 믿음은 곧 인식이기 때문입니다. 스스로 모습을 드러내는 법칙, 다시 말해 보이지 않는 것이 보이게 되는 법칙을 아는 것만으로는 충분하지 않습니다. 그 법칙을 삶에 적용하지 않으면 무용지물입니다. 이제 어떻게 적용해야 하는지 그 방법을 알아보겠습니다.

첫째, 당신의 첫째 아들 에서, 다시 말해 현재 당신이 처한 객관적인 세상 혹은 당신이 가진 문제를 사냥터로 내보내십시오. 그저 눈을 감고 현실의 제약에서 당신의 주의를 거두어들이십시오. 현실 세상에서 당신의 감각을 거두어들이면 눈에 보이는 현실 세상은 당신 의식에서 사라져 사냥을 나갑니다.

둘째, 여전히 눈을 감은 상태에서 당신을 둘러싼 현실 세상에서 주의를 거두고 의식을 당신의 소망이 실현된 시간과 장소로 데려가 그곳에 머물게 하십시오. 당신이 처한 현재 환경에서 모든 객관적인 감각을 차단해야 내면의 시간과 장소의 한 지점을 현실로 느낄 수 있습니다. 당신이 원하는 시간과 장소는 마음에서 만들어지기 때문에 당신이 원하는 대로 창조할 수 있습니다. 가장 먼저 야곱의 시간과 장소, 즉 당신 소망이 이루어진 시간과 장소를 당신의 의식 속에서 명확히 하는 것이 매우 중요합니다.

만약 소망하는 것이 일요일에 이루어진다면 지금 당장 당신의 의식 속의 시간을 일요일로 고정시켜야 합니다. 일요일이 갖는 여유와 평온함의 느낌과 상태가 의식 속에 만들어질 때까지 오늘이 일요일이라고 느끼십시오. 며칠인지, 몇째 주인지, 몇째 달인지, 어느 계절인지 명확히 정하십시오. 그러곤 "오늘은 일요일 같아, 월요일 같아, 혹은 토요일 같아."라고 말하거나 "오늘은 봄 같아. 여름 같아, 가을 같아, 혹은 겨울 같아."라고 느끼십시오. 그러면 이러한 느낌이 당신의 의식 속에 특정 요일, 주, 계절과 관련해 명확한 인상을 심어줍니다. 원하는 시간을 선택하고 그 시간과 연관된 인상을 불러냄으로써 당신이 원하는 시간을 내면에서 현실로 만들 수 있습니다.

이러한 방법을 공간에도 똑같이 적용해 보십시오. 당신이 앉아 있는 방이 당신이 원하는 곳이 아니라면, 당신의 소망이 자연스럽게 이루어질 수 있는 방이나 장소라고 느끼십시오. 당신의 소망을 실제처럼 느끼기 전에 소망이 이루어질 시간과 장소에 관한 인상을 마음속에 분명하게 각인시켜야 합니다. 원하는 장소가 수천 마일 떨어져 있든, 바로 옆에 있든 그것은 중요치 않습니다. 당신이 앉아 있는 바로 그곳이 당신이 원하는 곳이라는 사실을 의식 속에 분명히 하기만 하면 됩니다.

마음속에서 여행을 떠나라는 것이 아닙니다. 공간의 개념을 무너뜨리라는 것입니다. 가만히 앉아 '그곳'을 '이곳'으로 만드십시오. 눈을 감고 당신이 지금 있는 바로 이곳이 당신이 원하는 장소라고 느끼십시오. 이것이 의식에 사실로 각인될 때까지 이곳이 당신이 원하는 곳이라고 계속 느껴야 합니다. 왜냐하면 이곳이 원하는 곳이라는 인식은 오직 내면의 감각에 기반하기 때문입니다.

셋째, 에서(문제)가 자리를 비우고 시간과 장소가 자연스럽게 자리를 잡으면 이제 야곱(해결)을 이곳으로 초대해 형의 자리를 차지할 수 있도록 하십시오. 상상 속에서 당신이 원하는 것을 보십시오. 만약 당신이 소망을 구체적으로 그릴 수 없다면 대략적인 윤곽을 그린 다음 무엇을 할지 깊이 생각해보십시오. 그런 다음 생각을 가까이 끌어당기십시오. "아들아, 내가 너를 만질 수 있게 가까이 오너라."

당신이 원하는 것이 가까이 있다고 느끼십시오. 당신이 원하는 것이 손 닿는 곳에 있다고 느끼십시오. 소망의 실체와 형체를 느끼십시오. 당신이 앉아 있는 방에 당신의 소망이 자연스럽게 존재하고 있음을 느끼십시오. 소망이 실현되었을 때의 전율과 원하는 것을 손에 넣었을 때의 기쁨을 느끼십시오.

이제 눈을 뜨십시오. 당신은 감각으로 느껴지는 거친 현실 세계로 돌아옵니다. 털북숭이 에서가 사냥에서 돌아와 매끈한 피부를 가진 야곱(마음속으로 느끼는 내면의 상태)에게 당신이 속아 넘어간 것이라고 말해 줍니다. 하지만 이삭이 그랬듯 당신 역시 변하지 않는 법칙을 알고 또 철석같이 믿고 있기에 이렇게 말할 것입니다. "내가 네 아우를 너의 주로 세우고 네 아우의 모든 형제를 내가 네 아우에게 종으로 주었구나."

당신이 가진 문제가 그대로 있고 실제처럼 보이더라도 내면의 마음 상태가 실제가 되는 경험을 통해 전율을 느꼈습니다. 내면의 상태가 현실이 되는 느낌을 통해 창조의 비밀을 경험한 것입니다. 당신이 마음의 상태를 분명히 했다면 어떤 방해 세력이 공격을 해오더라도 당신 내면에 새겨진 확고한 인상은 세상에 모습을 드러낼 것입니다. 그렇게 당신은 약탈자 야곱의 이름을 완성 짓게 됩니다. 이제 직접 이 드라마를 현실에 적용해 보십시오.

하나, 물건에 축복 내리기 혹은 실제로 존재한다고 상상하기.

거실에 앉아, 당신이 거실에 놓고 싶은 가구나 카펫, 전등을 정하십시오. 그리고 그 물건들을 어디에 놓을지 거실을 둘러보십시오. 눈을 감고 지금 거실을 차지하고 있는 것들을 사라지게 하십시오. 당신의 상상 속에서 거실은 텅 비어있습니다. 말 그대로 아무것도 없습니다. 이제 이 공간을 당신이 원하는 가구로 채우십시오. 거실 곳곳에 당신이 원하는 가구가 있다고 보고 느끼십시오. 당신이 보고 싶었던 모습을 보고 있다고 상상하십시오. 원하는 것을 가졌다는 전율이 느껴질 때까지 계속 느끼고 상상하십시오.

둘, 장소에 축복 내리기 혹은 실제로 그곳에 있다고 상상하기.

당신은 지금 뉴욕에 있는 한 아파트에서 유람선을 타고 대서양을 가로지르는 기쁨을 만끽하고 있습니다. "내가 너희를 위하여 거처를 마련하러 가노니, 내가 가서 너희를 위하며 거처를 마련하면, 나는 다시 돌아와 너희를 내게로 영접할 것이니, 내가 있는 곳에 너희도 있을 것이니라(요한복음 14:2-3)." 눈을 감고 뉴욕의 아파트를 의식에서 내보냅니다. 그리고 그 자리에 유람선을 데리고 와 당신이 그 유람선 위에 있다고 느낍니다. 당신은 갑판에 있는 의자에 앉아 있고 당신 주위로는 오직 광대한 대서양이 펼쳐져 있습니다.

이 유람선과 대양을 사실로 확정 짓고 그 상태에서 뉴욕 아파트에 앉아 대양에서의 하루를 꿈꾸던 날을 떠올리십시오. 뉴욕에서 이 날을 꿈꾸던 당신의 모습을 마음속에 떠올리십시오. 상상 속에서 뉴욕 아파트에 있었던 당신의 모습을 봅니다. 당신의 의식이 뉴욕 아파트로 돌아가지 않고 뉴욕 아파트에 있었던 자신의 모습을 떠올리는 데 성공한다면 당신은 이 여행을 사실로 받아들이는 데 성공한 것입니다.

유람선과 대양을 사실로 느끼는 의식의 상태를 유지하십시오. 이제 소망을 이루었으니 기쁨을 만끽하십시오. 그러곤 눈을 뜨십시오. 당신은 의식 속에 장소를 마련했습니다. 마음의 상태를 확고히 했다면 그 의식 속에 당신의 몸도 함께 있게 될 것입니다.

셋, 특정한 시간에 축복을 내리거나 그 시간을 실제로 만들기.

오늘, 혹은 현재의 달이나 연도를 당신의 의식 속에서 지우십시오. 그리고 오늘이 당신이 경험하고 싶은 날, 달, 혹은 연도라고 상상하십시오. 바로 지금 소망이 이루어졌다는 것을 스스로에게 각인시켜 이를 사실로 느끼십시오. 이 시간이 자연스럽게 느껴질 때 당신이 경험하고 싶었던 시간이 완벽히 실현되었다는 전율을 느끼며 마음의 여행을 시작하게 될 것입니다. 축복을 내리는 힘이 당신에게 있다는 것을 안다면 당신은 병의 감옥이든, 가난의 감옥이든, 지루한 일상의 감옥이든, 그 어떤 감옥의 문도 열 수 있습니다.

"주 하느님의 영이 내 위에 내리셨으니. 주께서 내게 기름을 부어 주시어 겸손한 이들에게 기쁜 소식을 전하고, 주께서 나를 보내시어 상처받은 이들의 마음을 돌보게 하시고, 잡혀있는 이들에게는 자유를, 갇혀있는 이들에게는 석방을 선포하게 하셨다(이사야서 61:1, 루카복음 4:18)."

5 장

모든 문제는
스스로 해결책을 드러낸다

• "엿새 동안은 일할 것이나, 일곱째 날은 너희에게 거룩한 날, 즉 주를 위한 안식일이니라(출애굽기 31:15, 레위기 23:3)." 여기서 말하는 6일은 하루 24시간을 기준으로 하는 것이 아닙니다. 여기서 6일은 내면의 상태가 확고해지는 심리적인 순간을 상징합니다. 6일은 내면에서 경험이 이루어지는 시간입니다. 심리적 상태를 확고히 하는 일은 의식 안에서 이루어지기 때문에 춘분점을 기준으로 하는 시간 계산법으로 측정할 수 없습니다. 따라서 6일은 의식 안에서 당신이 원하는 모습을 스스로 만들어가는 데 소요되는 시간입니다.

의식 변화는 6일간 창조의 작업을 거쳐 일어납니다. 다시 말해 심리적 변화는 물리적 시간이 아닌 내면에서 일어난 성취로 측정됩니다. 우리가 삶을 돌아볼 때 얼마나 살았느냐가 아니라, 그동안 무엇을 했느냐로 판단하는 것처럼 심리적 시간도 변화를 만드는 데 얼마의 시간이 소요되었느냐가 아니라, 그 시간 동안 어떠한 성취를 이루었느냐로 측정됩니다.

창조의 6일이 갖는 진정한 의미는 히브리어 알파벳의 6번째 글자이며, 신성한 이름 욧, 헤, 바, 헤의 세 번째 글자인 바에 잘 드러납니다. 앞서 '여호와'의 이름이 갖는 신비에서 설명했듯이 '바'는 '못으로 박다' 혹은 '결합하다'를 의미합니다. 창조자는 느낌을 통해 자신의 창조물과 결합합니다. 어떠한 느낌을 확고히 하는 데 걸리는 시간이 바로 창조의 6일을 결정하는 진정한 척도입니다.

현실 세계에서 자신을 정신적으로 분리한 후 느낌이라는 열쇠를 통해 내면의 상태로 데려가는 것이 히브리어 알파벳의 여섯 번째 글자인 '바'의 역할, 다시 말해 창조의 6일 동안 하는 일입니다. 내면에 인상이 각인되고 난 후 그 내면의 상태가 바깥세상에 모습을 드러내기까지는 시간의 간격이 존재합니다. 이 간격이 바로 안식일입니다.

안식일은 마음의 상태가 확고하게 고정된 후에 따라오는 정신적 휴식이며 6일 동안 일한 결과입니다. "안식일은 사람을 위해 만들어진 것이니라(마가복음 2:27)." 의식이 성공적으로 잉태된 후에 마음이 갖는 이 휴식 기간은 정신적 임신 기간이라고 할 수 있습니다. 다시 말해, 내면에 각인된 인상을 바깥세상에 내어놓으려면 이 기간 동안 잘 부화시켜야 합니다.

안식일은 창조물을 세상에 내어놓기 위해 만들어진 것이지, 세상에 내어놓은 것들을 위해 만들어진 것이 아닙니다. 당신이 6일 동안 창조의 작업을 성공적으로 마쳤다면 자동으로 정신적 휴식 기간인 안식일을 갖게 됩니다. 6일이 지나기 전에는, 다시 말해 내면의 변화가 이루어지지 않고 마음에 인상이 충분히 각인되지 않는다면 안식일도, 7번째 날도, 정신적 휴식의 기간도 없습니다.

인간이 안식일을 지키지 않을 경우에는, 하느님의 휴식 안으로 들어가지 않을 경우에는 약속받은 것을 얻지 못할 거라는 경고를 받습니다. 다시 말해 안식일을 지키지 않으면 소망하는 바를 이룰 수 없습니다. 그 이유는 간단하고 분명합니다. 원하는 인상이 의식에 각인되지 않는다면 정신적 휴식은 얻어지지 않습니다. 당신이 갖고 싶은 것을 지금 갖고 있으며 이를 사실로 받아들이지 못하면 그것을 계속해서 원하게 되기에 결국에는 마음의 안정도, 만족도 하지 못합니다.

그와 반대로 당신이 내면의 변화를 성공적으로 이루어 내어 내면의 고요한 시간, 다시 말해 6일간의 창조의 기간을 보내고, 바라는 것을 얻었다는 느낌을 사실로 받아들이면 자동으로 안식일, 다시 말해 정신적 휴식을 갖게 됩니다. 수정이 되어야 임신이 이루어집니다. 사람은 이미 얻은 것은 계속 원하지 않습니다. 사람은 그가 바라는 고요한 상태에 들어가기 전에 자신이 원하는 모습이 되었다고 인식하는 데 성공해야 안식일을 휴일로 지킬 수 있습니다.

안식일은 6일간 창조의 과정을 마친 뒤 얻어지는 결과물입니다. 6일이 갖는 진정한 의미를 아는 사람은 안식일을 그저 일주일에 하루 육체적 피로를 푸는 날로 여기지 않습니다. 안식일의 평온과 고요는 당신이 원하는 모습이 되었다고 인식할 수 있을 때만 경험할 수 있습니다. 만약 당신이 내면에 이러한 인상을 각인하지 못한다면 그것은 과녁을 벗어난 것이며 죄를 짓는 것입니다. 여기서 '죄'란 과녁에서 벗어나는 것, 다시 말해 목표를 놓치거나 달성하지 못하는 것을 말합니다. 그리고 그러한 상태에서는 마음의 평온을 찾기가 어렵습니다.

"내가 와서 그들에게 말하지 아니하였더라면 그들은 죄가 없었을지니(요한복음 15장 22절)." 만약 인간에게 목표라는 이상적인 상태가 주어지지 않았다면, 그러한 상태를 갈망하고 얻고자 하는 욕망이 없었다면, 인간은 자신에게 주어진 운명에 만족했을 것이고 죄를 알지 못했을 것입니다. 하지만 이제 인간은 자신의 능력이 무한하다는 것을 알고 있습니다. 게다가 6일 동안 일을 하면, 다시 말해 내면에 변화를 일으키면 자신이 바라는 것을 이룰 수 있다는 것을 알고 있습니다. 따라서 인간은 자신이 목표한 것을 모두 이루기 전까지는 만족하지 않을 것입니다.

6일이 갖는 진정한 의미를 안다면, 목표를 명확히 정하고, 목표한 모습이 되었다고 인식하기 시작할 것입니다. 이처럼 인상이 마음속에 깊이 각인되면 정신적 휴식, 신비주의자들이 안식일이라고 부르는 기간이 자연스레 이어질 것입니다. 그리고 6일의 시간 동안 의식 속에 새겨진 인상이 임신이라는 기간을 거쳐 세상에 모습을 드러낼 것입니다.

말씀이 사람이 될 것입니다. 하지만 그것으로 끝이 아닙니다! 안식일 혹은 휴식은 생각이 현실이 되면서 끝이 납니다. 그러고 나면 인간은 또다시 다른 목표를 정하고 자신이 원하는 모습을 얻기 위해 새롭게 6일간의 여정을 시작합니다. 인간은 소망이라는 매개체를 통해 잠에서 깨어났고 소망을 이루기 전까지는 안식을 찾을 수 없습니다. 하지만 하느님의 휴식에 들어가기 전에, 혹은 안식일을 지키기 전에, 다시 말해 두려움 없이 평온을 얻기 전에 인간은 반드시 영적인 명사수가 되어 과녁을 명중시키는 비밀, 즉 6일간의 창조의 비밀을 배워야 합니다. 그것은 바로 눈에 보이는 객관적인 상태에서 벗어나 자신을 내면 상태에 맞추는 것입니다.

이 비밀은 신성한 이름 '여호수아'와 자신의 아들 야곱에게 축복을 내리는 이삭의 이야기에 나타납니다. 만약 누군가 성서에 담긴 이야기를 자신의 삶에 공식처럼 적용한다면 그는 매 순간 영적인 과녁에 명중할 것입니다. 그는 먼저 내면에 변화를 만들어야 정신적 휴식, 안식일을 얻을 수 있다는 것을 알고 있기 때문입니다. 예수 그리스도가 십자가에 못 박히는 이야기에 6일의 시간(내면의 기간)과 휴식의 7번째 날이 아름답게 표현되어 있습니다.

유대인들에게는 해마다 유월절이 되면 죄수 하나를 풀어주는 관습이 있습니다. 유대인들은 강도 바라바와 구세주 예수 그리스도 중에 누구를 풀어주어야 할지 결정해야 했습니다. 그들은 "바라바를 풀어 주어라(요한복음 18:40)."라고 외쳤습니다. 그 결과 바라바는 석방되었고 예수님은 십자가에 못 박혔습니다. 기록에 따르면 구세주 예수 그리스도는 여섯째 날에 십자가에 못 박혔고 일곱 째날 무덤에 묻히셨으며 그다음 날 부활했습니다.

여기서 구세주는 당신을 목표를 이루지 못한 상태에서 구해주는 것을 말하며, 바라바는 당신에게서 소망을 빼앗아 가는 현재의 자아 관념을 말합니다. 당신은 당신의 구세주를 정의할 때 어떻게 구원받을지가 아니라 무엇에 의해 구원받을지를 분명히 해야 합니다. "당신의 구세주 혹은 소망은 당신이 알지 못하는 길을 가고 있으니 그가 가는 길은 당신이 알 수 있는 영역이 아닙니다(로마서 11:33)."

모든 문제는 스스로 해결책을 드러냅니다. 만약 감옥에 갇힌다면 당신은 당연히 자유를 얻고 싶을 것입니다. 이 경우 자유가 당신을 구해주는 것이며 당신의 구세주입니다. 당신의 구세주를 찾았다면 그다음 단계는 강도인 바라바, 즉 현재의 자아 관념을 풀어주어야 합니다. 그런 다음 당신의 구세주를 십자가에 못 박으십시오. 말하자면 당신이 원하는 모습이 되었다거나, 당신을 구원해 줄 것을 가지고 있다는 의식을 확고히 해야 한다는 말입니다.

바라바는 당신이 현재 직면한 문제를 말합니다. 당신의 구세주가 당신이 직면한 문제로부터 당신을 자유롭게 만들어 줄 것입니다. 당신은 바라바를 풀어주어야 합니다. 즉 당신이 고민하는 문제로부터 혹은 감각의 한계로부터 주의를 돌려야 합니다. 그래야 바라바가 당신이 구하고 있는 자유를 당신에게서 빼앗아 가지 못합니다. 그러곤 과거의 한계에서 벗어나 자유롭다는 느낌을 내면의 상태로 분명하고 확고하게 만들어서 당신의 구세주를 십자가에 못 박으십시오.

당신 감각이 만들어 낸 증거인 현실의 상황을 거부하고 당신 내면에서 자유의 기쁨을 느끼기 시작하십시오. 이러한 자유의 상태를 실제 사실로 느끼며 "나는 자유다!" "다 끝났다(요한복음 19:30)."라고 외치십시오. 내면의 상태를 확고히 하는 것, 다시 말해 십자가에 못 박는 행위는 여섯째 날에 일어납니다. 이날 해가 지기 전 당신은 "그것이 이루어졌다" "다 끝났다."라는 느낌을 확고히 하며 창조의 6일을 마무리해야 합니다.

이러한 내면의 확신을 얻은 후에 안식일, 혹은 정신적 휴식이 찾아옵니다. 당신은 땅에 묻히고 무덤에 들어간 사람처럼 될 것입니다. 산처럼 높은 장애물이 있고 벽처럼 단단한 어려움이 찾아오더라도 십자가에 못 박혀 땅속에 묻힌 당신의 구세주(당신이 현재 느끼는 내적인 확신)가 당신을 부활시킬 것입니다. 정신적 휴식 기간인 안식일을 지킴으로써, 당신이 자유롭게 되었을 때 당신이 갖게 될 마음의 태도를 사실로 받아들임으로써, 당신은 주님이 당신에게 하신 약속을 받게 될 것입니다. 왜냐하면 말씀이 곧 사람이 되고 내면의 확고한 믿음은 구체적인 현실로 나타날 것이기 때문입니다. "하느님은 일곱째 날에 모든 일을 쉬셨다(히브리서 4:4)."

당신의 의식은 "잘 되었다." "다 끝났다."를 확신하고 휴식을 취하는 하느님입니다. 그리고 안식일에 6일간의 확신과 믿음이 세상에 모습을 드러낼 것입니다. 그러면 당신의 객관적인 감각이 그 증거를 확인할 수 있을 것입니다.

6장

당신 안에서
위대한 드라마를 다시 써라

• 레위기 14장에 나오는 나병 환자 치료 예식은 신비주의자의 관점에서 보았을 때 깊은 통찰력을 제공합니다. 이 예식은 인간의 육체적, 정신적, 경제적, 사회적, 도덕적 등 모든 문제와 질병에 확실한 치료법으로 적용할 수 있습니다. 이 방식은 질병 종류나 지속 기간에 상관없이 그 어떤 질병에도 성공적으로 적용할 수 있습니다.

레위기에 기록된 예식은 다음과 같습니다. "그때 제사장이 명하여 깨끗해질 사람을 위해 살아있는 깨끗한 새 두 마리를 가져오게 할 것이다…그리고 제사장은 두 마리 중 한 마리를 죽이라 명하고… 살아 있는 새에 대해서는 새를 죽은 새의 피에 담그고 난 뒤 나병에서 깨끗해져야 할 사람에게 일곱 번 뿌리고 그를 깨끗해졌다고 선언하고 살아있는 새는 들판에 놓아줄 것이다. 그러면 그 환자는 깨끗이 나을 것이다(레위기 14:4-8)."

이 이야기를 글자 그대로 적용하는 것은 어리석고 의미 없는 일입니다. 반면에 이 이야기를 우리의 내면세계에 적용한다면 현명하고 의미 있는 일이 될 것입니다. 이 이야기에서 새는 관념을 상징합니다. 고민이 있거나 현재 모습이 아닌 다른 모습을 갖고 싶은 사람이라면 두 마리의 새를 가지고 있다고 할 수 있습니다. 두 마리의 새, 다시 말해 두 가지 관념은 다음과 같이 정의될 수 있습니다. 첫 번째 새는 당신이 현재 바깥세상에 그려내고 있는 당신의 관념입니다. 외모, 수입, 의무, 국적, 가족, 인종 등에 관해서 당신이 자신을 설명해야 할 때 당신이 그리게 될 당신의 모습입니다. 이러한 질문에 솔직하게 대답해야 한다면 당신은 당신이 소망하는 것이 아닌, 세상에 보여지는 감각의 증거를 바탕으로 대답을 해야 할 것입니다.

첫 번째 새는 오직 감각 증거를 기반으로 한 자신에 대한 진정한 자아 관념을 상징합니다. 두 번째 새는 이러한 질문에 당신이 대답하고 싶은 당신의 모습을 상징합니다. 요컨대 이 두 마리 새는 당신이 인식하고 있는 당신 모습과 당신이 되고 싶어 하는 당신의 모습으로 정의될 수 있습니다. 두 마리 새를 다른 방식으로 정의해 본다면 첫 번째 새는 현재 당신이 직면하고 있는 문제나 어려움을 말하고, 두 번째 새는 그 문제의 해결책이 될 수 있습니다.

가령, 당신이 몸이 아프다면 건강이 해결책이 될 것입니다. 빚을 지고 있다면 빚을 청산하는 것이 해결책일 것입니다. 배가 고프다면 음식이 해결책이 될 것입니다. 눈치 챘겠지만 나는 지금 어떻게 문제를 해결하는지 그 방법적인 것 말고 문제가 해결된 상태만 이야기하고 있습니다. 오직 문제와 문제가 해결된 상태에만 신경을 써야 합니다. 모든 문제는 그 안에 해결책이 존재합니다. 아픔 안에는 건강이 있고, 가난 안에는 풍족함이 있고, 약함 안에는 강함이 있고, 속박 안에는 자유가 있습니다.

이 두 가지 상태, 즉 문제와 문제가 해결된 상태가 제사장에게 가지고 가야 할 두 마리 새입니다. 당신은 이제 제사장이 되어 나병 환자, 즉 문제를 안고 있는 당신을 치료하기 위해 예식을 거행합니다. 직접 제사장이 되어 나병 치유 방식으로 당신을 문제로부터 해방시켜 자유롭게 만드십시오.

먼저 새 한 마리(당신의 문제)를 가져와 피를 뽑아 죽이십시오. 피는 인간의 의식을 상징합니다. "그는 인류의 모든 족속을 한 혈통으로 만드사 이 땅 위에 살게 하시었다(사도행전 17:26)." 당신의 의식은 당신이 존재한다고 의식하는 것에 생명을 불어넣고 현실로 만드는 단 하나의 유일한 실체입니다. 주어진 문제로부터 주의를 돌리는 것은 새에게서 피를 뽑는 것과 같습니다. 당신 의식은 모든 상태를 살아있는 실체로 만드는 생명력을 불어넣는 피입니다. 주어진 상태에서 주의를 제거함으로써 당신은 생명의 피를 뽑아낸 것입니다. 당신은 문제로부터 의식을 제거하여 첫 번째 새(문제)를 죽이거나 없앴습니다. 이 피(당신의 의식)에 살아있는 새(해결책), 다시 말해 당신이 이제까지 원하고 바라는 모습, 혹은 갖고자 하는 것을 담그십시오. 그리고 이제 문제로부터 자유로워졌으며 당신이 원하는 모습이 되었다고 느끼십시오.

살아 있는 새를 죽은 새의 피에 담그는 것은 야곱이 앞이 보이지 않는 아버지 이삭에게 축복을 받는 것과 같습니다. 당신이 기억하듯이 눈 먼 이삭은 객관적인 세상, 다시 말해 첫째 아들 에서를 볼 수가 없습니다. 당신 역시 당신이 처한 문제로부터 의식을 제거했기 때문에 더 이상 당신의 문제(첫 번째 새)를 볼 수 없습니다. 당신의 의식(피)은 이제 두 번째 새(내면의 상태)로 옮겨갑니다. 그리고 당신은 두 번째 새를 실제라고 느끼고 인지합니다.

당신은 깨끗해져야 할 사람에게 피를 일곱 번 뿌려야 합니다. 이는 마음에서 일곱 번째 날(안식일)을 맞이하기 전에 자신에 대한 새로운 관념 안에 머물러야 한다는 것을 의미합니다. 당신은 당신이 바라는 모습이 되었거나 갖고자 하는 것을 실제로 얻게 되었다는 의식 안에서 믿음이 흔들리지 않고 확고해질 때까지 새로운 관념 안에 머물러야 합니다. 당신은 피를 일곱 번 뿌린 후에야 살아있는 새를 놓아주고 나병 환자가 깨끗이 나았다고 선언할 수 있습니다.

일곱 번 피를 뿌리는 행위는 당신이 원하는 모습이 되었다는 것을 사실로 확실하게 각인시킨다는 의미입니다. 그러고 나면 당신은 풀려난 새처럼 자유로워집니다. 하늘로 날아간 새가 잠시 후 다시 땅으로 돌아오는 것처럼 당신의 내면에 새겨진 인상 혹은 확언 또한 잠시 후 세상에 그 모습을 드러낼 것입니다. 이 이야기뿐만 아니라 성서에 나오는 모든 이야기들은 인간 의식에서 펼쳐지는 심리 드라마라고 할 수 있습니다.

당신은 지위가 높은 제사장이고, 나병 환자고, 새입니다. 당신의 존재 의식, 다시 말해 아이엠은 지위가 높은 제사장입니다. 문제를 안고 있는 당신은 나병 환자입니다. 당신의 문제, 다시 말해 당신이 현재 가지고 있는 자아 관념은 죽임을 당한 새입니다. 문제의 해결책, 즉 당신이 바라는 존재는 자유를 얻은 살아있는 새입니다.

당신이 현재 가지고 있는 문제에서 의식을 거두어 세상에 구현하고 싶은 것에 가져다 놓으십시오. 그리고 당신 안에서 위대한 드라마를 다시 쓰십시오. 당신의 믿음이 흔들림 없이 확고해질 때까지 계속해서 당신이 소망하는 모습이 되었다는 것을 사실로 각인시키십시오. 이처럼 확고한 마음의 태도 안에서 사는 것, 지금 이 순간 당신이 바라던 모습이 되었다는 인식 안에 사는 것, 이것이 바로 과거의 속박에서 벗어나 소망이 현실이 되는 곳을 향해 훨훨 날아가는 새입니다.

7장
당신 소망은
스스로 모습을 드러낸다

● "내 입에서 나간 나의 말이 그러하도다. 그것은 나에게 헛되이 돌아오지 않고 반드시 내가 뜻하는 것을 이루며 내가 그것을 보낸 곳에서 번성하게 될 것이다(이사야서 55:11)." 하느님은 근원적인 소망을 통해 당신에게 말씀하십니다. 당신의 기본적인 소망은 약속이자 예언이며 그 안에 소망을 밖으로 펼치기 위한 계획과 힘이 내재되어있습니다.

근원적인 소망이란 당신의 진정한 목표를 의미합니다. 그 목표를 어떻게 이뤄나갈 것인가는 이차적인 소망입니다. 하느님, 당신의 아이엠은 당신, 조건화된 의식 상태에게 기본적인 소망이라는 매개체를 통해 말합니다. 이차적인 소망, 즉 근원적인 소망의 실현 방식은 모든 지혜를 가진 아버지, 즉 당신의 아이엠의 비밀입니다. 당신의 아버지인 아이엠은 처음과 끝을 드러냅니다. "나는 시작이요 끝이라(요한계시록 1:8, 22:13)." 하지만 아버지는 시작과 끝의 중간을, 다시 말해 실현 방법의 비밀을 드러내지 않습니다. 말하자면 시작은 말씀으로, 당신의 근본적인 소망으로 드러나고 말씀이 육신을 입어 끝이 완성됩니다. 두 번째 혹은 중간(어떻게 모습을 드러낼 것인지에 관한 계획)은 결코 인간에게 드러나지 않으며 영원히 아버지의 비밀로 남아있습니다.

"내가 이 책의 예언의 말씀을 듣는 모든 사람에게 증언하노니, 만약 누구든지 이것에 무언가를 더하면 하느님은 그에게 이 책에 쓰인 재앙들을 더할 것이요, 만약 누구든지 이 예언의 책의 말씀에서 무언가를 제하면 하느님은 인생의 책에서 그의 부분을 제할 것이니라(요한계시록 22:18-19)." 계시록에서 이야기하는 예언의 말씀은 더이상 조건이 붙을 수 없는 근원적인 소망을 말합니다. 인간은 예언의 말씀에 끊임없이 무언가를 더하고 빼고 있습니다. 인간은 자신의 근원적 소망에 이미 그것을 실현시킬 계획과 힘이 있다는 사실을 모른 채 언제나 소망과 타협하고 용서를 더 어렵고 복잡하게 만들고 있습니다.

인간은 예언의 말씀, 즉 자신의 소망에 다음과 같은 일을 저지르고 있습니다. 인간은 자신의 한계나 문제를 벗어나 자유를 얻고자 합니다. 그래서 자신의 목표를 정확히 규정하고 나면 가장 먼저 목표에 조건을 붙입니다. 그러곤 목표를 달성하기 위한 방법에 대해 생각하기 시작합니다. 원하는 것이 스스로 모습을 드러낼 방법을 가지고 있다는 사실을 알지 못한 채 인간은 원하는 것을 얻기 위해 계획을 세우고, 그 과정에서 하느님의 말씀에 무언가를 덧붙이기 시작합니다.

반면 소망을 이루기 위한 어떠한 계획이나 생각이 없다면 자신의 소망을 수정해 현실과 타협합니다. 만약 자신이 가지고 있던 근본적인 소망보다 조금 낮은 것에 만족한다면 조금 더 쉽게 욕망을 실현할 수 있을 거라고 생각합니다. 이 과정에서 인간은 하느님의 말씀에서 무언가를 덜어냅니다. 개인과 국가 모두 자신들의 야망을 이루기 위해 계획을 세우고 방법을 구상하며 이 근본적인 소망의 법칙을 끊임없이 위반하고 있습니다. 그렇게 우리는 예언의 말씀에 무언가를 더하고 무언가를 빼면서 자신의 이상과 타협합니다.

예언의 말씀을 위반하면 그 결과로 죽음과 질병, 실패와 좌절이 필연적으로 뒤따릅니다. 하느님은 오직 근본적인 소망을 통해서 인간에게 말씀하십니다. 당신의 소망은 당신의 자아 관념에 의해 결정됩니다. 소망 자체는 선하지도 악하지도 않습니다. "내가 주 예수 그리스도에 의해서 알고 깨달았으니 무엇이든지 스스로 속된 것은 없으며 다만 속되다고 여기는 사람에게는 속되도다(로마서 14:14)."

당신의 소망은 현재 당신이 가진 자아 관념에서 나오는 당연하고 자연스러운 결과물입니다. 하느님, 즉 당신의 조건 없는 의식은 사람을 차별하지 않으며 누구에게나 평등합니다(사도행전 10:34, 로마서 2:11). 조건 없는 의식인 하느님은 조건화된 의식인 인간에게 근본적인 소망이라는 매개체를 통해 조건화된 상태(당신의 현재 자아 관념)가 필요하다고 믿게 하십니다.

당신이 현재의 의식 상태에 머물러 있는 한 당신은 지금 원하는 것을 계속 원할 것입니다. 자신에 대한 관념을 바꾸면 소망의 모습도 저절로 바뀔 것입니다. 소망은 세상에 모습을 드러내고 싶어 하는 의식 상태입니다. 소망은 의식에 의해 형체가 만들어지고 소망을 품은 사람에 의해 쉽게 세상에 모습을 드러냅니다.

사람이 소망을 품고 원하는 상태가 이미 이루어진 것처럼 마음의 태도를 확고히 한다면 소망이 밖으로 모습을 드러냅니다. 소망은 그것이 어떤 모습이든 마음의 태도만 확고해지면 쉽게 모습을 드러내기 때문에 아직 생명의 일체성을 깨닫지 못한 사람들과 의식이 단 하나의 유일한 실체인 하느님이라는 근본적인 진리를 알지 못하는 사람들에게는 다음과 같은 충고가 필요합니다.

바로 황금률로 잘 알려진 "다른 사람이 당신에게 하기를 바라는 대로 그 사람에게 하라(마태복음 7:21)."입니다. 당신은 당신 자신을 위해 무언가를 원할 수도 있고 다른 이를 위해 무언가를 원할 수도 있습니다. 만약 당신의 욕망이 다른 이와 관련되어 있다면 그 사람이 받아들일 수 있는 것인지 확인하십시오. 이 같은 경고를 하는 이유는 당신의 의식이 세상에 온갖 선물을 주는 하느님이기 때문입니다.

따라서 당신이 다른 이에 대해 진실로 느끼고 믿는 것은 당신이 그 사람에게 주는 선물입니다. 그 사람이 당신이 준 선물을 거부하면 그 선물은 당신에게 되돌아옵니다. 그러니 당신 스스로 그 선물을 갖고 싶은지 생각해보십시오. 당신이 상대방이 어떤 상태일 거라고 스스로 확신했는데 그 사람이 그 상태를 자신에 대한 진실로 받아들이지 않는다면 그 받아들여지지 않은 선물은 당신의 세상 안에서 모습을 드러낼 것입니다.

당신이 자신에게 원하는 대로 다른 사람에게도 똑같이 하십시오. 그러면 당신은 이 땅에 하늘나라를 건설하게 될 것입니다. "다른 사람이 당신에게 하기를 바라는 대로 그 사람에게 하라."의 황금률은 바로 이 법칙을 따른 것입니다.

당신이 기꺼이 당신의 모습으로 받아들일 수 있는 상태를 다른 사람의 모습으로 받아들이십시오. 그러면 당신은 끊임없이 이 땅에 천국을 건설하게 될 것입니다. 당신의 천국은 당신이 머무는 의식의 상태가 결정합니다. 그리고 그 의식의 상태는 당신이 자신과 다른 사람에 대해 진실로 믿고 있는 것으로 이루어집니다.

당신을 둘러싼 환경은 당신 자신의 자아 관념과 다른 사람들에게서 거절당한 그들에 대한 당신의 확신으로 결정됩니다. 당신이 다른 사람에 대해 어떠한 관념을 가지고 있는데 그 관념이 그 사람이 자신에 대해 가지고 있는 관념과 일치하지 않는다면 그것은 당신에게 돌아오는 선물이 됩니다.

상대방에 대한 잘못된 관념은 그것을 받은 사람이 받아들이지 않는다면 부메랑이 되어 돌아오는 법입니다. 그러므로 당신의 세상은 당신이 당신 자신에게 준 선물입니다. 선물의 성격은 당신의 자아 관념과 당신이 다른 사람에게 건넸지만 받아들여지지 않고 되돌아온 선물로 결정됩니다. 이 법칙은 누구에게나 공평합니다.

당신의 소망은 스스로 모습을 드러냅니다. 그러니 법칙을 깨달고 그에 따라 살아가십시오. 그러면 당신은 자유를 얻게 될 것입니다. 법칙을 이해하고 당신의 소망을 정하십시오. 당신이 무엇을 원하는지 정확하게 알아야 합니다. 그리고 그것이 당신 자신뿐만 아니라 다른 사람에도 바람직하고 받아들일 수 있는 것인지 확인하십시오.

지혜롭고 훈련이 된 사람은 자신의 소망을 실현하는 데 장애물이 없다고 생각합니다. 그래서 파괴해야 할 것도 없습니다. 그는 확고한 마음의 태도로 자신이 원하는 것이 이미 완전히 이루어졌다고 인식합니다. 그는 확고한 내면 상태가 아무도 모르는 자신만의 방법과 수단으로 스스로 세상에 모습을 드러낼 것임을 알고 있습니다. "그들이 묻기 전에 내가 대답하였다(이사야서 65:24)." "나는 네가 알지 못하는 길을 알고 있다(이사야서 42:16)." "나의 길은 네가 헤아리지 못할 것이다(로마서 11:33)."

반면, 훈련이 되지 않은 사람은 끊임없이 자신의 소망을 이루는 데 장애물이 있다고 느낍니다. 그로 인해 좌절감을 느끼고 자신의 근본적인 소망을 이루려면 먼저 장애물을 파괴해야 한다고 굳게 믿습니다.

당신이 의식의 법칙을 발견할 때, 황금률의 위대한 지혜를 이해하게 될 것이고 그 법칙에 따라 살아가며 하늘나라의 왕국이 이 땅 위에 있음을 몸소 증명하게 될 것입니다. 당신은 "다른 사람이 당신에게 하기를 바라는 대로 그 사람에게 하라."라는 황금률을 왜 지켜야 하는지 깨달았을 것입니다. 이 황금률이 변하지 않는 삶의 법칙에 기반하고 있으며 모두에게 공평하게 적용되므로 이 법칙에 따라 사는 것이 얼마나 상식적인 것인지 이해했을 것입니다.

의식은 단 하나의 유일한 실체입니다. 이 세상과 세상에 존재하는 모든 것은 의식 상태가 밖으로 구현된 것입니다. 당신의 세상은 당신의 자아 관념과 다른 사람들이 자신에 대해 가지고 있는 관념이 아닌, 당신이 다른 사람들에 대해 가지고 있는 관념에 의해 결정됩니다.

유월절의 이야기는 당신이 현재 가지고 있는 문제에 등을 돌리고 더 나은, 더 자유로운 상태로 건너가도록 도와줍니다. "물 주전자를 가진 이를 따르라(마태복음 14:13, 루카복음 22:10)." 제자들을 마지막 만찬, 다시 말해 유월절 축제로 인도하기 위한 메시지가 주어졌습니다. 물 주전자를 든 사람은 예수의 열한 번째 제자인 가나안의 시몬을 말하며 고귀하고 숭고하며 친절한 상태만을 듣는 훈련된 마음 특성을 상징합니다.

오직 좋은 것만을 듣도록 훈련된 마음은 좋은 상태에만 머물게 되고 그 결과 세상에 좋은 것을 만들어 냅니다. 당신 또한 유월절의 가장 성대한 잔치인 최후의 만찬에 참석하고자 한다면 물 주전자를 든 남자를 따르십시오. '물 주전자를 든 남자'로 상징되는 마음의 태도를 가진다면 당신은 이 땅에 세워진 하늘나라에서 살아가게 될 것입니다.

유월절의 잔치는 당신의 의식을 바꿔놓을 열쇠입니다. 당신이 현재 가지고 있는 자아 관념에서 주의를 돌리고 당신이 원하는 모습이 되었다고 인식한 후 그것을 사실로 받아들이십시오. 그러면 당신은 현재 상태에서 당신이 원하는 상태로 옮겨갈 수 있습니다. 이러한 성취는 열두 제자의 도움으로 이루어집니다. 여기서 열두 제자는 마음의 열두 가지 덕목을 나타냅니다.

8장

각인된 인상은 결국 싹을 틔운다

• "예수께서 그들에게 말씀하시니, 너희들이 믿음이 없기 때문이니라. 진실로 내가 너희에게 이르노니 만약 너희에게 겨자씨 한 알 만큼의 믿음이 있어 이 산에게 이쪽에서 저쪽으로 옮겨가라 명하면 이 산은 옮겨갈 것이다. 또한 너희가 못 할 것이 없을 것이다(마태복음 17:20)." 겨자씨 한 알만한 믿음이 결국 인간에게 걸림돌이 되었습니다(고린도전서 1:23). 우리는 겨자씨 한 알이 미약한 믿음을 상징한다고 배웠습니다. 그래서 적은 양의 믿음만 있어도 성공이 보장되는데 성숙한 인간이 되어 왜 이런 미약한 믿음조차 가지지 못하는지 궁금해 합니다.

"믿음은 소망하는 것들의 본질이며 보이지 않는 것들의 증거이니라(히브리서 11:1)." "믿음을 통해…세상은 하느님의 말씀으로 지어진다. 그래서 보이는 것들은 겉으로 나타나는 것으로 지어진 것이 아니다(히브리서 11:3)." 믿음을 통해 보이지 않던 것들이 보이게 되었습니다. 겨자씨 한 알은 믿음의 미약함을 나타내는 것이 아닙니다. 오히려 절대적인 믿음을 나타냅니다.

겨자씨는 자신이 오직 겨자 열매가 되는 것만을 인식합니다. 세상에 뿌려진 다른 어떤 씨앗에 대해서도 인식하지 않습니다. 자궁 안에 있는 정자가 자신이 오직 사람이 되는 것만을 인식하는 것처럼 겨자씨 역시 자신이 겨자 열매가 된다는 믿음으로 단단히 봉인되어 있습니다.

겨자씨 한 알은 진정 당신이 목표를 이루는 데 필요한 믿음의 척도입니다. 당신도 겨자씨처럼 오직 소망하는 것이 이루어졌다는 의식 안에 완벽히 몰입해야 합니다. 겨자씨 스스로 싹을 터트리듯 당신 의식 안에 있던 확언이 밖으로 드러날 때까지 당신은 계속 봉인된 상태 안에 머물러야 합니다.

믿음은 소망이 이루어졌다는 의식 안에서 느끼고 사는 것입니다. 믿음은 창조의 비밀이며, 신성한 이름 욧, 헤, 바, 헤 가운데 헤입니다. 믿음은 노아의 아들 가운데 함이며, 믿음은 이삭이 축복을 내려 그의 아들 야곱을 현실로 드러나게 만든 느낌입니다. 하느님(당신의 의식)은 믿음을 통해 보이지 않는 것들을 마치 보이는 것처럼 불러 그것들을 보이게 만드십니다.

믿음은 소망하는 것이 이미 이루어졌다고 의식하게 해줍니다. 믿음은 당신의 보이지 않는 주장이 점점 무르익어 스스로 싹을 틔워 세상에 모습을 드러낼 때까지 당신을 의식 안에 봉인합니다. 믿또는 느낌은 소망을 의식 안으로 가져오는데 필요한 열쇠입니다. 무언가를 바라는 의식은 느낌을 통해 바라는 것이 이루어진 것과 하나가 됩니다.

당신이 원하는 모습이 되었다면 어떤 느낌이 들겠습니까? 당신이 소망하는 것이 이미 이루어졌을 때의 느낌, 그 기분을 느끼십시오. 잠시 후 당신은 당신이 원하는 모습이 되었다는 믿음 안에 봉인될 것입니다. 그러면 애쓰지 않아도 눈에 보이지 않는 상태가 스스로 세상에 모습을 드러낼 것이고 눈에 보이지 않던 것이 보이게 될 것입니다.

만약 당신에게 겨자씨 한 알만큼의 믿음이 있다면, 바로 오늘 당신은 느낌이라는 마법의 물질을 통해 소망하는 것이 되었다는 의식 안에 당신을 봉인할 수 있습니다.

당신은 무덤같이 고요한 마음속에 머무르며 그 누구도 무덤 앞의 돌을 치워 줄 필요가 없다고 확신합니다(마태복음 28:2, 마가복음 16:3, 루가복음 24:2, 요한복음 20:1). 왜냐하면 모든 산과 돌, 그리고 이 땅에 존재하는 모든 것들이 당신 눈에는 아무것도 아니기 때문입니다. 당신이 현재 자신에 대해 사실로 인식하는 것(현재 인식하고 있는 상태)이 이 땅에 존재하는 모든 것들 사이에서 자신이 해야 할 일을 할 것입니다. 그 누구도 그의 손을 막거나 "너는 무엇을 하느냐?(다니엘서 4:32)"라고 말할 수 없습니다. 그 누구도 당신의 봉인된 의식 상태가 스스로 형체를 드러내는 일을 막을 수 없으며 그 일에 의문을 제기할 수도 없습니다.

믿음으로 잘 봉인된 의식 상태는 하느님의 말씀, 즉 아이엠입니다. 왜냐하면 믿음으로 잘 봉인된 사람은 "나는 어떠어떠하다."라고 말하기 때문입니다. 그리고 하느님이 말씀(나의 확고한 의식 상태)은 영이며 그것은 자신에게 헛되이 되돌아오지 않고 오히려 그것이 보내진 곳에서 반드시 목적을 이룰 것이기 때문입니다. 하느님의 말씀(당신의 의식 상태)은 반드시 스스로 형체를 드러냅니다. 그래서 당신은 다음의 구절이 무엇을 의미하는지 알게 될 것입니다. "나는(IAM) 주님이다. 나 말고는 어떤 하느님도 없다(이사야서 45:5)." "말씀이 사람이 되시어 우리 가운데 계시는 도다(요한복음 1:14)." "주께서 주의 말씀을 보내시어 그를 치유하셨다(시편 107:20)."

당신 역시 당신의 말, 즉 하느님의 말씀을 보내어 친구를 치유할 수 있습니다. 당신은 친구에게서 듣고 싶은 소식이 있습니까? 친구가 되고 싶어 하는 것, 혹은 가지고 싶어 하는 것이 무엇인지 명확하게 정하십시오. 당신이 소망을 분명하게 정했다면 당신은 하느님의 말씀 하나를 가지고 있는 것입니다. 당신이 이 말씀을 친구에게 전하거나 이 말씀에 육신을 입히고자 한다면 간단히 이렇게 해 보십시오. 당신이 현재 있는 자리에서 조용히 앉아 마음을 열고 가만히 들어보십시오. 그러곤 친구의 목소리를 떠올리십시오. 당신의 의식 속에 친숙한 친구의 목소리가 실제로 들린다고 상상하십시오. 친구가 당신의 바람대로 그가 되기를 바라던 모습이 되었고 갖기를 바라는 것을 가졌다고 말하고 있습니다.

당신이 실제로 친구의 목소리를 들었으며 친구가 당신이 듣고 싶은 말을 했다는 것을 사실로 받아들여 당신의 의식 속에 각인시키십시오. 그리고 당신이 친구의 말을 들었을 때의 전율을 느끼십시오. 그런 다음 그것을 완전히 놓으십시오. 이것이 바로 말씀을 세상에 드러내는 방법, 다시 말해 말씀에 육신을 입히는 신비주의자의 비법입니다. 당신 안에서 당신이 듣고 싶은 말을 만드십시오. 그런 다음 그 말을 듣고 스스로에게 이렇게 말하십시오. "주여, 말씀하소서. 주의 종이 듣고 있사옵니다(사무엘서 3:9,10)."

당신 의식은 친구의 친숙한 목소리를 통해 당신이 듣고자 하는 것을 당신 자신에게 각인시키는 주 하느님입니다. 스스로 자신의 의식 안에 인상을 각인시킨 상태, 즉 말씀은 인간은 알지 못하는, 스스로 세상에 모습을 드러내는 방법과 수단을 가지고 있습니다. 당신이 의식 안에 인상을 각인시키는 데 성공했을 때 당신은 눈에 보이는 것들로 인해 휘둘리지 않을 것입니다. 왜냐하면 의식 속에 스스로 각인된 인상은 겨자씨 한 알처럼 단단히 봉인되어 때가 되면 활짝 싹을 틔울 것이기 때문입니다.

9장

근본 원리를
당신의 소망에 적용하라

• 친구의 목소리를 이용해 원하는 상태를 자신의 자아 속에 잉태하는 것은 마리아의 성스러운 수태 이야기 속에 아름답게 표현되어 있습니다. 하느님은 천사를 마리아에게 보내어 아들을 낳게 될 거라고 알리게 하셨습니다. "천사가 마리아에게 말하기를…그대가 아들을 잉태하여 나으리라…그러자 마리아가 천사에게 말하니, 내가 남자를 알지 못하는 데 그게 무슨 말인가? 그러자 천사가 대답하여 그녀에게 말하길, 성령이 그대에게 임하사 지극히 높으신 권능이 그대를 덮을 것이오. 또한 그대에게 태어날 성스러운 이는 하느님의 아들로 불릴 것입니다. 하느님에게는 그 어떤 것도 불가능한 것이 없습니다(루가복음 1:30-37)."

이 이야기는 수 세기에 걸쳐 온 세상에 널리 전파되었지만 우리는 이 이야기가 우리에 관한 이야기인 줄 몰랐습니다. 그래서 이야기가 전하고자 한 교훈도 얻지 못했습니다. 이 이야기는 생각과 말씀이 어떻게 육신이 되는지 그 방법을 말하고 있습니다. 하느님은 어떠한 도움 없이도 하나의 생각, 즉 아들을 낳게 하셨습니다. 하느님은 천사의 도움으로 마리아의 자궁에 생각의 씨앗을 심으시고 생각을 잉태하게 하셨습니다. 그러곤 천사를 보내 그 사실을 마리아에게 알렸습니다.

성수태 고지 이야기만큼 의식이 스스로 잉태하는 방법을 간단하게 기록한 것은 없습니다. 이 창조의 드라마에는 네 명의 등장인물, 아버지, 아들, 마리아, 천사가 등장합니다. 아버지는 당신의 의식을 상징하고, 아들은 당신의 욕망을 상징합니다. 마리아는 당신의 수용적인 마음 태도를 상징하고, 천사는 잉태에 사용된 방법을 상징합니다.

드라마는 다음과 같이 전개됩니다. 아버지가 그 누구의 도움 없이 아들을 얻습니다. 당신 또한 다른 누구의 도움이나 제안 없이 당신의 욕구를 분명히 하여 목표를 정합니다. 그러고 나서 아버지는 마리아에게 메시지를 전할 사람, 다시 말해 임신을 알리기에 가장 적격인 천사를 선택합니다.

당신 또한 당신의 소망이 이루어진 것을 보았을 때 진심으로 기뻐할 사람을 선택합니다. 그리고 마리아는 천사를 통해 자신이 남자 없이 아들을 잉태했음을 알게 됩니다. 당신도 수용적인 마음의 태도로 귀를 열고 당신이 선택한 친구가 당신이 알고 싶어 하는 것을 당신에게 말해 주고 있다고 상상해 보십시오. 친구가 당신에게 당신이 원하는 모습이 되었고, 갖고자 하는 것을 가지게 되었다고 말하고 있다고 상상해 보십시오. 그 행복하고 즐거운 소식을 들었을 때 전율을 느낄 때까지 수용적인 마음의 상태에 머무르십시오. 이야기 속 마리아처럼 놀랍고 성스러운 잉태를 아무에게도 말하지 말고 때가 되면 저절로 밖으로 나타날 것이라는 믿음으로 살아가십시오.

아버지는 씨앗 혹은 아들을 잉태하기 위한 정자를 제공합니다. 하지만 자신의 정자를 여성의 자궁에 직접 전달하지 않습니다. 그 대신 다른 매개체를 통해서 정자를 전달합니다. 무언가를 소망하는 의식은 씨앗 혹은 생각을 만드는 아버지입니다. 분명하게 정의된 소망은 그 자체로 완벽한 모양을 갖춘 하나의 씨앗, 혹은 독생자입니다. 이 씨앗은 아버지(소망하는 의식)에게서 나와 어머니(소망하는 상태가 되었거나 원하는 상태를 가진 의식)에게로 옮겨갑니다.

이러한 의식 변화는 천사 혹은 당신이 이미 목표를 이루었다고 말해 주는 상상 속 친구의 목소리에 의해 이루어집니다. 의식에 인상을 각인시키기 위해 천사나 친구의 목소리를 사용하는 것은 스스로 잉태를 할 수 있는 가장 간단하고, 가장 안전하고, 가장 확실한 방법입니다.

당신의 소망을 분명히 정하고, 천사의 소리를, 다시 말해 친구의 목소리를 사실로 받아들여야 합니다. 당신이 친구의 목소리를 듣고 있다고 상상하십시오. 상상 속에서 친구가 당신에게 소망을 이루다니 얼마나 기쁘고 운이 좋으냐고 말하게 하십시오. 이러한 수용적인 마음의 태도 속에 천사의 메시지를 받아들이십시오. 당신이 원하는 모습이 되었고 원하는 것을 가졌다는 인상을 받아들이십시오. 당신이 듣고 싶었던 말을 듣고 감정적 전율을 느끼는 순간이 바로 잉태가 이루어지는 순간입니다. 이는 스스로 잉태가 이루어지는 순간이며 원하던 모습을 이루고 갖고 싶었던 것을 갖게 되었다고 느끼는 순간입니다.

이러한 내면의 경험에서 나오면 당신은 마치 이야기 속 마리아처럼 마음의 태도가 바뀌어 당신이 아들을 임신했다는 것을 알게 될 것입니다. 당신이 내면의 상태를 확고하게 만들면 얼마 지나지 않아 이 상태는 밖으로 모습을 드러내거나 세상에 그 형체를 구현해 낼 것입니다. 이 책은 당신에게 소망이 현실이 되는 법을 알려주는 데 목적이 있습니다. 책에서 소개된 원리를 적용해 보십시오. 그러면 당신은 소망을 이룰 수 있습니다. 이 땅 위에 존재하는 그 어떤 것도 당신을 막을 순 없습니다.

10장
당신의 상상력은 광활하다

● 저는 당신이 성서를 이해하고 어떻게 소망을 이룰 수 있는지 그 방법을 소개하고자 합니다. "이는 너희가 게으르지 아니하고, 믿음과 인내를 통해 약속을 물려받은 이들을 따르는 사람이 되게 하려는 것이다(히브리서 6:12)."

성서의 오래되고 익숙한 구절들을 좋아하는 많은 사람들이 성서를 여타의 책처럼 읽으려고 도전했다가 좌절하곤 합니다. 그도 그럴 것이 성서는 상징적인 언어로 쓰여 있기 때문에 어려울 수밖에 없습니다. 그런데 사람들은 성서에 등장하는 모든 인물이 마음의 법칙과 작용을 상징하고 있다는 것을 모릅니다. 더군다나 성서가 역사서라기보다 심리를 다루는 책이라는 것도 모릅니다. 그렇다 보니 사람들은 성서를 앞에 놓고 머리를 싸매고 고민하다가 얼마 못 가 포기하고 맙니다. 사실 성서는 온통 알 수 없는 말투성이입니다. 따라서 성서에 나오는 비유를 이해하고자 한다면 상상력이 깨어있어야 합니다.

성서는 우리가 아담과 함께 잠들고 예수 그리스도와 함께 깨어 난다고 말합니다. 다시 말해 우리는 모두 함께 잠들었다가 개별적으로 깨어납니다. "주 하느님께서 아담을 깊이 잠들게 하시니 그가 잠 들더라(창세기 2:21)." 태초의 인간인 아담이 깊은 잠을 자고 있다면 성서에 기록된 아담의 이야기는 꿈이어야 합니다. 오직 잠에서 깨어 난 사람만이 자신의 꿈에 대해 말할 수 있습니다. 그리고 꿈의 비유 를 이해한 사람만이 그 꿈을 해석할 수 있습니다. "그들이 서로에게 말하기를, 마을로 가는 길에 주께서 우리에게 말씀하시고, 우리에게 성서를 펼쳐 보이실 때, 우리의 심장이 불타지 아니하였던가?(누가복 음 24:32)."

성서는 우리가 잠들 때 들어가는 비밀스러운 영역의 언어로 마 음의 법칙과 작용을 드러냅니다. 이 비밀스러운 영역의 상징적 언어 는 모든 인간에게 동일하게 적용됩니다. 최근 들어 이곳을 다녀온 사람들은 이곳을 '집단 무의식'이라고 부릅니다.

저의 목적은 성서에 등장하는 상징들을 속속들이 정의하고 성서 의 이야기들을 남김없이 모두 해석하는 데 있지 않습니다. 다만 저 는 효과적인 방법을 제시하여 당신이 소망을 이룰 수 있도록 돕고 자 합니다. '무엇을 원하든' 당신 마음의 법칙에 따라 상상력을 의식 적으로, 그리고 자발적으로 사용한다면 당신은 원하는 것을 얻을 수 있습니다.

상상력의 영역 어딘가에 소망이 이루어진 느낌이 있습니다. 이

것을 당신의 것으로 만든다면 그것은 소망을 이루었다는 의미입니다. 에덴동산, 다시 말해 당신의 상상력은 당신이 알고 있는 것보다 광활합니다. 이곳을 탐험한다면 그에 대한 보상이 뒤따를 것입니다.

"내가 그대에게 황금 실의 끝자락을 주네." 당신은 그 실을 받아 둥글게 말아야 합니다.

11장

네 명의 전능한 존재들

● "강이 에덴동산에서 흘러나와 동산을 적시고 그곳으로부터 갈라져 네 곳의 발원지가 되었으니(창세기 2:10)." "그리고 사람마다 얼굴이 넷인데(에제키엘서 10:14)." "내가 보니 네 사람이 불구덩이 속을 걸어가는데 어느 하나 다친 사람이 없으며 네 번째 사람은 그 형상이 마치 하느님의 아들과 같더라(다니엘서 3:25)."

네 명의 전능한 존재가 모든 인간의 내면에 있다.

―― 블레이크

'네 명의 전능한 존재들'은 인간의 자아, 혹은 우리 안에 존재하는 하느님을 이루고 있습니다. 모든 인간의 내면에는 네 명의 전능한 존재가 있습니다. 하지만 이 네 명의 존재는 제각각 분리된 존재가 아니라 하나의 손에 있는 네 개의 손가락과 같습니다. 네 명의 전능한 존재는 마음의 네 가지 측면으로 기능과 특성은 다르지만 하나의 몸에 독립적으로 존재하는 네 개의 분리된 자아가 아닙니다.

네 명의 전능한 존재는 네 개의 히브리어 문자 욧, 헤, 바, 헤와 같으며 이 문자가 만나 창조의 힘을 나타내는 신비스러운 이름인 야훼, 혹은 여호와가 됩니다. 그리고 그 안에 '존재하다'라는 'be동사'의 과거, 현재, 미래형이 어우러져 있습니다.

'네 가지 글자'라는 뜻의 '테트라그라마톤Tetragrammaton'은 인간 내면에 존재하는 창조의 힘, 아이엠의 상징으로 숭배됩니다. 그리고 인간 내면에 존재하는 창조의 네 가지 기능은 그 안에 잠들어 있는 특성들을 물리적 현상으로 외부에 구현해 내기 위해 움직입니다.

'네 명의 전능한 존재'를 한 편의 연극을 만드는 데 가장 중요한 네 가지 역할에 비교해 보면 이를 쉽게 이해할 수 있을 것입니다.

이 세상은 무대고, 모든 사람은 그저 배우일 뿐이라네. 저마다 등장할 때가 있고 퇴장할 때가 있지. 그리고 우리는 살면서 여러 역할을 맡게 된다네.

———— 셰익스피어, 《뜻대로 하세요》

제작자, 작가, 감독, 배우는 한 편의 연극을 만드는 데 가장 중요한 사람들입니다. 인생이라는 연극에서 제작자가 맡은 역할은 연극 주제를 제안하는 것입니다. 제작자는 "나는 성공하고 싶어." "여행을 가고 싶어." "결혼하고 싶어."처럼 소원의 형태로 주제를 제안합니다. 하지만 일반적인 주제를 세상이라는 무대에 올리려면 주제를 구체화하고 계획을 세부적으로 세워야 합니다. "성공하고 싶어."라는 말만으로는 충분하지 않습니다. 지나치게 모호합니다. 무엇에서 성공하겠다는 말입니까?

하지만 첫 번째 전능한 존재인 제작자는 주제를 제안할 뿐입니다. 이제 주제에 극적인 요소를 가미하는 것은 두 번째 전능한 존재인 작가의 창의성에 달려있습니다. 주제를 극적으로 만들 때 작가는 연극의 마지막 장면만을 작성합니다. 하지만 이 마지막 장면을 아주 세세하게 작성합니다.

마지막 장면은 소망이 이루어진 장면이어야 합니다. 작가는 소망이 이루어졌을 때 경험할 수 있는 것을 가능한 한 실제처럼 상상하고 구상합니다. 작가가 그 장면을 아주 또렷하게 그리고 나면 그것으로 작가의 역할은 끝입니다.

인생이라는 연극을 만드는 데 있어 세 번째 전능한 존재는 바로 감독입니다. 감독의 임무는 배우가 대본에 따라 충실하게 연기하는지 지켜보고 배우의 연기가 자연스러워질 때까지 몇 번이고 반복해서 연습시키는 것입니다. 감독의 역할은 소망이 이미 이루어진 것처럼 행동하는 데에만 주의를 집중하게 만드는 통제되고 규제되는 의식의 역할과 비슷합니다.

"네 번째 사람은 그 형상이 마치 하느님의 아들과 같더라." 네 번째 '전능한 존재'는 바로 인간의 상상력, 다시 말해 배우입니다. 네 번째 전능한 존재는 이미 결정된, 소망이 이루어진 장면을 상상 속에서 연기합니다. 배우는 연기를 상상하거나 관찰하지 않습니다. 배우는 실제로 연극을 연기하고, 그 연기가 실제처럼 될 때까지 몇 번이고 반복합니다.

작가가 소망이 이미 이루어진 것처럼 대본을 작성하지 않으면 제작자가 제안한 주제는 그저 하나의 주제로 남아버려 태어나지 못한 주제들이 드넓은 방안에 영원히 잠들게 될 것입니다. 하지만 소망이 이미 이루어진 생생한 대본을 작성했다고 하더라도 감독이 배우가 그 대본에 충실할 수 있도록 주의를 집중시키지 않는다면 그 소망은 물리적인 실체를 얻지 못할 것입니다.

네 명의 전능한 존재들은 인간의 영혼을 구성하는 네 가지 영역입니다. 첫 번째는 여호와의 왕으로 주제를 제안합니다. 두 번째는 여호와의 종으로 주제를 극적으로 만드는 일을 합니다. 세 번째는 여호와의 사람으로 소망이 이루어진 대본에 주의를 기울이며 방황하는 상상력이 대본에 충실할 수 있도록 '일흔일곱 번'을 데려다 놓습니다. '네 번째 형상'은 여호와 자신으로 잘 연출된 연극을 마음이라는 무대에서 연기합니다.

"네 안에 이 마음을 품어라. 이는 곧 예수 그리스도의 마음에도 있다. 하느님의 형상으로 계시는 그는 하느님과 동등하게 되는 것을 약탈이라 여기지 아니한다(필립보서 2:5,6)." 인생이라는 연극은 네 개 영혼이 함께 노력해서 만드는 것입니다.

그대가 보는 모든 것들은 비록 그것이 밖으로 드러나 보일지라도, 안에, 그대의 상상력 안에 존재한다네. 그대가 보는 유한한 이 세상은 그저 그림자에 지나지 않는다네.

—— 블레이크

우리가 보는 모든 것은 하나의 주제를 표현하기 위해 만들어진 시각적 연출의 결과물이며 이 주제는 이미 다른 곳에서 연극으로 만들어져 연습되고 공연된 것입니다. 우리가 세상이라는 무대에서 보고 있는 것들은 이미 사람의 상상력 안에서 연극으로 만들어져 연습되고 공연된 것의 시각적 결과물입니다.

네 명의 전능한 존재들은 인간의 자아, 혹은 인간 내면에 존재하는 하느님을 이루고 있으며 인간이 보고 있는 모든 것은 밖으로 드러나 보일지라도 세상이라는 스크린에 비친 장면에 불과합니다. 이러한 시각적 구성물은 우리의 자아가 인간 내면에서 대본을 쓰고 연극으로 만들어 연습하고 연기한 것을 눈으로 볼 수 있게 만들어진 것입니다.

"인간은 헛된 것에 굴복하도록 만들어졌다." 그래서 인간은 자신의 자아와 자아의 역할에 대해 인식하는 것일지도 모릅니다. 인간이 자아와 자아의 역할을 인식하면 목적을 가지고 행동할 수 있으며 스스로 결정하는 삶의 역사를 쓸 수 있습니다.

의식이 없다면 인간은 무의식적으로 행동하고 외부 세계의 하느님에게 자신이 창조한 창조물로부터 자신을 구해달라고 외치게 될 것입니다. "오! 주여, 제가 얼마나 오래 울부짖어야 합니까! 주께서는 듣지 아니하십니다! 불의에 맞서 주께 부르짖사오나, 주께서는 구원하지 않으십니다!(하박국 1:2)"

우리 삶이 의식적으로 혹은 무의식적으로 쓰고 있는 하나의 연극라는 것을 깨닫게 될 때, 우리는 맹목적으로 다른 사람들을 판단하고 비판하는 고통스러운 행위를 멈출 것입니다. 그 대신, 세상에 상연된 자신의 연극에 변화가 일어나려면 내면에 존재하는 '네 명의 전능한 존재들'이 협력해야 한다는 사실을 깨닫고 자신의 이상에 맞는 대본을 다시 쓰게 될 것입니다. 오직 그들만이 대본을 바꿀 수 있고 변화를 가져올 수 있습니다.

당신의 세상에 다른 모든 사람들은 그저 배우에 지나지 않습니다. 배우가 대본을 바꾸지 못하는 것처럼 그들 역시 당신의 대본을 바꿀 수 없습니다. 따라서 당신이 변화를 원한다면 당신 마음의 극장에서 생각을 품고, 대본을 쓰고, 연습을 하고, 연기를 해야 합니다.

네 번째 존재인 상상력이 수정된 대본을 자연스러워질 때까지 반복해서 연습을 끝내면 변할 것 같지 않았던 세상이라는 무대에 막이 오르고 네 명의 전능한 존재가 실제로 연극을 시작할 것입니다. 사람들은 맡은 역할을 자연스럽게 수행하여 연극 주제를 완성해 나갈 것입니다. 배우들은 세상이라는 무대에서 다양한 역할을 연기하기 때문에 각각의 주제에 서로 연관이 있으며 서로의 연극에 끌려들어갑니다. 사람들은 자신이 맡은 역할을 스스로 선택했다고 철석같이 믿으며 연기할 것입니다.

"아버지여, 아버지께서 내 안에 계시고 내가 아버지 안에 있는 것과 같이…내가 그들 안에 있고 그들이 내 안에 있나이다(요한복음 17:21,23)." 나는 인류의 한 구성원이고 우리는 하나입니다. 우리는 모두 인생이라는 연극에서 제작자, 작가, 감독, 배우의 네 가지 역할을 수행하고 있습니다. 어떤 사람은 그 역할을 의식적으로, 또 어떤 사람은 무의식적으로 하고 있습니다. 하지만 우리는 이러한 역할들을 의식적으로 수행해야 합니다. 오직 그랬을 때만 우리의 연극에 완벽한 결말을 확실하게 가져올 수 있습니다. 그때 우리는 하느님의 자녀로 살아가기 위해 우리 안에 있는 하나뿐인 하느님의 네 가지 역할을 인식해야 하는 이유를 이해할 수 있을 것입니다.

사람은 사람으로만 머물러서는 안 된다. 사람의 목표는 더 높은 곳에 있어야 한다. 왜냐하면 하느님은 오직 신들만을 동반자로 받아들이시기 때문이다.

———— 안겔루스 질레지우스 Angelus Silesius

1946년 1월, 저는 아내와 어린 딸을 데리고 영국령인 서인도제도에 있는 바베이도스로 휴가를 떠났습니다. 돌아오는 표를 구하기가 힘든 줄 몰랐기 때문에 바베이도스로 떠나기 전 뉴욕으로 돌아오는 표는 예약하지 않았습니다. 바베이도스에 도착해서 섬으로 들어오는 배가 보스턴과 뉴욕에서 오는 두 편뿐이라는 것을 알게 되었습니다. 그마저도 9월까지는 두 편 모두 표가 없었습니다. 저는 5월 첫째 주 중에 뉴욕에서 일이 있었기 때문에 4월에 떠나는 배편의 긴 대기자 명단에 이름을 올려놓았습니다.

며칠 후 저는 항구에 정박해 있는 뉴욕에서 온 배를 보았습니다. 저는 그 배를 아주 찬찬히 관찰하고는 그 배를 타야겠다고 결심했습니다. 저는 호텔로 돌아와 그 배를 실제로 탔을 경우 어떤 행동을 할지 마음속으로 정했습니다. 그러곤 상상에 몰입하기 위해 침실에 있는 편안한 의자에 앉았습니다.

바베이도스에서는 큰 여객선을 타려면 모터보트나 노를 젓는 보트를 타고 안쪽 항구까지 가야 합니다. 저는 그 배에 타고 있다는 느낌을 포착해야 한다는 것을 알고 있었습니다. 저는 마음속으로 작은 배에서 내려 연결 다리를 올라 여객선에 오르는 장면을 선택했습니다. 처음에는 연결 다리 꼭대기에 도착하는 장면에서 주의가 흩어졌습니다. 저는 다시 처음부터 시도하고 또 시도했습니다. 배에 올라 드디어 출발한다는 시원섭섭한 마음으로 항구를 돌아보기까지 상상 속에서 이런 행동을 몇 번이나 반복했는지 모릅니다. 저는 집이 있는 뉴욕으로 돌아가게 되어 다행이었지만, 한편으론 아름다운 섬과 친지와 친구들을 두고 떠나서 마음이 편치는 않았습니다. 저는 항해를 하고 있다는 느낌을 느끼며 연결 다리를 걸어 올라가기를 여러 번 시도하다가 결국 잠이 들었던 것으로 기억합니다. 그리고 잠에서 깬 후에는 하던 대로 하루를 보냈습니다.

다음 날 아침, 선박회사로부터 사무실에 와서 4월 승선표를 찾아가라는 전화가 걸려 왔습니다. 나는 어떻게 취소표가 나왔고 어떻게 긴 대기자 명단 끝에 있던 나에게 표가 돌아온 것인지 궁금했습니다. 선박회사 직원은 그날 아침 뉴욕에서 세 자리가 취소되었다는 전보가 왔고, 나보다 앞에 있던 사람들에게 먼저 전화를 했지만, 무슨 이유에선지 다들 4월에 나가는 표가 필요 없어졌다고 했다고 설명했습니다. 우리는 4월 20일에 출발해 5월 1일에 뉴욕에 도착했습니다.

5월 1일까지 저를 뉴욕에 데려다줄 배를 타는 연극을 무대에 올리기 위해 저는 가장 중요한 네 명의 역할을 했습니다. 먼저 제작자가 되어 특정 시간에 특정 배를 타기로 결정했고, 작가가 되어 대본을 썼습니다. 제 소망이 실현된다면 제가 취하게 될 행동에 맞춰 내면의 행동을 상상했습니다. 그리고 감독이 되어 배우인 제 자신의 연기가 자연스러워질 때까지 연결 다리를 오르는 행동을 반복해서 연습시켰습니다.

이 같은 상상의 과정이 끝나자 바깥세상의 사건과 사람들이 제가 상상 속에서 만들고 연기했던 연극에 맞춰 빠르게 움직였습니다.

나는 신비스러운 상상이 흘러가는 것을 보았네.
그것은 사람들, 숲, 그리고 시냇물 속에 살아있었네.
어느 것이 현실이고 어느 것이 꿈인지 더 이상 구분되지 않을 때까지.

—— 조지 윌리엄 러셀 George William Russell

제가 샌프란시스코의 강연에서 청중들에게 이 이야기를 하자,

한 여성이 자신도 어렸을 때 같은 방법을 무의식적으로 사용한 적이 있다며 이야기를 들려주었습니다.

그 일은 크리스마스 이브에 일어났습니다. 그녀는 매우 슬프고 지쳐있었으며 자신이 안쓰럽게 여겨졌습니다. 그녀가 사랑하고 존경하던 아버지가 갑자기 세상을 떠났습니다. 크리스마스 연휴를 맞아 그녀의 상실감은 더욱 커졌습니다. 더군다나 그녀는 어쩔 수 없이 대학을 중도에 그만두고 일자리를 얻어야 하는 상황에 놓여있었습니다. 비가 추적추적 내리는 크리스마스 이브에 그녀는 샌디에이고의 트램을 타고 집으로 돌아가고 있었습니다. 트램 안은 연휴를 맞아 행복한 젊은이들의 즐거운 수다로 가득했습니다. 그녀는 트램 앞쪽의 외부 공간에 서서 하늘을 올려다보며 내리는 비에 눈물을 감췄습니다. 눈을 감고 트램의 난간을 꽉 잡으며 이렇게 말했습니다. "내가 지금 느껴지는 것은 눈물의 짠맛이 아니야. 이건 바람에 실려온 바다의 짠맛이야. 여긴 샌디에이고가 아니라 남태평양이고 나는 지금 사모아만으로 항해 중이야." 그러곤 그녀가 고개를 들자 그녀 앞에 그녀가 상상했던 남십자성이 보였습니다. 그녀가 깊은 상상에 빠지자 그녀 주변의 모든 것들이 흐릿해졌습니다. 순식간에 트램은 집이 있는 종착역에 도착했습니다.

2주 뒤, 그녀는 시카고에 있는 한 변호사로부터 그녀 앞으로 상속된 미국 채권 3천 달러가 있다는 연락을 받았습니다. 수년 전 그녀의 이모가 유럽으로 떠나면서 자신이 미국으로 돌아오지 않으면 그 돈을 자기 조카에게 전해주라고 했다는 것이었습니다. 변호사는 최근 그녀의 이모가 사망했다는 소식을 듣고 이모의 유언대로 그녀에게 돈을 전달하기 위해 연락을 해 온 것이었습니다.

한 달 후, 그녀는 남태평양으로 떠났습니다. 그녀가 사모아만에 도착하던 날 밤이었습니다. 배가 파도를 헤치며 나아가고 있었고 바람에 실려 온 바닷물의 짠맛이 느껴졌습니다. 아래를 내려다보니 하얀 물거품이 보였습니다. 그때 선원이 "남십자성이 보이네요."라고 말했습니다. 고개를 들자 그녀가 상상했던 남십자성이 바로 눈앞에 있었습니다.

그 후로도 그녀는 자신의 상상력을 생산적으로 사용할 수 있는 기회가 여러 번 있었습니다. 하지만 매번 무의식적으로 이루어졌기 때문에 자신이 겪은 모든 일들 너머에 어떠한 법칙이 존재한다는 사실을 깨닫지 못했습니다. 하지만 이제 그녀는 알게 되었습니다. 그녀는 매일매일 삶의 연극에서 네 가지 중요한 역할을 의식으로 수행하면서 자신뿐만 아니라 다른 사람들을 위해서도 연극을 만들고 있었던 것입니다. "그때 군인들이 예수를 십자가에 못 박고 그의 옷을 가져가 네 조각으로 나누어 각각 한 조각씩 나누어 가졌다. 또한 예수의 외투도 가져가니 그 외투는 이음새가 없이 위에서부터 통으로 짠 것이었더라(요한복음 19:23)."

12장
이상은 언제나 현실로
구현되기 위해 기다리고 있다

• "그리고 주께서 아벨과 그의 제물은 받으셨으나 카인과 그의 제물은 받지 않으셨다(창세기4:4,5)." 만약 당신이 성서를 살펴본다면 글자 그대로를 넘어 그 안에 담긴 더 깊은 의미를 알게 될 것입니다. 주는 다름 아닌 당신의 의식입니다.

"…이스라엘의 자손들에게 말하기를, 아이엠이 너희에게 나를 보냈다…(출애굽기 3:14)." '아이엠'은 주가 자신을 부르는 말입니다.

카인과 아벨은 주의 손자로, 의식의 두 가지 상반되는 기능을 사람에 비유한 것입니다. 창세기의 저자는 '인간 영혼의 두 가지 대립하는 상태'를 보여주고자 두 형제를 이용했습니다. 두 형제는 모든 사람에게 있는 세상에 대한 두 가지 상반된 관점을 나타냅니다. 하나는 감각을 사용하는 제한된 인식이고, 다른 하나는 상상력을 사용하는 인식입니다.

첫 번째 관점인 카인은 보여지는 것에 수동적으로 굴복하며 보여지는 것을 바탕으로 삶을 받아들입니다. 이러한 관점은 채워지지 않는 갈망과 만족할 줄 모르는 욕망으로 이끕니다. 두 번째 관점인 아벨은 소망이 이루어졌다고 상상하고 이를 사실로 받아들입니다. 이러한 관점은 인간을 감각의 증거를 넘어, 더 이상 욕망으로 슬퍼하거나 괴로워하지 않는 평온한 상태로 데려갑니다. 두 번째 관점을 알지 못하면 인간의 영혼은 불구덩이에 놓일 것입니다. 두 번째 관점을 깨닫는 것은 날개를 얻는 것과 같아 인간은 날개를 달고 소망이 이루어진 하늘나라로 날아갈 수 있습니다.

"와서 내 빵을 먹고 내가 만든 포도주를 마셔라. 어리석음을 버리고 살아가라(잠언 9:5,6)." 히브리서에서 저자는 우리에게 아벨의 제물이 믿음이었다고 말합니다. 그리고 이렇게 말합니다. "믿음이 없이는 하느님을 기쁘게 할 수 없다(히브리서 11:6)." "이제 믿음은 바라는 것들의 실체이며, 보이지 않는 것들의 증거이니…믿음을 통해 우리는 세상이 하느님의 말씀으로 창조되었으며 보이는 것들이 보이는 것들로 만들어지지 않았음을 알게 되었다(히브리서 11:1,3)."

카인은 감각의 증거물을 제물로 바쳤으나 의식, 다시 말해 하느님은 이를 거절했습니다. 왜냐하면 이 제물을 미래를 만드는 틀로 받아들인다면 현재의 상태가 고정되고 영원히 이어질 것이기 때문입니다. 병든 사람은 병든 상태로, 가난한 사람은 가난한 상태로, 도둑은 도둑으로, 살인자는 살인자로 구원의 희망도 없이 그 상태를 지속할 것입니다.

하느님, 혹은 의식은 상상력을 수동적으로 사용한 카인의 제물을 좋아하지 않습니다. 하느님은 자신과 타인을 위해서 상상력을 적극적이고 자발적이고 충성스럽게 사용한 아벨의 제물을 기뻐합니다. "약한 자도 말하기를 '나는 강하다'라고 할지어다(요엘 3:10)."

밖으로 보여지는 모습은 무시하고 자신이 원하는 모습이 되었다고 선언하십시오. 현실이 실패나 어려움을 보여줄 때는 밝고 희망적인 것을, 슬픔을 증언할 때는 기쁨을, 가난을 보여줄 때는 풍요로움을 상상하십시오. 상상력을 적극적이고 자발적으로 사용할 때 당신은 높은 곳으로 들어 올려져 에덴동산을 다시 만들 수 있습니다.

이상은 언제나 현실로 구현되기 위해 기다리고 있습니다. 하지만 현실에서 구하고자 하는 것이 이미 이루어졌다고 인정하지 않고 스스로 하느님인 의식에게 이상을 제물로 바치지 않는다면 이상은 형체를 입을 수 없습니다. 우리의 꿈이 이루어진 세상을 만들기 위해 하느님은 매일매일의 삶에서 믿음의 어린양을 필요로 합니다. "믿음으로 아벨은 카인보다 더 훌륭한 제물을 하느님께 바쳤다(히브리서 11:4)."

믿음은 보이지 않는 진실을 얻기 위해 눈에 보이는 현실을 제물로 바칩니다. 믿음은 바라는 상태가 이미 이루어졌다고 상상하고 이를 사실로 받아들이면 보이지 않는 상태들이 보이는 현실이 된다는 근본적인 진리를 단단히 잡고 있습니다.

당신이 보지 못하는 것을 믿는 것이 믿음이 아니라면 도대체 무엇이 믿

음이겠는가?

————— 성 아우구스티누스 Augustinus

최근에 저는 눈에 보이지 않는 것을 믿은 한 여성에게 일어난 놀라운 일에 대해 듣게 되었습니다. 한 젊은 여성이 제게 오더니 자신의 언니와 세 살 된 조카를 만나달라고 부탁했습니다. 그녀의 조카는 파란 눈동자와 유난히 투명한 피부를 가진 예쁘고 건강한 아이였습니다. 다음은 그녀가 저에게 들려준 이야기입니다.

한쪽 얼굴을 덮고 있는 크고, 보기 흉한 모반만 빼면 그녀의 조카는 태어났을 때부터 모든 면에서 완벽했습니다. 의사는 조카의 모반을 보고 치료가 불가능하다고 했습니다. 여러 의사를 찾아가 보았지만 하나같이 같은 소리만 했습니다. 의사들의 한결같은 진단에도 그녀는 눈에 보이는 감각의 증거들이 아니라고 말하더라도 자신이 소망하는 것을 사실로 받아들이면 그것이 현실이 된다고 믿었고 그런 자신의 믿음을 증명해 보이기로 마음먹었습니다.

그녀는 자주 아이를 떠올렸고 그때마다 그녀의 상상 속에서는 흉터 자국이라곤 하나 없는 깨끗한 얼굴의 8개월 된 아기가 있었습니다. 물론 그 일이 쉽지는 않았습니다. 하지만 그녀는 그것이 하느님을 기쁘게 하는 아벨의 제물이라는 것을 알고 있었습니다. 그녀는 자신의 믿음을 계속 이어갔고 눈에 보이지 않는 것을 믿었습니다. 아이가 8개월이 되던 날 그녀는 언니의 집을 찾았고 모반이 흔적이라곤 찾아볼 수 없는 깨끗하고 완벽한 피부의 조카를 보았습니다.

"이건 행운이야! 이런 우연이 있다니!" 카인이 외칩니다. 하지만 그렇지 않습니다. 아벨은 행운이나 우연이라는 말이 믿음의 결과물을 믿지 않는 사람들이나 하는 말이라는 것을 알고 있습니다.

"우리는 믿음으로 걷는 것이지, 보는 것으로 걷지 않는다(고린도후서 5:7)." 이성과 삶의 현실이 당신이 실현하고자 하는 이상과 부딪힐 때 감각이 보여주는 증거와 이성이 지시하는 것을 사실로 받아들인다면 당신은 당신의 의식인 주님께 카인의 제물을 바친 것입니다. 그러한 제물은 결코 주님을 기쁘게 할 수 없습니다.

인간의 삶은 생각에 형체를 입히는 연습 과정입니다. 만약 당신이 감각이 지시하는 틀만 사용한다면 당신의 삶에 변화란 없을 것입니다. 당신은 더욱 풍요로운 삶을 살기 위해 존재합니다. 따라서 상상력이라는 눈에 보이지 않는 틀을 이용해 결과와 성취를 만들어야 합니다. 이로써 당신의 진정한 창조 능력을 시험할 수 있습니다. 소망이 이루어졌다는 느낌을 사실로 받아들이고 그 안에서 살아갈 때 당신은 하느님을 기쁘게 할 제물을 바치고 있는 것입니다.

"아벨의 제물이 나의 의복이 될 때 나는 나의 소망을 이룰 것이다." 예언자 말라기는 사람이 하느님의 것을 도적질했다고 불평합니다. "그러나 너희가 말하기를, 우리가 어디에서 당신의 것을 도둑질하였나이까? 너희가 도적질한 것은 바로 십일조와 헌물이다(말라기 3:8)."

현실이 이성과 감각의 증거를 등에 업고 현실로 구현되고자 하는 생각을 거부하면 당신은 눈에 보이지 않는 상태가 실제로 존재한다는 믿음을 빼앗깁니다. 하지만 '믿음은 눈에 보이지 않는 증거'이며, 믿음을 통해 "하느님은 있지 않은 것들을 마치 있는 것처럼 부르십니다(로마서 4:17)." 보이지 않는 것을 부르십시오. 당신의 소망이 이루어졌다는 느낌을 현실로 받아들이십시오. "만군의 여호와가 이르노라. …나의 집에 고기가 있을지니, 이로써 지금 나를 시험하여 내가 하늘나라의 창문을 열고 너희에게 쌓을 곳이 없도록 복을 붓지 아니하는가 보아라(말라기 3:10)."

다음은 캘리포니아주 새크라멘토에 사는 어느 부부의 이야기입니다. 그들은 겉으로 보기에도 물건이 없어진 것이 분명한데도 불구하고 물건을 도둑맞았다는 사실을 받아들이지 않았습니다. 다시 말해 감각이 보여주는 증거를 받아들이지 않았습니다. 아내는 아주 값비싼 시계를 남편에게 선물했습니다. 남편이 그 시계에 애정을 쏟아부었기에 그 시계의 값어치는 배가 되었습니다. 이들 부부에게는 시계를 위한 작은 의식이 있었습니다. 매일 밤 남편은 시계를 벗어 아내에게 주었고 아내는 시계를 받아 특별한 상자에 담은 뒤 서랍에 넣었습니다. 그리고 아침이 되어 아내가 시계를 꺼내 남편에게 건네주면 남편이 시계를 찼습니다.

그런데 어느 날 아침, 시계가 온데간데없이 사라졌습니다. 전날 밤 기억을 떠올려 봐도 부부는 늘 하던 대로 같은 곳에 시계를 두었습니다. 결국 부부는 시계를 잃어버린 것도 다른 곳에 둔 것도 아닌, 도둑맞은 것이 분명했습니다. 하지만 부부는 시계가 없어졌다는 사실을 받아들이지 않기로 했습니다. 그러곤 서로에게 이렇게 말했습니다. "우리의 믿음을 실천해 볼 수 있는 기회야." 부부는 상상 속에서 마치 시계가 실제로 있는 것처럼 늘 하던 대로 의식을 치르기로 결정했습니다. 남편은 상상 속에서 매일 밤 시계를 풀어 아내에게 주었고 아내는 상상 속에서 시계를 받아 조심스럽게 상자에 담아 서랍 속에 넣었습니다. 그리고 아침이 되면 아내가 상자에서 시계를 꺼내 남편에게 건네주었고 남편은 시계를 받아 손목에 찼습니다. 부부는 이 의식을 2주에 걸쳐 충실하게 시행했습니다.

그렇게 2주가 지나고 한 남자가 새크라멘토에 하나뿐인 보석 가게에 들어왔습니다. 남자가 보석 감정을 해달라며 보석을 내놓았을 때, 가게 주인은 남자가 차고 있는 시계가 부부의 시계라는 것을 알아차렸습니다. 가게 주인은 보석을 더 자세히 살펴보아야 한다는 평계를 대고 가게 안쪽에 있는 사무실로 들어가 경찰서에 전화를 걸었습니다. 경찰이 그 남자를 체포했고 그 남자의 아파트에서 만 달러가 넘는 훔친 보석들을 발견했습니다. '눈에 보이는 것이 아닌, 믿음으로' 걸은 이 부부는 그들의 소망이었던 시계를 되찾았을 뿐만 아니라 영원히 잃어버렸다고 생각했던 다른 사람들의 보석까지 되찾게 해 주었습니다.

만약 누군가 자신의 꿈을 향해 흔들리지 않고 전진하고 자신이 상상하는 삶을 살기 위해 노력한다면, 그는 평범한 일상 안에서 예기치 못한 성공을 맞게 될 것이다.

———— 헨리 데이비드 소로Henry David Thoreau

13장

가치 척도가 없다면
삶의 의미가 없다

• "그가 꿈에서 보니 사다리가 땅 위에 서 있고 그 꼭대기가 하늘에 닿았더라. 또 보니 하느님의 천사들이 그 위를 오르락내리락하더라. 또 보니 주께서 그 위에 서 계시더라…(창세기 28:12,13)." 야곱이 깊은 잠에 빠졌을 때 그의 꿈속에서, 밤의 환영 속에서 그의 내면의 눈이 열렸고 세상이 상승하고 하강하는 의식의 연속체로 보였습니다. 그것은 세상의 신비에 대한 깊은 통찰력이었습니다. 야곱은 상승하고 하강하는 수직의 가치, 즉 의식의 상태를 보았습니다. 그리고 이 가치는 외부 세상에 존재하는 모든 것들에 의미를 부여했습니다. 왜냐하면 그러한 가치 척도가 없다면 삶도 의미가 없을 것이기 때문입니다.

인간은 매 순간 의미의 척도 위에 서 있습니다. 과거에 일어났던, 혹은 지금 일어나고 있는 사물이나 사건 중에 의미가 없는 것은 없습니다. 개인에게 있어 하나의 사물이나 사건이 갖는 의미가 바로 그 사람의 의식 수준을 직접적으로 보여주는 지표입니다.

가령, 당신이 책을 들고 있다고 해 봅시다. 의식의 한 수준에서 보면 책은 공간에 존재하는 사물입니다. 더 높은 의식의 수준에서 보면 책은 정해진 규칙에 따라 종이 위에 일련의 글자들을 배열해 놓은 것입니다. 이보다 더 높은 의식 수준에서 보면 책은 의미의 표현입니다.

당신은 먼저 겉으로 보이는 책의 형체를 먼저 봅니다. 하지만 사실 책의 의미가 먼저입니다. 책의 의미는 종이 위에 놓인 글자의 배열 혹은 공간에 존재하는 사물보다 개인에게 더 높은 의미 수준을 차지합니다. 의미가 문자의 배열을 결정했고 문자의 배열은 그저 의미를 표현할 뿐입니다. 의미는 눈에 보이지 않지만, 눈에 보이는 글자 배열보다 높은 수준에 위치합니다. 만약 밖으로 드러내고자 하는 의미가 없었다면 책은 쓰이지도, 출판되지도 않았을 것입니다.

"그리고, 보아라, 주께서 그 위에 서 계시다." 주님과 의미는 하나입니다. 다시 말해 삶에 나타나는 모든 현상의 창조자이자 원인입니다. "태초에 말씀이 있었다. 그 말씀이 하느님과 함께 있었으니 말씀이 곧 하느님이었다(요한복음 1:1)."

태초에 의도, 즉 의미가 있었습니다. 그리고 그 의도는 의도하는 자와 함께 있었고, 그 의도는 의도하는 자 그 자체였습니다. 시간과 공간에 존재하는 사물과 사건은 그것들을 만들어낸 의미보다 덜 중요한 수준에 위치합니다. 세상 모든 만물은 의미에 의해 만들어졌고,

의미가 없다면 세상 그 어떤 것도 만들어지지 않았을 것입니다. 낮은 수준의 의미를 갖는 보이는 모든 것들이 보이지 않는 높은 수준의 의미의 질서가 만들어낸 결과물이라는 사실을 이해해야 합니다.

우리는 대개 "어떤 사건이 어떻게 일어났는가?"와 같은 낮은 수준의 의미에서 "왜 그런 일이 일어났는가?"와 같은 높은 수준의 의미를 설명하려고 합니다. 실제 사건을 예로 들어 설명해 보겠습니다.

우리는 보통 "어떤 사건이 일어났다."의 수준에서 살아갑니다. 다시 말해 특정 사건은 특정 장소에서 일어난 하나의 사건으로 인식합니다. 가령 "자동차 한 대가 다른 자동차를 들이받아 다른 차가 파손되었다." 수준으로 인식합니다. 우리 가운데 일부는 "사건이 어떻게 일어났는가?"의 조금 더 높은 의식 수준에서 살아갑니다. 가령, "그날 밤은 비가 와서 도로가 미끄러웠다. 그러다 보니 뒤에 가던 차가 앞차를 들이받았다."라고 이해합니다. 드문 경우지만 우리 가운데 극히 일부는 "사건이 왜 일어났는가?"처럼 사건의 원인 관계를 묻는 가장 높은 의식 수준으로 사건을 바라봅니다. 이처럼 우리는 보이는 사건을 만들어낸 보이지 않는 의식 상태를 인식하고 있습니다.

이 경우, 파손된 차의 운전자는 미망인이었고 그녀는 경제적 여유가 없는 상황이었지만 자신이 환경을 바꾸고 싶다는 소망이 간절했습니다. 그녀는 상상력을 제대로 사용하면 소망하는 모든 것을 이룰 수 있다는 말을 듣고 자신이 원하는 도시에 실제로 살고 있다고 상상했습니다. 하지만 그와 동시에 그녀는 개인적이고 경제적인 어려움을 의식하며 살았습니다. 그러다 보니 또 다른 상실처럼 보이는 자동차 사고를 자초했습니다. 하지만 차 사고로 받은 보험금 덕분에 그녀는 자신이 원하는 삶의 변화를 만들 수 있었습니다.

겉으로 보기에는 그저 사고로 보이지만 사고 뒤에 숨겨진 '왜', 다시 말해 그 사고를 일으킨 의식 상태를 볼 때 우리는 그 어떤 사고도 우연이 아니라는 결론에 이르게 됩니다. 이 세상 모든 것들에는 보이지 않는 의미가 있습니다.

'어떤' 사고가 일어났는지 아는 사람, '어떻게' 사고가 일어났는지 아는 사람, '왜' 사고가 일어났는지 아는 사람은 사고와 관련해 세 가지 다른 의식 수준을 가지고 있습니다. 더 높은 인식 수준으로 올라갈수록 사고의 진실에 한 걸음 더 가까이 다가갈 수 있습니다.

우리는 항상 의미의 더 높은 수준, 말하자면 물리적 사건 너머에 존재하는 눈에 보이지 않는 수준으로 우리를 끌어올리기 위해 노력해야 합니다. 하지만 우리 삶에 일어나는 현상의 의미나 원인은 오직 인간 내면의 의식 속에서만 찾을 수 있다는 것을 명심하십시오.

우리는 인생이라는 연극의 눈에 보이는 측면, 말하자면 '어떤' 일이 일어났고 '어떻게' 그 일이 일어났는가에만 지나치게 집착하기 때문에 '왜' 그 일이 일어났는지처럼 눈에 보이지 않는 측면까지 올라가지 못합니다. 그래서 우리는 예언자의 경고를 받아들이지 않습니다. "보이는 것은 밖으로 드러난 것들로 만들어진 것이 아니다(히브리서 11:3)."

우리는 우리의 생각 수준에서 '어떤' 일이 일어났고 '어떻게' 일어났는지를 설명합니다. 하지만 '왜' 그 일이 일어났냐는 질문에는 물리적인 설명만으로는 부족합니다. 그 같은 경우에는 '왜'에 해당하는 설명, 다시 말해 보이지 않는 높은 의식 수준에서 일어난 일의 의미를 찾아야 할 것입니다. 어떤 사건에 대한 기계적인 분석은 오직 그 사건의 외부 관계만을 다룰 뿐입니다. 그러한 분석은 사건이 왜 발생했는지의 수준에는 도달하지 못합니다. 우리는 의미 수준이 낮고 눈에 보이는 것들은 의미 수준이 높고 눈에 보이지 않는 것에서 비롯되었다는 것을 깨달아야 합니다.

어떤 일들이 왜 발생했는지를 아는 수준까지 우리를 끌어올리려면 직관이 필요합니다. 그 옛날 유대인 예언자의 조언에 따라 우리의 내면에서 "언덕 위로 눈을 들어" 그곳에서 일어나고 있는 일을 봐야 합니다. 우리가 어떤 이상을 사실로 받아들이고 있는지, 어떤 상태에 만족하는지, 어떤 꿈을 꾸고 무엇을 소망하는지, 그리고 무엇보다 어떤 목적을 가지고 있는지 봐야 합니다. 이 언덕으로 눈을 돌린다면 우리가 의미의 수직 척도에서 어디에 위치하는지 알 수 있습니다. 우리가 "장막 뒤에서 일하는 내 안의 그대에게"로 눈을 들어 올린다면 삶에 일어나는 현상의 의미를 알게 될 것입니다.

사건들은 인간의 서로 다른 의식 수준을 보여줍니다. 의식 수준이 변하면 자연스레 삶에도 변화가 찾아옵니다. 환경의 원인인 의식 수준을 변화시키지 않고 환경을 바꾸려고만 한다면 그것은 헛된 노력입니다. 의미 수준을 위로 끌어올릴 때 우리는 세상을 구원할 수 있습니다.

책의 비유에서 우리의 의식이 글자의 배열에 나타난 의미를 이해하는 수준까지 끌어올려졌다는 것은 특정 규칙에 따라 글자가 배열되었다는 것과 그러한 배열이 종이에 인쇄되어 하나로 묶이면 책이 된다는 것을 아는 것도 포함됩니다. 이러한 책의 비유는 세상 모든 사건에 그대로 적용됩니다.

"나의 모든 신성한 산에는 해도 파괴도 없을 것이니, 이는 물이 바다를 덮는 것과 같이 온 세상이 주님의 지식으로 가득할 것이기 때문이니라(이사야서 11:9)." 그 어떤 것도 버려져서는 안 됩니다. 모든 것은 구원받아야 합니다. 우리 삶은 더 높은 의식 수준, 다시 말해 더 높은 의미를 가진 것들을 인식하는 수준으로 올라가고 있으며 이 것이 바로 구원이 이루어지는 과정입니다.

우리가 의미를 표현하기 위해 글자를 배열하여 단어를 만들고, 단어를 배열하여 문장을 만드는 것처럼 삶은 보이지 않는 의미나 태도를 표현하기 위해 상황과 환경, 사건들을 배열합니다. 이 세상 그 어떤 것도 의미 없는 것은 없습니다. 하지만 내면의 의미가 갖는 더 높은 수준을 알지 못하는 사람은 일련의 사건들을 보면서도 그것들이 삶에 어떤 의미를 갖는지 알지 못합니다. 우리 삶에는 의미 수준이 언제나 존재하며 그 의미 수준이 사건과 그 사건이 우리의 삶과 어떤 본질적인 관계를 갖는지를 결정합니다.

지금 들려줄 이야기는 불행으로 보이는 것에서 좋은 것을 찾아내고, 어려운 문제를 마주했을 때 판단을 보류하고 올바르게 행동할 수 있도록 이끌어 줄 것입니다.

불과 몇 년 전, 말도 안 되는 일로 온 나라가 충격에 휩싸였습니다. 이 이야기는 신문뿐만 아니라 라디오와 텔레비전에서도 보도되었습니다. 다들 기억하다시피 한국에서 사망한 한 젊은 미국인 병사가 장례를 치르기 위해 본국으로 이송되었습니다. 장례를 치르기 직전 병사의 아내는 의례적인 질문을 받았습니다. "당신의 남편은 백인입니까?" 병사의 아내는 남편이 인디언이라고 대답했고 곧바로 장례식이 거부되었습니다. 그러한 결정은 그 주州의 법에 따른 것이었지만 전국을 떠들썩하게 만들었습니다. 나라를 위해 싸우다 목숨을 잃었는데 자신의 나라에 묻힐 수 없다니 온 국민이 분노했습니다. 이 소식이 대통령 귀에도 들어갔고 대통령은 그를 알링턴 국립묘지에 군장의 예를 갖춰 안장케 했습니다. 장례식이 끝나고 병사의 아내는 기자들에게 남편은 늘 영웅이 되어 죽음을 맞이하고 군인의 영예를 안고 장례식을 치르기를 꿈꿔왔다고 말했습니다.

진보적이고 지적인 사람들의 나라, 자유롭고 용기 있는 사람들의 위대한 나라에서 어떻게 그 같은 법을 만들고 지지해왔는지 설명해야 했을 때, 우리는 그 어떤 설명도 내놓기가 어려웠습니다. 우리는 관찰자로서 '어떤' 일이 '어떻게' 일어났는지만 보았을 뿐, 그 일이 '왜' 일어났는지는 보지 못했습니다.

바로 그 젊은 병사의 꿈이 실현되기 위해 장례식이 거부되었던 것입니다. 그런데도 우리는 '어떻게' 그 일이 발생했는가의 낮은 수준에서만 그 사건을 설명하려고 했습니다. 하지만 그러한 수준에서의 설명은 그 일이 '왜' 일어났는지를 묻는 사람들을 만족시킬 수 없습니다.

"장례식이 거부되어야 한다."는 대답은 더 높은 의미 수준에서 본다면 상식에 어긋납니다. 따라서 즉시 거부될 것입니다. 여기서 진리는 미래의 상태가 현재 사실의 원인이라는 것입니다. 용감한 군인의 영예를 안고 영웅의 죽음을 꿈꾸었던 인디언 소년은 맥베스의 아내처럼 "이 무지한 현재를 넘어" "지금 이 순간 미래를 느낄" 수 있었습니다. "…그리고 그가 죽었으나 지금도 믿음으로 말하고 있다(히브리서 11:4)."

14장
인생이라는 게임의 규칙은
보편적이다

스무 명에게 옳은 것을 가르치는 것이 그러한 가르침을 실천하는 스무 명 가운데 하나가 되는 것보다 더 쉽다.
- 셰익스피어

● 셰익스피어의 말을 빌어 솔직한 제 마음을 이야기했지만, 그런데도 저는 당신에게 인생이라는 게임을 어떻게 진행해야 하는지 그 방법을 알려주고자 합니다. 인생은 게임입니다. 모든 게임이 그렇듯 인생에도 목표가 있고 규칙도 있습니다.

사람이 만든 게임들, 예를 들어 크리켓, 테니스, 야구, 축구 등은 때때로 규칙이 바뀝니다. 동의를 통해 규칙이 바뀌었다면 새로운 규칙을 배워야 하고 새롭게 바뀐 규칙의 틀 안에서 게임을 진행해야 합니다.

하지만 인생의 규칙은 다릅니다. 규칙을 바꿀 수도 없고, 규칙을 어겨서도 안 됩니다. 인생이라는 게임은 보편적이며 영원히 변하지 않는 규칙의 틀 안에서만 진행됩니다. 인생이라는 게임은 마음의 운동장에서 진행됩니다. 게임을 할 때 우리는 먼저 "게임의 목표와 목적이 무엇인가?"를 묻고 다음으로 "게임의 규칙은 어떻게 되는가?"를 묻습니다. 인생 게임에서 주요 목표는 인식을 높이는 것, 즉 보다 크고 중요한 의미를 가진 것들을 인식하는 것입니다. 그리고 두 번째 목표는 목표를 이루는 것, 말하자면 우리의 소망을 실현하는 것입니다.

규칙은 소망을 실현하기 위해 가야 할 방향을 가리킬 뿐입니다. 소망 그 자체는 개인이 결정해야 할 몫입니다. 인생 게임의 규칙은 간단합니다. 하지만 그 규칙들을 지혜롭게 사용하려면 평생의 연습이 필요합니다. 그 규칙 가운데 하나입니다.

"그가 마음에서 생각하는 대로 그렇게 되더라(잠언 23:7)." 우리는 대체로 생각이란 것이 어떤 제약이나 규칙에 구애받지 않는 완전히 자유로운 것이라고 믿습니다. 하지만 그것은 사실이 아닙니다. 생각은 제한된 영역에서 일정한 경로와 패턴을 가지고 자신만의 절차에 따라 움직입니다.

"생각은 우리 자신의 내면의 대화 안에서 정해진 길을 따른다." 따라서 우리가 마음과 말을 지혜롭게 사용한다면 목표를 실현할 수 있습니다. 우리는 대부분 우리 내면에서 진행되는 마음의 활동을 인지하지 못합니다. 하지만 인생 게임을 성공적으로 진행하려면 마음이 어떻게 움직이는지 알아야 합니다. 그래야 내면의 대화 형태로 진행되는 마음의 활동이 외부 현상들을 만들어내기 때문입니다.

"…사람이 하는 모든 무의미한 말들, 너희는 심판의 날에 그에 대해 설명해야 할 것이다. 너희의 그 말로 의롭게 되고 너희의 그 말로 벌을 받을 것이기 때문이니라(마태복음 12:35,37)." 말의 법칙은 깨트릴 수 없습니다. "그의 뼈가 하나도 부러지지 않을 것이다(요한복음 19:36)." 말의 법칙은 내면의 말을 놓치지 않으며 그 힘에 대한 조금의 무지도 용납하지 않습니다. 내면의 대화는 우리 내면의 삶을 만드는 동시에 외부의 삶도 만듭니다. 내면의 대화가 외부로 나타나는 이유는 인생이라는 운동장에서 우리의 위치가 어디쯤인지 알려주기 위해서입니다. 인생 게임에는 경기 상대가 없습니다. 오직 목표만 있을 뿐입니다.

얼마 전, 저는 한 성공한 자선 사업가와 이 주제에 관해 이야기를 나눈 적이 있습니다. 그는 자신의 이야기를 들려주었습니다. "저는 14살 때 학교 운동장에서 난생처음 인생의 목표라는 것에 대해 알게 되었습니다. 저는 달리기를 잘했고 아주 잘 나갔더랬습니다. 그날 경기가 하나 더 남아있었는데 상대가 이기기 아주 힘든 친구였습니다. 나는 그 선수를 이기기로 마음먹었고 사실상 이겼습니다. 하지만 제가 그 친구를 신경 쓰는 동안 경쟁상대 후보에도 없었던 다른 친구가 우승을 하고 말았습니다. 그 일로 저는 제 인생 전반에 걸친 중요한 교훈을 얻었습니다. 사람들이 제게 성공의 비결이 무엇이냐고 물으면 저는 돈을 버는 것을 목표로 하지 않았기 때문이라고 대답합니다. 제 목표는 돈을 지혜롭고 생산적으로 사용하는 것입니다."

이 사업가의 내면의 대화는 자신이 이미 돈을 가지고 있다는 전제를 바탕으로 합니다. 그래서 오직 그 돈을 어떻게 사용할 것인가를 끊임없이 묻습니다. 반면 돈을 '얻기' 위해 고민하는 사람의 내면의 대화는 자신이 돈이 없다는 사실만을 입증할 뿐입니다.

말이 갖는 힘을 알지 못하는 사람은 목표를 달성하는 길에 장애물을 만듭니다. 그는 목표 자체를 바라보기보다 경쟁상대를 바라봅니다.

친애하는 브루투스, 잘못은 우리의 별에 있는 것이 아니라, 부하가 된 우리 자신에게 있는 것이라네.

———— 셰익스피어, 《줄리어스 시저》

"세상이 하느님의 말씀으로 이루어졌듯이" 우리는 "하느님을 따르는 하느님의 사랑하는 자녀로서" 강력한 내면의 말로 우리 삶의 모습과 환경을 창조해야 합니다.

우리가 아무리 게임의 가장 심오한 규칙을 알고 있다고 해도 실행에 옮기지 않으면 소망하는 결과를 얻을 수 없습니다. "선을 행할 줄 알면서도 행하지 않는 자, 다시 말해 규칙을 알면서도 실행하지 않는 자여, 그것은 죄가 되느니라." 실행하지 않는 사람은 결국 과녁을 빗나가 자신의 목표를 이루지 못할 것입니다.

달란트(재능)에 관한 우화를 살펴보면 주인은 자신의 재능을 사용하지 않은 하인을 나무랍니다. 이 우화에서도 분명히 알 수 있듯 우리는 인생 게임의 규칙 가운데 하나를 발견하고도 그것을 무시한 채 실패의 위험을 감수하고 있습니다. 재능을 사용하지 않으면 팔다리를 쓰지 않는 것과 같습니다. 사용하지 않는 팔다리는 결국 그 기능을 제대로 수행하지 못하고 쓸모없어집니다. 우리는 "말을 듣기만 하는 사람이 아니라, 실천하는 사람."이 되어야 합니다. 생각은 우리 내면에서 이루어지는 대화의 길을 따라갑니다. 따라서 내면의 대화를 잘 관찰하면 우리가 인생의 경기장에서 어디로 가고 있는지 알 수 있습니다. 그뿐만 아니라 내면에서 이루어지는 대화의 방향을 잘 통제하고 조절한다면 우리가 가야 할 방향을 결정할 수도 있습니다.

당신이 원하는 모습이 이미 되었다면 어떻게 생각하고, 어떻게 말하고, 어떻게 행동하겠습니까? 먼저 당신 내면에서 원하는 모습이 되었다는 것을 사실로 받아들이고 생각하고 말하고 행동하십시오. 당신은 "하늘나라에는 비밀을 드러내시는 하느님의 지팡이가 있다."라는 말을 들어보았을 것입니다. 당신은 하늘나라가 당신 안에 있다는 사실을 항상 명심해야 합니다. 하느님이 누구이고, 어디에 있으며, 그리고 그의 비밀이 무엇인지 분명히 하기 위해 다니엘은 이렇게 말합니다. "너의 꿈, 그리고 너의 머리에서 나오는 환영이 이것이다." 그것들이 당신이 가야 할 길을 드러내고 당신이 가고 있는 방향을 가리킵니다.

다음은 자신을 불행하게 묶어 두었던 내면의 대화 방향을 자신이 원하는 방향으로 바꾼 한 여성의 이야기입니다. 2년 동안 그녀는 자신이 가장 사랑하는 세 사람과 소원하게 지냈습니다. 며느리와 다툰 후 그녀는 아들 집에 갈 수 없게 되었습니다. 그 사이 손자에게 선물은 여러 번 보냈지만, 2년간 아들과 며느리, 그리고 손자를 만나거나 연락을 주고받지도 않았습니다. 그녀는 매일 가족을 생각했고 그때마다 며느리와 마음속으로 대화를 나누었고 그들이 다툰 것은 며느리 때문이라고 며느리를 비난하고 이기적이라고 욕했습니다.

그러던 어느 날 밤, 그녀는 인생 게임과 그 게임을 하는 방법에 관한 제 강의를 듣게 되었습니다. 그리고 이 모든 냉전의 원인이 자신에게 있고, 다른 누구도 아닌 자신이 이 문제를 해결하기 위해 무언가를 해야 한다고 생각했습니다. 자신의 목표가 이전의 행복한 관계를 회복하는 것임을 깨닫고 내면의 대화를 완전히 바꾸기로 결심했습니다.

그날 밤, 그녀는 상상 속에서 며느리와 손자가 보낸 사랑이 넘치고 따뜻한 편지 두 통을 받았습니다. 그녀는 상상 속에서 편지를 읽고 또 읽다가 편지를 받았다는 행복한 기분 속에서 잠이 들었습니다. 그렇게 8일 동안 매일 밤 같은 상상을 반복했습니다. 9일째 되는 날 아침, 그녀는 정말로 며느리와 손자로부터 편지를 받았습니다. 그녀를 자신의 집으로 초대하는 사랑이 넘치는 따뜻한 편지였고 그녀가 상상했던 것과 거의 똑같았습니다. 그녀는 자신의 상상력을 의식적이고 긍정적으로 사용해서 자신을 묶어 두었던 마음의 방향을 그녀가 원하는 방향, 즉 가족의 행복한 재회로 바꾸었습니다.

태도를 바꾸면 인생의 경기장에서 당신의 위치도 바뀝니다. 인생 게임은 이른바 공간과 시간이라고 부르는 바깥세상에서 펼쳐지는 것이 아닙니다. 실제 경기는 내면세계, 즉 마음의 경기장에서 펼쳐집니다.

그대가 영혼을 잃어버리고 영혼을 다시 찾고자 한다면, 그 목표에 내면의 마음을 바치시오.

————— 로렌스 하우스먼 Laurence Housman

15장
한 번, 여러 번, 그리고 반 번

• "그 가운데 한 사람이 아마포를 입고 강물 위에 서 있는 사람에게 물었다. 이 놀라운 일들은 언제 끝이 납니까? 내가 들으니 아마포 옷을 입고 강물 위에 서 있는 사람이 자신의 오른손과 왼손을 하늘로 쳐들고 영원히 사시는 그분께 맹세하기를, 한 번, 여러 번, 그리고 반 번이 지나야 합니다(다니엘서 12:6,7)"

제가 로스앤젤레스에서 성서 속 이야기에 숨겨진 의미에 관해 강연을 하고 있을 때였습니다. 어떤 한 사람이 제게 와서 위에 언급한 다니엘서의 한 구절을 해석해달라고 부탁했습니다. 제가 그 구절의 의미를 모르겠다고 대답하자 청중 가운데 한 여성이 이렇게 말했습니다. "마음이 상상하는 대로 움직인다는 게 사실이라면 제가 그 질문에 대한 진정한 답을 찾아서 선생님께 알려드리겠습니다." 다음은 그녀가 들려준 이야기입니다.

"어젯밤에 강연에서 어떤 사람이 다니엘서에 나오는 '한 번, 여러 번, 그리고 반 번'의 의미가 무엇이냐고 물었습니다. 그래서 저는 잠자리에 들기 전 저 자신에게 말했습니다. '이 질문에는 간단한 답이 있을 거야. 이제 나는 그 답을 알고 있다고 상상하고 잠이 들 거야. 그동안 나의 위대한 자아가 그 답을 찾아 꿈이나 환영을 통해 현실의 나에게 알려줄 거야.'

오전 5시쯤, 저는 잠에서 깨었습니다. 아직 이른 시간이라서 침대에 누워 잠을 자는 것도 아니고 깨어있는 것도 아닌 반쯤 몽롱한 상태로 있었습니다. 그때 제 마음에 한 노부인의 모습이 떠올랐습니다. 그녀는 흔들의자에 앉아 의자를 앞뒤로 흔들고 있었습니다. 그때 선생님의 목소리와 비슷한 목소리가 제게 말했습니다. '그것이 실제처럼 느껴질 때까지 계속해서 반복하십시오.'

저는 침대에서 벌떡 일어나 다니엘서 12장을 다시 읽었습니다. 그러곤 직관적인 대답을 얻었습니다. 어젯밤 질문에서 언급된 6절과 7절을 살펴보다가 선생님이 말씀하신 대로 성경에 나오는 인물들이 입고 있는 옷이 그들의 의식 수준에 해당한다면 아마포는 틀림없이 아주 높은 의식 수준을 나타낼 거라고 생각했습니다. 왜냐하면 '아마포를 입은 사람'은 '강물 위에' 서 있었기 때문입니다. 선생님이 말씀하신 것처럼 물이 높은 수준의 마음의 진리를 상징한다면 물 위를 걸을 수 있는 사람은 정말로 높은 의식 상태를 나타내는 것이 분명했습니다. 그래서 저는 그가 하는 말이 틀림없이 매우 중요할 거라고 믿었습니다. '이 놀라운 일이 언제 끝이 날까요?'라는 질문에 아마포를 입은 사람은 '한 번, 여러 번, 그리고 반 번'이라고 대답했습니다. 제 환영 속에 등장했던 흔들의자를 앞뒤로 흔들던 노부인과 '그것이 실제처럼 느껴질 때까지 계속해서 반복하십시오.'라는 선생님의 목소리를 떠올려보았습니다. 그리고 그 환영과 선생님의 가르침이 제가 답을 알고 있다고 상상한 것에 대한 응답이라고 생각했습니다. 그리고 그때 '아마포를 입은 사람'에게 물었던 질문은 바로 제가 꿈꾸는 놀라운 꿈이 현실이 될 때까지 얼마나 걸리는지를 묻는 것이었음을 직관으로 알게 되었습니다. 그리고 그의 대답은 '그것이 실제처럼 느껴질 때까지 계속해서 반복하십시오.'였습니다. 여기서 '한 번'은 상상 속에서 소망이 이루어진 것처럼 한 번 행동하라는 의미이고, '여러 번'은 상상 속에서 그 행동을 계속해서 반복하라는 의미이고, '반 번'은 상상 속의 행동을 하면서 잠이 드는 순간을 의미하는 것 같습니다. 왜냐하면 잠이 드는 순간은 대개 미리 결정한 행동이 완료되기 전에 찾아오기 때문에 한 번의 반, 혹은 일부라고 말할 수 있습니다."

그녀는 답을 알고 있다는 간단한 가정을 통해 성서에 담긴 숨은 의미를 이해하게 되었습니다. 그것은 정말 놀라운 경험이었습니다. 하지만 '한 번, 여러 번, 그리고 반 번'의 진짜 의미를 이해하려면 일상생활에 자신이 이해한 것을 적용해야 합니다. 우리는 이러한 이해를 자신을 위해서 혹은 다른 사람을 위해서 시험해 볼 수 있습니다.

수년 전, 같은 아파트에 살던 한 미망인이 고양이에 관해 물어보러 저를 찾아온 적이 있습니다. 그녀에게 고양이는 그녀 곁을 지키는 동반자이자 소중한 친구였습니다. 하지만 여덟 살이 된 고양이는 몹시 아파 고통스러워하고 있었습니다. 며칠째 아무것도 먹지 못했고 침대 밑에서 꼼짝도 하지 않았습니다. 두 명의 수의사가 고양이를 진찰하고는 치료가 어려우니 바로 안락사를 시키는 것이 좋겠다고 말했습니다. 저는 그녀에게 그날 밤 잠들기 전에 상상 속에서 고양이가 예전처럼 건강해진 것처럼 행동하라고 이야기했습니다. 그리고 실제로 고양이가 건강해졌다고 느껴질 때까지 그 상상을 계속해서 반복하라고 덧붙였습니다.

그녀는 그렇게 하겠다고 약속했습니다. 하지만 제 말에 대한 신뢰가 부족해서인지, 아니면 상상 속에서 행동을 잘 실천할 수 있다는 믿음이 부족해서인지 그녀는 조카에게 그날 밤 같이 있어 달라고 부탁했습니다.

그녀가 조카를 부른 이유는 아침이 되었을 때 고양이의 상태가 좋지 않으면 자신은 차마 고양이를 수의사에게 데려갈 수 없어서 조카에게 데려가 달라고 부탁하기 위해서였습니다. 그날 밤 그녀는 편안한 의자에 앉아 고양이가 그녀 옆에서 뛰어놀고, 가구를 할퀴고, 평소 같으면 그녀가 허락하지 않았을 여러 행동들을 하고 있다고 상상하기 시작했습니다. 하지만 평소처럼 건강하고 활발한 고양이의 모습을 상상하다가 주의력이 흩어지기도 했습니다. 그럴 때마다 주의력을 다시 방으로 가져와 미리 정해두었던 상상 속 행동에 집중했습니다. 그녀는 상상을 계속 반복했고 마침내 안도감을 느끼며 의자에 앉은 채로 잠이 들었습니다.

오전 4시쯤 그녀는 고양이 울음소리에 잠에서 깼습니다. 눈을 떠보니 고양이가 의자 옆에 서 있었습니다. 그녀가 쳐다보자 고양이는 밥을 달라며 그녀를 부엌으로 끌고 갔습니다. 그녀가 따뜻한 우유를 조금 주자 날름 먹어버리더니 더 달라고 졸랐습니다. 그 후로 5년간 고양이는 행복하게 살다가 아무런 고통이나 아픔 없이 편안하게 하늘나라로 갔습니다.

"이 놀라운 일들은 언제 끝이 납니까? …한 번, 여러 번, 그리고 반 번. 밤의 환영 속에서, 깊은 잠이 너희에게 찾아올 때, 침대에서 잠이 들 때, 그분께서는 사람의 귀를 열어 지시를 확고히 하신다(욥기 33:15,16)."

16장

오래된 자아를 벗어던져라

• "…그러므로 너희는 뱀처럼 지혜로워지고 비둘기처럼 순수해지거라(마태복음 10:16)." 뱀은 자신의 일부를 단단하게 굳혀 피부를 만들고 성장해 가면서 그 피부를 벗어던지는 습성을 가지고 있습니다. 이러한 습성 덕분에 사람들은 뱀을 무한한 성장과 재생의 상징으로 여기게 되었습니다. 따라서 뱀처럼 "지혜롭게 되어서" 자신의 단단해진 자아를 상징하는 껍데기, 다시 말해 자신의 환경을 벗어던지는 법을 배우라고 말합니다. 그리고 "그를 놓아주어 그가 가도록" 하는 법, "과거의 자신을 벗어던지는" 법을 배워야 하며, 오래된 자아를 벗어던진다고 해도 뱀처럼 '정말로 죽는 것이 아니라'는 것을 깨달아야 합니다.

인간은 몸 밖에 존재하는 모든 것들 역시 자신의 일부이며 자신의 세상과 삶의 모든 상황이 자신의 의식 상태가 밖으로 구현된 것이라는 사실을 아직 알지 못합니다. 인간이 이 같은 진리를 깨닫게 된다면 자신과의 무의미한 투쟁을 멈추고 뱀처럼 옛것을 놓아주고 새로운 환경을 만들어 나갈 것입니다.

인간은 불멸의 존재다. 그래서 끊임없이 죽어야만 한다.
삶은 창조적이다. 그래서 변화 속에서만 그 모습을 찾을 수 있다.

──── 라빈드라나트 타고르Rabindranath Tagore

고대에 뱀은 보물이나 부의 수호자로 여겨졌습니다. "뱀처럼 지혜롭게 되어라."라는 경고는 인간에게 우리 몸이 가진 예민한 힘, 즉 상상력을 일깨우라는 조언입니다. 말하자면 뱀처럼 자신의 한계를 깨고 나아가 더 성장하고, 과거의 자아를 버린다고 해도 죽지 않으며, 옛것을 벗어던지고 새로운 것을 입는 죽음과 부활을 통해 소망을 실현하고 보물을 발견할 수 있다는 말입니다. "뱀은 주 하느님이 만드신 그 어떤 들짐승보다 영리(창세기 3:1)"했습니다. 상상력 또한 주 하느님이 창조한 하늘나라의 그 어떤 창조물보다 영리합니다.

"…헛된 것에 굴복하게 되는 것은 우리의 뜻이 아니다. 그가 우리로 하여금 희망 속에 헛된 것에 굴복하게 하였고 우리가 희망에 의해 구원받았기 때문이다. 그러나 보이는 희망은 희망이 아니다. 보는 것을 누가 바라겠는가? 우리가 보지 못하는 것을 바란다면 인내를 가지고 기다려야 한다(로마서 8:20,24,25)." 외부적, 물리적 감각에 의존하는 사람은 자신이 처한 환경과 밀접하게 연관되어 있지만, 내적이고 영적인 상상력에 의존하는 사람은 그렇지 않습니다. 만약 우리가 환경과 완전히 결속되어 있다면 "뱀처럼 지혜롭게"라는 임무는 쓸모없을 것입니다. 환경에 묶여있다면 감각이 보여주는 증거로부터 의식을 철수하지 못하고 보이지 않는 상태가 새로운 환경으로 단단히 굳어질 거라는 바람 속에서 소망이 이루어진 상태 또한 느끼지 못할 것입니다.

"육의 몸이 있고 영의 몸이 있습니다(고린도전서 15:44)." 상상이 이루어지는 영적인 몸은 외부 환경에 연결되어 있지 않습니다. 영적인 몸은 감각과 환경이라는 외적인 인간으로부터 벗어나 자신이 원하는 모습이 되었다고 상상할 수 있습니다. 또한 영적인 몸이 상상력이 만들어 낸 환영에 충실하다면 환경을 바꿀 수 있습니다. 다음에 나오는 성서 구절이 이를 잘 보여줍니다. "내가 너희를 위해 거처를 준비하러 가니 내가 가서 너희를 위해 거처를 준비하고 내가 다시 와서 너희를 내게로 맞이하여 내가 있는 곳에 너희도 있게 할 것이다(요한복음 14:2,3)." 이 구절에서 말하는 "너희를 위해 준비된 장소"가 꼭 물리적 공간일 필요는 없습니다. 그것은 건강, 부, 친구처럼 당신이 이 세상에서 바라는 어떤 것이 될 수 있습니다. 그렇다면 '그곳'을 어떻게 준비해야 할까요?

먼저 당신이 실제로 그곳에 있고 실제로 그곳을 돌아다닐 수 있다면 무엇을 보고, 무엇을 듣고, 무엇을 할 것인지 가능한 한 실제처럼 그 장면을 생생하게 그려야 합니다. 그리고 나서 몸을 움직이지 않은 상태에서 실제로 그 '장소'에 있다고 상상하고 그 장소에서 보고 듣고 행동할만한 모든 것들을 상상해야 합니다. 그리고 상상하는 것들이 실제처럼 느껴질 때까지 계속해서 반복해야 합니다. 이것이 실제처럼 느껴진다면 그곳이 당신의 외부나 육체적인 자아를 위해 준비된 새로운 환경입니다. 이제 눈을 뜨고 원래의 상태로 돌아갑니다. '그곳'은 준비되었고 당신이 상상 속에 있었던 곳에 당신의 육체도 함께 있게 될 것입니다.

당신이 상상했던 상태가 어떻게 물리적으로 현실에 실현되는지는 현실의 당신이 신경 쓸 일이 아닙니다. 상상의 상태에서 현실의 상태로 돌아왔지만, 당신의 영적인 몸은 두 상태를 연결하는 보이지 않는 사건의 다리를 만들었습니다. 당신이 익숙한 현실의 환경에서 눈을 뜨면 당신이 실제로 그곳에 있었고 그 상태가 진짜였다는 신기한 느낌은 사라질지 모릅니다. 하지만 "육의 몸이 있고 영의 몸이 있습니다."라는 성서의 구절처럼 두 가지 자아가 생기게 됩니다. 현실의 당신이 이러한 경험을 한다면 당신은 자동으로 현실과 상상의 상태를 잇는 다리를 건너게 될 것이고 그 결과 상상 속에서 준비된 그곳이 현실로 이루어질 것입니다.

인간은 이중적 존재이며 인간 내면의 상상력이 미래의 상태에 머물렀다가 현재 상태로 돌아오면 두 상태를 연결하는 다리가 만들어진다는 이러한 개념은 인간의 존재와 현상의 특성과 원인에 대한 보편적인 견해와 격렬하게 충돌합니다. 또한 인간의 존재와 시간, 공간, 물질에 대한 현대사회의 일반적인 생각을 크게 흔들어 놓습니다. 인간이 상상을 통해 의식적으로 혹은 무의식적으로 현실의 삶을 결정한다는 개념은 단단할 것 같은 현실 세상이 마음이 만들어 낸 결과물이라는 결론을 낳습니다. 물론 이러한 개념은 상식적으로 받아들여지지 않을 것입니다. 하지만 처음에 거부했던 개념들도 나중에는 받아들여졌습니다. 처음에 내린 판단들이 경험을 통해 수없이 뒤집히는 것을 보면서 화이트헤드 교수는 이렇게 말했습니다. "오늘 말도 안 되는 것처럼 보이는 것이 내일 진리로 입증될지 누가 알겠느냐?"

인간 내면에 잠들어 있는 창조의 힘은 깨어나야 합니다. "잠든 자여 깨어나라. 죽은 자들 사이에서 일어나라(에베소서 5:14)." 외부 세상이 당신이 살아가는 삶의 조건을 만든다고 말하는 잠에서 깨어나십시오. 죽어있는 과거로부터 일어나 새로운 환경을 창조하십시오.

"그대가 하느님의 성전이며 하느님의 영이 그대 안에 머문다는 사실을 그대는 알지 못하는가?(고린도전서 3:16)" 당신 안에 머무는 하느님의 영은 당신의 상상력입니다. 하지만 그 상상력은 잠들어 있습니다. 오랫동안 당신을 꼼짝 못하게 만들었던 감각의 장애물을 뛰어넘으려면 잠들어 있는 상상력을 깨워야 합니다.

당신이 "뱀처럼 지혜롭게" 되었을 때 당신 앞에 펼쳐질 무한한 가능성은 상상을 초월합니다. 당신은 경험하고 싶은 이상적인 조건과 살고 싶은 이상적인 환경을 선택하게 될 것입니다. 이러한 상태들을 상상 속에서 감각적으로 생생하게 느껴질 때까지 경험한다면 뱀이 피부를 단단하게 만들 듯 당신도 상상 속에 느꼈던 이러한 상태들을 단단하게 만들 수 있습니다.

상상 속 상태들이 단단해지면 "뱀이 껍데기를 벗어던지듯" 당신 또한 감각의 껍데기를 쉽게 벗어던질 수 있을 것입니다. 창조의 궁극적인 목적인 풍요로운 삶은 죽음과 부활을 통해서는 얻어질 수 없습니다.

하느님은 형상을 원하셨기에 인간이 되었습니다. 따라서 우리가 창조물 속에서 하느님의 영을 인식하는 것만으로는 충분하지 않습니다. 우리는 하느님의 창조 작업이 어떤 형상으로 나타나는지를 보고 그 형상이 좋다고 인정해야 합니다. 비록 우리가 그 형상을 넘어 계속 성장을 거듭해나가더라도 말입니다.

그분은 기쁨이 커지는 방을 지나
영원히 닿을 수 없는 끝으로,
황홀함이 고동치는 곳으로 이끄신다.
그분의 손길은 무한하시니
모든 끝에 그 너머를 더하시네.

"내가 땅에서 들어 올려지면 나는 모든 사람을 내게로 끌어 올 것이다(요한복음 12:32)." 만약 당신이 감각의 증거에서 당신이 소망하는 의식 상태로 들어 올려져서 그 상태가 자연스럽게 느껴질 때까지 그곳에 머무른다면, 당신은 주변에 그 상태를 만들어 낼 것이고 모든 사람들이 그것을 볼 것입니다.

하지만 상상하는 삶이 진정한 삶이고, 소망이 이루어졌다고 느끼는 것이 현실도피자의 도피처나 위안이 아닌, 보다 풍요로운 삶으로 가는 길이라는 것을 이해하도록 사람들을 어떻게 설득할 것인지 그것이 문제입니다.

'기쁨이 커지는 방을 지나'라는 구절처럼 상상의 영역 속에서 산다는 것이 무엇을 의미하는지 보려면, 다시 말해 세상을 감상하고 즐기려면 상상 속에서 살아야 합니다. 꿈을 꾸고, 꿈을 실현하고, 더나아가 그 꿈을 초월해 끝없이 성장해 나가야 합니다.

상상력이 없는 사람은 더 높은 차원의 삶을 얻기 위해 현재의 삶을 버리지 못하는 사람이며 자기만족 때문에 소금기둥이 되어 버린 롯의 아내와 같습니다. 그와 반대로 육체를 영적이지 않다고 거절하고, 육체를 가진 존재를 하느님과는 별개의 것이라고 거부하는 사람들 또한 위대한 신비를 모르는 사람입니다. "하느님이 인간의 형상으로 나타나시니, 그 신비가 위대하도다."

당신 삶은 오직 한 가지, 의식의 상태를 나타냅니다. 모든 것은 당신 의식에 달려있습니다. 상상력이라는 매개체를 통해 하나의 의식 상태를 사실로 받아들이면 그 상태는 스스로 형체의 옷을 입기 시작합니다. 뱀의 피부가 단단히 굳어가듯 당신의 의식 상태 역시 단단한 형체를 갖추게 됩니다. 하지만 그 상태에 믿음을 가지고 집중해야 합니다. 한 상태에서 다른 상태로 이동해서는 안 되며 눈에 보이지 않는 상태가 모습을 갖추고 세상에 모습을 드러낼 때까지 인내심을 가지고 기다려야 합니다.

인내가 필요합니다. 오래된 것을 버리고 새로운 것을 받아들이는 데 한 번 성공하고 나면 그 이후로는 인내가 수월해질 것입니다. 왜냐하면 당신은 과거의 경험을 통해 이해를 얻었기 때문에 기다릴 수 있습니다.

이해는 인내의 비결입니다. 블레이크의 말처럼 육체의 눈이 아닌 마음의 눈으로 세상을 볼 때 기쁨과 즐거움이 자연스럽게 터져 나올 것입니다. 당신이 보고 싶은 것을 상상하고 그 상상이 사실이라고 계속 믿어야 합니다. 그러면 당신이 상상하는 대로 형체가 만들어질 것입니다. 모든 것들은 상상의 힘으로 만들어집니다. 상상력 없이는 아무것도 시작되지 않습니다.

'안에서 바깥으로' 우주 만물의 법칙입니다. '안에서와 같이 밖에서도' 인간은 진리를 찾겠다고 밖으로 눈을 돌리지만 가장 중요한 것을 찾으려면 안을 들여다봐야 합니다.

> 진리는 우리 안에 있으니,
> 밖에서 솟아나지 아니하더라. 그것이 무엇이든.
> 우리 한가운데 깊숙한 곳이 있으니,
> 그곳에는 진리가 충만하더라.
> 깨달음이란
> 밖에 있다고 믿는 빛을 위해 입구를 마련하는 것이 아니라,
> 우리 안에 갇힌 찬란한 빛이 밖으로 나갈 수 있도록
> 길을 열어주는 것이더라.
>
> ──── 로버트 브라우닝 Robert Browning, 〈파라켈수스〉

다음은 원망의 껍데기를 벗어던지고 완전히 다른 껍데기를 입은 한 젊은 여성의 이야기입니다. 부모의 이혼으로 그녀는 6살 때부터 어머니와 살았습니다. 그래서 아버지를 거의 본 적이 없습니다. 하지만 해마다 크리스마스가 되면 그녀의 아버지는 그녀에게 5달러를 보내왔습니다. 그리고 그녀가 결혼을 한 이후로는 10달러씩 보냈습니다.

한 번은 제가 강의에서 누군가를 의심하는 것은 본인 스스로 어떤 부정직한 생각이나 행동을 하고 있기 때문일 수도 있다고 말했습니다. 그녀는 제가 한 말을 곰곰이 생각했고 자신이 오랫동안 아버지를 원망하고 있었음을 깨달았습니다. 그날 밤, 그녀는 아버지에 대한 원망을 내려놓고 그 대신 애틋한 감정을 가져야겠다고 마음먹었습니다. 그녀는 상상 속에서 아버지를 아주 따뜻하게 안았습니다. 그 행동이 진심으로 느껴질 때까지 상상 속 행동을 반복했습니다. 그러곤 아주 만족스러운 기분으로 잠이 들었습니다.

다음 날, 그녀는 캘리포니아의 한 백화점에 들렀다가 우연히 모피 코너를 지나게 되었습니다. 잠시 모피 머플러를 살까도 생각했지만, 그녀에겐 그럴만한 경제적 여유가 없었습니다. 순간 흰가슴담비 머플러가 그녀의 눈에 들어왔습니다. 그녀는 머플러를 집어 목에 둘러봤습니다. 거울에 이리저리 비춰보고는 자신이 사기에는 너무 비싸다고 혼잣말을 하며 마지못해 머플러를 내려놓았습니다. 그러곤 상점을 나가려는 순간 제가 한 말을 떠올렸습니다. "선생님이 무엇이든 원하는 것이 있을 때 그것을 이미 가지고 있는 것처럼 느끼면 가질 수 있다고 했잖아." 그녀는 상상 속에서 머플러를 다시 목에 둘렀습니다. 그러곤 실제로 목도리를 하고 있다고 느끼면서 즐거운 마음으로 일을 보았습니다.

이 젊은 여성은 두 가지 상상, 다시 말해 아버지와 머플러에 관한 상상을 연결할 생각은 하지 못했습니다. 사실 그녀는 자신이 했던 행동을 까맣게 잊어버렸습니다. 그런데 몇 주가 지나고 어버이날에 갑자기 초인종이 울렸습니다. 문을 열자 현관에 아버지가 서 있었습니다. 그녀는 아버지를 안았습니다. 그때 그녀가 했던 첫 번째 상상 속 행동이 떠올랐습니다. 그녀는 아버지가 가져온 선물을 열었습니다. 몇 년 만에 처음 받는 선물이었습니다. 그리고 그때 그녀의 두 번째 상상 속 행동이 떠올랐습니다. 상자 안에 눈부신 흰가슴담비 목도리가 들어있었기 때문입니다. "너희는 신들이며 너희는 모두 지극히 높으신 분의 자녀이니라(시편 82:6)." "…그러므로 너희는 뱀처럼 지혜롭고 비둘기처럼 순수하라(마태복음 10:16)."

17장
변화는 언제든 일어날 수 있다

• "사람이 다시 태어나지 아니하면 하느님의 나라를 볼 수 없느니라(요한복음 3:3)." "그러나 군인 중 하나가 창으로 그의 옆구리를 찌르니 곧 피와 물이 나오더라(요한복음 19:34)." "이분은 물과 피로 오신 분, 예수 그리스도시니라. 물로만이 아니라 물과 피로니라(요한 1서 5:6)."

요한복음과 요한서에 따르면, 인간은 "다시 태어나야"할 뿐만 아니라 물과 피로 태어나야 합니다. 물과 피로 다시 태어나는 두 가지 내적 경험은 두 가지 외적 의식인 세례와 성찬식으로 연결됩니다. 두 가지 외적 의식, 다시 말해 물로 태어나는 것을 상징하는 세례와 구세주의 피를 받아들인다는 것을 상징하는 성찬식의 포도주는 사람에게 약속된 진정한 태어남이나 근본적인 변화를 가져오지는 못합니다. 물과 포도주를 외적으로 사용한다고 마음이 원하는 대로 변화가 일어나지는 않습니다. 따라서 물과 피라는 상징 뒤에 숨겨진 의미를 찾아야 합니다.

성서는 수많은 비유를 사용해 진리를 설명합니다. 하지만 각각의 비유는 서로 다른 의미 수준의 진리를 상징합니다. 그 가운데 돌은 가장 낮은 수준의 의미로 사용됩니다. "…거대한 돌 하나가 우물 입구를 덮고 있었다. 그리고 그곳에 모든 양 떼가 모이면 그들이 우물 입구에서 돌을 굴려 양 떼에게 물을 먹였다(창세기 29:2,3)." "…그들이 돌처럼 바닥에 가라앉았다(출애굽기 15:5)."

돌이 우물을 막는다는 것은 사람들이 진리의 상징적 계시를 표면적으로만 받아들인다는 것을 말합니다. 누군가가 그 돌을 굴려 치운다는 것은 비유나 우화 밑에 숨겨진 마음의 진리나 생명의 기원을 발견한다는 것이며, 글자 그대로 물은 마음의 진리 혹은 생명의 기원을 상징합니다. 그래서 물을 준다는 것은 마음의 진리를 나눠준다는 말입니다.

"내 목장의 양 떼는 너희들이다(에스겔서 34:31)." 글자 그대로의 의미만을 생각하며 자신에게 주어진 '물잔', 즉 마음의 진리를 거부하는 사람은 "돌처럼 바닥에 가라앉습니다." 그런 사람은 모든 것들이 갖는 내면의 관계는 보지 못한 채 순전히 겉으로 보여지는 모습으로만 판단하는 수준에 머물게 됩니다. 그래서 돌에 적힌 계명은 전부 지킬지 몰라도 내면의 계명은 하루 종일 어기고 있는 것입니다.

예를 들어, 그는 다른 사람의 재물을 훔치지는 않을 것입니다. 하지만 다른 사람을 업신여길지도 모릅니다. 다른 사람을 업신여기는 행동은 그가 하느님의 자녀로서 받은 권리를 빼앗는 것입니다. 우리는 모두 지극히 높으신 하느님의 자녀들입니다. "그리고 자녀라면 상속자, 곧 하느님의 상속자요, 그리스도와 함께 한 상속자니라(로마서 8:17)."

현실의 불행에 대해 어떻게 해야 할지 알고 있다면 당신은 그 상황을 벗어날 수 있는 '물잔' 즉 마음의 진리를 가지고 있는 것입니다. 하지만 아는 것만으로는 충분하지 않습니다. 인간은 "돌 항아리에 물을 채워야" 할 뿐만 아니라, 다시 말해 마음의 진리를 발견해야 할 뿐만 아니라, 그 물을 포도주로 바꿀 수 있어야 합니다. 그러기 위해서는 자신이 발견한 진리를 실천하며 살아가야 합니다. 진리를 실천하며 살아야만 "포도주가 된 물을 맛볼(요한복음 2:9)" 수 있습니다.

인간은 예수 그리스도가 되어야 합니다. 그것은 인간이 태어날 때부터 가지고 있는 근본적 권리입니다. 그는 "자신의 백성을 죄에서 구원하기 위해(마태복음 1:21)" 태어났습니다. 하지만 인간의 구원은 '물로만이 아닌, 물과 피로' 이루어집니다. 자신과 다른 사람을 구하기 위해 무엇을 해야 하는지 아는 것만으로는 충분치 않습니다. 반드시 아는 것을 행동으로 옮겨야 합니다. 무엇을 해야 할지 아는 것은 '물'이고 그것을 행하는 것은 '피'입니다.

"그분은 물로만 오시지 않고, 물과 피로 오셨다." 이 모든 신비는 상상력을 적극적이고 의식적으로 사용하는 데 있습니다. 상상력은 당신과 다른 이들을 특정한 상태에 머물게 해 현실의 한계에서 구해줄 것입니다. 외적인 의식으로는 이러한 신비를 이룰 수 없습니다.

"…그곳에서 너희는 물동이를 들고 가는 한 남자를 만나리니 그를 따르라. 그가 어디로 들어가든 그가 들어가는 곳에 가서 그 집주인에게 말하거라. '선생님이 말씀하시길, 내가 내 제자들과 유월절 음식을 먹을 손님방이 어디냐 하시더라' 하여라. 그러면 집주인이 너희에게 잘 갖춰지고 준비된 큰 위층 방을 보여줄 것이다. 그곳에서 우리를 맞을 준비를 하여라."

당신이 소망하는 것이 무엇이든 그것은 이미 "갖춰지고 준비되어" 있습니다. 상상력은 당신과 당신이 원하는 의식 상태를 내적으로 연결해 줍니다. 당신이 원하는 모습이 이미 되었다고 상상한다면 당신은 '물동이를 든 남자'를 따라가고 있는 것입니다. 당신이 그 의식 상태에 머무른다면 당신은 유월절의 손님방에 들어가 당신의 영을 하느님의 손에, 다시 말해 당신 의식에 맡기는 것입니다.

경제원리에 따르면 수요가 있으면 공급이 있습니다. 한 사람의 의식 상태는 하느님의 무한한 창고에 대한 수요와 같습니다. 따라서 공급을 바꾸려면 수요, 다시 말해 당신의 의식 상태를 바꿔야 합니다.

당신이 소망하는 모습이 이미 되었다고 느껴야 합니다. 환경이 의식 상태를 만드는 것이 아니라 당신의 의식 상태가 당신이 살아가는 삶의 환경을 만드는 것입니다. 이 진리를 깨닫는다면 당신은 '생명의 물'을 가지는 것입니다. 하지만 당신의 구세주, 다시 말해 문제의 해결은 단순히 그것을 아는 것만으로는 나타나지 않습니다. 오로지 그 앎이 삶에 적용될 때 구세주가 나타날 것입니다.

당신의 소망이 실현되었다고 느끼고 그 상태에 계속 머물러 있을 때 '당신의 옆구리는 찔려져 그곳에서 물과 피가 나오게' 될 것입니다. 오로지 이러한 방법으로만 예수님을, 다시 말해 문제의 해결책을 깨달을 수 있습니다.

> 그대는 마음을 다스리는 일에
> 그대가 주인이며 군주임을 알아야 한다.
> 그대가 스스로 그것을 일으키지 않는 한
> 그대의 몸과 영혼의 범주 혹은 전체에
> 그 어떤 불씨도 일어나지 않을 것이다.

하느님은 당신의 의식입니다. 하느님의 약속에는 조건이 있습니다. 수요가 변하지 않는다면 공급도 변하지 않습니다. 다시 말해, 당신의 의식 상태가 바뀌지 않는다면 현재 당신이 처한 삶의 환경 또한 바뀌지 않습니다. "우리가 용서할 때", 즉 우리가 마음의 상태를 변화시킬 때, 이 법칙이 자동으로 작동합니다. 당신의 의식 상태는 행동의 원천이며 행동을 이끄는 힘이자 공급을 창출합니다.

"만약 내가 선고했던 그 국가가 그들의 악에서 돌아선다면 내가 그들에게 내리려고 생각했던 재앙을 돌이키리라. 그리고 내가 한 국가나 한 왕국을 세우고 심으려 할 때, 그들이 내가 보는 앞에서 악을 행하여 내 목소리를 따르지 아니하면 그때는 내가 그들에게 내리겠다고 말한 복을 돌이키리라(예레미야서 18:8,9,10)." 예레미야서의 이 구절은 개인이나 국가가 목표를 이루기 위해서는 마음의 태도를 확고히 만들어야 한다고 말합니다. 소망이 실현되었다는 느낌은 목표를 이루는 데 필요한 필수 조건입니다.

다음에 소개할 이야기는 누군가의 모습은 관찰자가 자신의 안에서 무엇을 볼 수 있느냐에 따라 결정되며, 누군가가 어떻게 보이는지는 관찰자의 의식 상태를 직접적으로 보여주는 지표라는 것을 보여줍니다. 또한 이 이야기는 "우리에게 피를 흘리라고", 다시 말해 다른 사람을 위해 우리의 상상력을 사용하라고 말합니다. 우리는 "피를 흘림으로써" 매일매일 삶을 변화시킬 수 있는 기회를 얻습니다. "피 흘림이 없이는 죄 사함도 없느니라(히브리서 9:22)."

뉴욕에서 강의를 할 때였습니다. 그날 밤, 저는 한 교사에게 '물과 피'의 신비에 대해 설명할 기회가 생겼습니다. 저는 히브리서 9장 22절을 이용해 자신만이 희망이라는 것을 깨닫는 것은 우리 안의 하느님을 발견하는 것이며— 이러한 발견은 두개골의 어두운 동굴을 환하게 비춥니다. 잠언에도 "인간의 영은 주의 촛불이더라(잠언 20:27)."라는 구절이 등장합니다— 이러한 깨달음은 우리가 이 땅 위에서 안전하게 살아가도록 안내해주는 빛이라고 설명했습니다. "주님의 촛불이 내 머리 위를 비추고, 내가 주님의 빛으로 어둠을 헤치고 걸었다(욥기 29:3)." 하지만 우리는 머리 위에 비치는 눈부신 이 빛을 하느님으로 보아서는 안 됩니다. 왜냐하면 인간이 바로 하느님의 형상이기 때문입니다.

하느님이 모습을 드러내시니 하느님은 빛이더라.

어둠 속에 사는 가난한 영혼들에게.

하느님이 모습을 드러내시니 하느님은 인간의 모습이더라.

낮의 세계에 사는 영혼들에게.

———— 블레이크

하지만 이것은 경험을 통해서만 알 수 있습니다. 다른 방법은 없습니다. 다른 사람의 경험은 당신의 경험을 대신할 수도 없습니다. 저는 그 교사에게 누군가에 대한 마음의 태도를 바꾸면 그 사람에게서도 그에 상응하는 변화가 일어날 것이라고 말했습니다. 그리고 그러한 법칙을 아는 것이 요한복음 5장 6절에 나오는 물의 진정한 의미이며, 아는 것만으로는 원하는 모습으로 다시 태어나기에 충분하지 않고, 오직 '물과 피'에 의해서만, 즉 이러한 진리를 삶에 적용시켜야만 다시 태어날 수 있다고 이야기했습니다.

무엇을 해야 하는지 아는 것은 생명의 물이고 아는 것을 행동에 옮기는 것은 구세주의 피입니다. 다시 말해, 아주 적은 지식이라도 행동으로 옮긴다면 행동으로 옮기지 않은 많은 지식보다 훨씬 유용합니다.

그 교사는 한 학생 때문에 마음이 계속 불편하다고 했습니다. 하지만 그녀는 제가 말한 다시 태어나는 신비에 관한 진리를 자신의 상황에 테스트해 보기에는 너무 어려울 것 같다고 생각했습니다. 교사들도 다른 학생들도 다들 그 학생이 구제 불능이라고 생각하고 있었습니다. 그녀가 처한 상황은 이러했습니다.

"며칠 전 교장 선생님과 상담 선생님을 포함한 여러 선생님들이 학생의 문제를 심의하기 위해 한 자리에 모였습니다. 선생님들은 학교를 위해 그 학생이 16세가 되면 퇴학을 시키는 데 모두 동의했습니다. 그 학생은 무례하고 버릇이 없었으며 윤리에 어긋나는 행동을 일삼고 저속한 말을 입에 달고 살았습니다. 퇴학 날짜가 한 달 앞으로 다가왔습니다."

저와 대화를 나눈 그날 밤, 그녀는 집으로 돌아가면서 자신이 정말 그 학생에 대한 마음을 바꿀 수 있을지, 만약 자신의 태도가 바뀐다면 그로 인해 그 학생의 행동도 바뀌게 될지 궁금한 마음이 들었습니다.

궁금증을 해결하려면 시도해보는 수밖에 방법이 없었습니다. 하지만 그녀가 이 같은 시도를 한다는 것은 학생에게 새로운 가치를 심어주어 그 학생을 변모시키는 막중한 책임을 자신이 진다는 의미였습니다. 하느님이나 할 법한 그러한 창조의 권능을 감히 자신이 행사할 수 있을까 걱정이 되었습니다. 이것은 "그가 먼저 나를 사랑하면 나도 그를 사랑할 것이다."라는 인간의 삶에 대한 보편적인 태도를 "내가 먼저 그를 사랑하면 그도 나를 사랑할 것이다."라는 태도로 완전히 뒤집어 놓은 일이었습니다. 그리고 이것은 하느님이나 할 법한 일입니다.

"그가 먼저 우리를 사랑하시니 우리도 그를 사랑합니다(요한 1서 4:19)." 그녀는 제 말을 무시하려고 애썼지만 '물과 피'로 다시 태어나는 신비를 떨쳐낼 수가 없었습니다. 결국 그녀는 그 신비에 도전해 보기로 마음먹고 다음과 같이 했습니다.

그녀는 마음의 눈으로 그 아이의 얼굴을 떠올렸습니다. 상상 속에서 그 아이가 웃는 모습을 보았고 그 아이가 "안녕하세요."라고 말했습니다. 그 아이가 학교에 다니기 시작한 이후로 한 번도 본 적 없는 모습이었습니다. 그녀는 그 아이에 대해 가장 좋은 모습을 상상했고 그런 일들이 실제로 일어난 후에 그녀가 듣게 될 것들을 들었고 보았습니다. 그녀는 이것이 실제로 일어난 일이라고 계속 반복해서 상상하며 잠이 들었습니다.

바로 다음 날 아침, 그 학생이 교실로 들어오며, "안녕하세요."라고 웃으며 인사를 했습니다. 그녀는 너무 놀란 나머지 아무 말도 하지 못했습니다. 솔직히 하루 종일 그 학생이 언제쯤 예전 행동으로 다시 돌아갈지 살폈습니다. 그러나 그 학생은 변화된 상태를 계속 유지했습니다. 한 주가 끝나갈 무렵 모두가 그 학생의 변화를 눈치챘습니다. 그 학생의 문제로 다시 교직원 회의가 열렸고 퇴학 결정이 철회되었습니다. 아이가 계속해서 친절하고 착한 모습을 보였기 때문에 그녀는 마음속으로 이런 질문을 던졌습니다. "못돼 먹은 예전 그 아이는 어디로 갔을까?"

우리가 사랑하는 아버지 하느님은 자비와 동정, 평화, 사랑입니다.
그가 사랑하는 그의 자녀인 인간 또한 자비와 동정, 평화, 사랑입니다.

──── 블레이크, 〈신성한 형상〉

변화는 언제든지 일어날 수 있습니다. 우리 안에는 변화를 일으킬 능력이 있습니다. 문제는 그것을 인식할 수 있느냐 하는 것입니다. 그녀는 '물과 피'의 신비를 깨닫기 위해서는 학생이 변화되는 모습을 경험해야 합니다. 다른 방법은 없습니다. 다른 사람의 경험으로는 대체할 수 없습니다. "우리는 그의 피를 통해 구원받았다(에베소서 1:7)."

그 학생에 대한 자신의 마음을 바꾸기로 마음먹지 않고, 결정을 실행해 옮기기 위해 상상력을 발휘하지 않았다면 선생님은 그 학생을 결코 구원하지 못했을 것입니다. 피를 흘리지 않고, 경험의 잔을 맛보지 못한 사람은 상상력이 갖는 구원의 힘을 알 수가 없습니다.

그대 마음을 제대로 한 번 읽어보십시오.

그러면 그대는 두려움을 떠나보낼 수 있을 것입니다.

다른 빛은 없습니다. 천년을 찾아 헤맨다고 해도.

———— 매슈 아널드Matthew Arnold

18장

당신은 스스로
자신의 일을 해야 한다

• "그리고 많은 비유를 들어 예수께서 그들에게 말씀하시니 그들이 알아들을 수 있음이니라. 비유가 아니면 예수께서 그들에게 말씀하지 아니하시고 그들만 있을 때 제자들에게 모든 것을 설명해주신다(마가복음 4:33, 34)." 비유들을 모아 놓은 성서는 인간 마음의 법칙과 목적을 밝히기 위해 상징으로 표현된 진리의 계시입니다. 비유가 나타내는 표면적인 것보다 그 안에 담긴 깊은 의미를 알 수 있다면 성서에 담긴 신비를 이해할 수 있습니다.

예를 들어 마태복음 10장 10절에서 제자들에게 주어진 충고의 말을 신비주의적인 관점에서 살펴보겠습니다. 그 부분을 보면 제자들이 그들에게 계시된 마음의 위대한 법칙을 가르치고 전파하기 위해 여행을 떠날 때 신발을 준비하지 말라고 적혔습니다. 여기서 말하는 제자는 자신의 마음을 훈련시켜 매우 높은 의식 수준에서 생각하고 행동하는 사람을 가리킵니다. 신발은 대리 회개나 "타인을 위해서 내가 대신 한다."라는 마음의 상징으로 선택되었습니다. 신발은 신발을 신은 사람을 지키고, 신발을 신음으로써 더러운 것이 묻는 것을 막아주기 때문입니다. 제자들의 목적은 자신과 다른 이들이 의존의 속박에서 벗어나 하느님의 아들로 살게 이끄는 것입니다. 그래서 제자들에게 "신발을 가져가지 마라."라는 조언이 주어진 것입니다. 따라서 자신과 하느님 사이에 중재자를 두어서는 안 됩니다. 당신이 해야 할 일을 대신하겠다는 사람을 피해야 하며 당신 스스로 그 일을 해야 합니다.

이 땅은 천국으로 가득 차 있다.
모든 덤불이 하느님으로 불타고 있다.
하지만 그것을 보는 자만이 신고 있던 신발을 벗는다.

———— 엘리자베스 배럿 브라우닝 Elizabeth Barrett Browning

"진실로 내가 너희에게 말하노니 너희가 내 형제 가운데 가장 작은이에게 한 것이 내게 한 것이니라(마태복음 25:40)." 당신이 상상력을 다른 사람을 위해 사용할 때마다 그것이 좋은 일이든, 나쁜 일이든 상관없이 당신의 말 그대로 예수 그리스도에게 그것을 사용하는 것입니다. 왜냐하면 그리스도는 깨어난 인간의 상상력이기 때문입니다. 상상력을 지혜롭고 아름답게 사용한다면 그리스도를 옷 입히고 먹이는 것입니다. 반면에 상상력을 몰라 부정적이거나 잘못된 방법으로 사용한다면 그것은 그리스도를 옷 벗기고 채찍질하는 것입니다.

"너희 가운데 그 누구도 이웃을 향해 마음속에 악을 상상하지 말라(즈가리야서 8:17)."는 매우 타당한 말이며 나쁜 행동을 하지 말라는 조언입니다. 우리는 친구의 조언 덕분에 상상력을 잘못 사용하는 일을 멈출 수도 있고, 다른 사람의 부정적인 모습을 보고 상상하지 말아야 할 것을 배우게 될 수도 있습니다. 하지만 그것만으로는 충분하지 않습니다. 상상력이 가진 창조적인 힘을 제대로 사용하지 않으면 그리스도를 옷 입히고 먹일 수 없습니다. 하느님의 아들이 입고 있는 자주색 옷은 '악'을 상상하지 않는 것으로 만들어진 것이 아니라, '선'을 적극적이고 자발적이고 아름답게 상상하는 것으로 만들어졌습니다.

"무엇이든 좋은 이야기가 있고, 덕이 있고, 칭찬이 있다면, 이것들을 생각하라(빌립보서 4:8)." "솔로몬 왕이 친히 레바논 나무로 마차를 만드니, 그 기둥은 은이요, 바닥은 금이요, 덮개는 자주색이요. 그 안은 사랑으로 덮었구나(솔로몬의 노래 3:9,10)." 우리가 주목해야 할 첫 번째 구절은 "솔로몬 왕이 친히 만드니"입니다. 이 구절은 왕이 친히 레바논 나무로 마차를 만든 것처럼 모든 사람들이 스스로 해야 한다는 말입니다. 이 비유를 쓴 작가에게 가마는 마음을 의미합니다. 그는 가마 안에 마음의 네 가지 기능을 통제하는 지혜, 즉 솔로몬의 영을 세워 사랑과 진리의 세상을 만듭니다.

"그리고 요셉은 마차를 준비하고 그의 아버지 이스라엘을 만나기 위해 떠났다." "어떤 속국의 사람들이 포로로 붙잡힌 채 그의 마차 바퀴를 축복하기 위해 그를 따라 로마로 가는가?" 만약 사람이 레바논의 나무로 전차를 직접 만들지 않는다면, 그의 의지는 "맵은 요정들의 여왕이며 그녀의 전차는 속이 텅 빈 개암열매입니다."에 등장하는 맵 여왕의 마차와 같을 것입니다.

신비주의자에게 레바논의 나무는 '불멸'을 상징합니다. 신비주의자는 솔로몬 왕이 무엇을 만들었는지 명확히 알고 있습니다. 은은 지식을, 금은 지혜를, 자주색은 사랑의 빨강색과 진리의 파랑색이 어우러진 것으로 불멸의 마음을 입었다는 말입니다.

"그리고 그들은 그분께 자주색 옷을 입혀드렸다(마가복음 16:17)." 인간의 모습으로 썩지 않는 네 겹의 지혜를 갖추고, 사랑과 진리라는 자주색 옷을 입는 것, 그것이야말로 우리가 인간의 형체를 갖추고 이 땅 위에서 살아가는 목적입니다.

사랑은 현자의 돌입니다.
그것은 흙에서 금을 만들고
아무것도 아닌 것을 무언가로 만들고
나를 하느님으로 만듭니다.

—— 안겔루스 질레지우스